大日本近世史料　廣橋兼胤公武御用日記十三

2018（平成30）年3月29日　発行

本体価格　10,000円

編纂・発行　東京大学史料編纂所
発　　売　一般財団法人 東京大学出版会
電　話　03（6407）1069
ＦＡＸ　03（6407）1991
振　替　00160-6-59964
印刷・製本　大日本法令印刷株式会社

ISBN 978-4-13-093053-6 C3321　　Printed in Japan

人 名 索 引

1、本册中の人名を五十音順に配し、その人物が登場する年月日を掲出した。
人名のうち家名・通稱等は訓讀みとし、諱は音讀みとした。

2、初出の人名には簡單な說明を附した。

3、「東行之日記」の日付は斜體で表した。

ア

青山忠高（享保19年11月5日～文化13年8月14日、篠山藩主）
寶曆13年12月5日

赤塚正軾（寶曆3年生、非藏人）
寶曆13年8月17日

赤塚正福（非藏人、赤塚正輔養父）
寶曆14年2月25日

赤塚正輔（享保15年生、非藏人）
寶曆13年8月17日、寶曆14年2月25日

秋田倩季（寶曆元年～文化10年8月10日、三春藩主）
寶曆13年12月5日

秋元凉朝
寶曆13年11月7日、12月2日・18日、寶曆14年3月28日

芥川元泰（醫師）
明和元年10月6日

淺野重晟（寛保元年～文化10年閏11月13日、廣嶋藩主）
寶曆13年12月4日

淺野長延（元文元年～寛政4年正月5日、旗本、小姓組）
寶曆13年9月18日、10月19日、11月23日・27日

蘆田常珍（元祿15年10月16日～明和6年5月16日、地下官人、西園寺家諸大夫）
寶曆13年8月19日

飛鳥井雅香
寶曆13年8月朔日・2日、9月14日、10月12日、11月17日・22日、12月朔日・10日・11日・16日、寶曆14年正月2日・5日・22日・27日、2月2日・25日、3月9日、4月5日・*12*日・*25*日、5月18日、明和元年6月14日・19日・24日、7月7日、8月10日・28日、9月15日、10月13日・27日

飛鳥井雅重
寶曆13年9月27日、寶曆14年2

月27日

阿ちや（二采女、辻數馬母）
寶暦13年8月9日

姉小路公聴
明和元年8月10日

姉小路公文
寶暦13年8月朔日・21日～24日、9月11日・13日・14日・18日・19日・21日・25日・27日、10月8日・10日・19日・24日、11月24日・26日・27日、12月朔日・2日・7日・9日・15日・18日、寶暦14年正月元日・2日・9日・11日・13日・15日・16日・*16*日・20日・22日・27日・29日、2月朔日・4日・21日・22日、3月10日・13日・17日・24日・26日、4月4日・*4*日・*6*日・*12*日・*18*日・*19*日・*21*日～*23*日・*25*日・*30*日、5月*6*日・9日・13日・19日、明和元年6月23日・28日・30日、7月6日・11日・20日～22日・29日、8月6日・28日・30日、10月11日・12日・14日、11月9日・19日・25日

姉小路定子
寶暦13年8月14日、10月8日

阿野公繩
寶暦13年8月5日、寶暦14年正月13日

阿野公繩女（樋口冬康室）
寶暦13年8月5日

油小路隆前
明和元年7月5日、8月朔日

安倍季純
明和元年6月9日・12日

安倍季緒（延享2年4月26日～文政4年9月3日、地下官人、京都方樂人、安倍季純子）
明和元年6月9日

阿部正允
寶暦13年11月7日、12月2日、明和元年6月27日、7月6日・22日・25日・26日、8月朔日・4日・8日・16日・17日・20日・24日～29日、9月3日・8日・13日・16日、10月6日・10日・11日・23日・24日・28日、11月2日・3日・9日～11日・13日・26日・28日～30日

阿部正興（享保18年～寶暦14年3月11日、上總佐貫藩主、阿部正右弟）
寶暦14年3月27日

阿部正右
寶暦13年8月朔日・6日・9日・11日～14日・16日・19日・20日・28日、9月朔日・11日～15日・17日～19日、10月5日・7日・13日・19日・24日・26日・28日・29日、11月朔日・4日・7日・9日・15日～17日・19日・22日～25日・27日・28日、12月朔日～4日・6日・11日・12日・15日・18日・21日・22日・25日、寶暦14

年正月2日・4日・5日・9日・11日・20日・22日・24日・27日・29日、2月朔日～5日・8日・11日・17日・19日・24日・27日、3月朔日・2日・7日・8日・10日・11日・13日～17日・23日～25日・27日～30日、4月朔日・2日・4日・*4*日・5日・*18*日、5月*4*日・9日・*9*日・*11*日・13日、明和元年6月20日、7月27日、8月10日・17日・20日・22日～28日、11月30日

綾小路俊資（寶暦8年11月4日～天保4年11月17日、庭田重熙子、綾小路有美養子）
寶暦13年8月9日・11日・28日

綾小路俊宗
寶暦13年12月朔日・8日・16日・22日、明和元年8月23日・25日

綾小路有子
寶暦13年8月11日・21日、11月13日、12月朔日・6日・15日・18日、寶暦14年正月29日、明和元年8月25日・27日・28日

綾小路有美
寶暦13年8月朔日・9日・11日・28日、9月27日、11月28日・29日、12月朔日・6日・18日・27日、寶暦14年正月2日、明和元年8月22日・24日・25日・27日・28日

有栖川宮音仁親王
寶暦14年3月14日

有栖川宮織仁親王
寶暦13年9月25日・27日、寶暦14年3月14日、明和元年8月朔日

有栖川宮職仁親王
寶暦13年8月朔日、9月14日・27日、11月19日・28日、明和元年8月朔日

有栖川宮董子女王（寶暦9年3月11日～天保12年10月10日、有栖川宮職仁親王女）
寶暦13年11月19日

有馬允純（延享4年～安永元年9月19日、丸岡藩主）
寶暦13年12月5日、寶暦14年正月28日

有馬頼徸（正徳2年～天明3年11月23日、久留米藩主、有馬則維子）
寶暦13年12月4日

有元甫政（享保4年9月～安永2年9月27日、繪師）
明和元年8月20日

粟津清胤
寶暦14年5月19日

安藤信成
寶暦13年12月5日

イ

井伊直幸

寶暦13年10月13日・19日、11月7日、12月2日

井伊直朗（延享4年〜文政2年12月20日、與板藩主）
寶暦14年正月28日

飯室義矩（貞享3年3月17日生、瀧口、禁裏賄頭）
寶暦13年8月11日、9月25日・27日、10月5日・25日、11月22日・24日、12月16日、寶暦14年正月22日、3月12日、明和元年8月20日、10月5日・9日・17日、11月朔日・28日

生嶋儀重（延享元年4月21日〜文化13年閏8月13日、地下官人、京極宮諸大夫）
寶暦13年12月19日

池尻榮房
寶暦14年正月13日

池尻定治
寶暦14年5月19日

池田重寛
寶暦13年12月4日

池田宗政
寶暦13年12月4日、寶暦14年2月10日

池田治政（寛延3年正月10日〜文政元年12月19日、岡山藩主）
明和元年10月4日・5日・11日

生駒光長
寶暦14年正月13日、明和元年10月6日

石井作左衞門（日野家家臣）
寶暦13年10月7日

石川總慶（寶永元年〜明和元年6月晦日、龜山藩主）
寶暦13年12月5日

石原正顯
寶暦13年9月25日、11月24日・27日、明和元年8月20日

石山基名
寶暦13年9月27日、11月28日・29日、12月朔日・6日・18日・27日、寶暦14年正月2日・29日、明和元年8月22日・24日・25日・27日・28日

出雲路定直（享保18年3月23日〜天明2年5月26日、下御靈神社神主）
明和元年7月11日

板倉勝曉
寶暦14年4月*24*日

板倉勝清
寶暦13年11月7日、12月2日・6日、寶暦14年4月*18*日・*19*日・*26*日、5月*11*日

板倉勝武（享保20年～明和6年5月晦日、備中松山藩主）
寶暦13年12月5日

一條輝良
寶暦13年8月朔日、明和元年8月朔日

一條兼香
寶暦13年9月14日

一條重子
寶暦13年11月7日・24日、12月2日

一條道香
寶暦13年8月朔日・4日、9月27日、10月12日、11月2日、12月朔日・18日、寶暦14年2月10日、5月19日・24日、明和元年6月10日・11日、8月朔日

一條富子
寶暦13年8月朔日・16日、9月13日・15日、10月5日、11月2日・5日・13日・22日・24日・27日・28日、12月朔日・2日・4日～7日・10日・13日・15日・16日・18日・22日、寶暦14年正月2日・9日・11日・16日・*16*日・27日・29日、2月朔日・5日、3月朔日・9日、4月2日・3日・5日・*6*日・*9*日・*19*日・*20*日・*22*日、5月9日・*9*日・*13*日・19日・21日、明和元年7月24日、8月朔日・10日・22日・23日・25日・27日～29日、9月13日、10月14日、11月13日

一條八代（寶暦2年3月28日生、一條道香女、德川治保室）
寶暦14年5月19日、明和元年6月10日・11日

一條郁子（享保14年正月20日生、一條兼香女、德川宗翰室）
寶暦13年11月7日・24日、12月2日

鴨脚相光女（正德3年生、一條富子女中、御乳人）
寶暦14年正月29日

鴨脚秀胤
寶暦13年8月24日

鴨脚秀胤女（下﨟）
寶暦13年8月24日

鴨脚能光
寶暦14年正月27日、2月朔日、明和元年10月27日

鴨脚茂子
寶暦13年8月朔日・6日・11日・24日、9月朔日・15日・20日、10月6日・7日・13日・14日・20日・22日・24日・28日・29日、11月朔日・11日・26日・28日・29日、12月朔日・9日・15日・21日・22日・24日・27日、寶暦14年正月2日・22日・30日、2月4日・5日・7日・12日・14日・15日・24日・26日、3月6日・7日・12日・14日・23日・25日、4月3日、5月10日・11日、明和元年6月19日、

7月6日・21日・24日、8月25日、10月5日・6日・10日、11月3日・9日・13日

五辻盛仲女（元文5年生、一條家上臈）
寶暦14年正月29日

伊東長詮（元文元年～安永7年6月29日、備中岡田藩主）
寶暦14年正月28日

伊東祐福（享保20年～天明元年7月20日、飫肥藩主）
寶暦13年12月5日

稲葉正益（享保3年～明和8年9月28日、淀藩主、寺社奉行）
寶暦13年12月4日

稲葉泰通（享保15年～明和5年7月2日、臼杵藩主）
寶暦13年12月5日

井上利客
寶暦13年12月4日

井上利容
明和元年8月10日

今川義泰
寶暦14年4月*18*日、5月*11*日

今城定興
寶暦13年12月16日・18日・22日・27日、寶暦14年正月13日・27日・29日、2月27日、明和元年6月2日、7月5日、8月朔日・13日・16日・24日・25日・27日、10月3日・9日・22日、11月3日・18日

入江爲逸（寛永3年正月28日～明和7年6月16日、入江相永子）
寶暦14年2月26日、4月4日、5月10日・12日・13日

入江十次郎
明和元年9月18日

入江相永（享保14年9月29日～寛政2年4月15日）
寶暦14年5月13日

入江相尚（明暦元年3月24日～正徳6年閏2月29日）
寶暦14年2月3日

石井行忠
寶暦13年9月15日、11月5日・24日、12月朔日・22日、寶暦14年正月10日・16日・*16*日、2月5日・12日、4月2日・3日・*6*日～*19*日・*21*日・*22*日・*24*日～*30*日、5月*朔日*～*9*日・*11*日、明和元年8月23日～25日

岩倉廣雅
寶暦13年12月19日

岩崎氏方（寛保2年7月28日～天明6年正月23日、地下官人、左官掌）
寶暦14年5月19日

岩波譽香
寶暦13年10月19日

岩橋元晴
寶暦13年11月16日

岩本坊權少僧都（瀧安寺別當）
寶暦14年2月29日

ウ

上杉重定（享保5年～寛政10年3月26日、米澤新田藩主）
寶暦13年12月4日

上田義當（寶永3年～安永元年5月5日、旗本、小姓組番頭）
明和元年7月22日・26日、8月朔日

植松雅陳（寛延3年2月16日～天明6年4月20日、植松幸雅子）
寶暦14年2月26日、4月4日・*18*日・*22*日、5月10日・13日

植松幸雅
寶暦14年5月13日

植松賞雅
寶暦13年8月12日・17日・24日、9月22日、10月3日・8日・12日・13日、11月3日・28日、12月4日・9日・15日・25日、寶暦14年正月8日・13日・18日・28日、2月12日・25日・27日、3月27日、4月2日・*12*日・*25*日、5月9日・19日、明和元年6月26日、7月2日・4日・5日、8月24日、11月25日・30日

右京大夫
寶暦14年正月2日・15日

宇都宮彌三郎（水戸藩士）
寶暦14年正月15日

梅園久子
寶暦13年12月21日

梅園成季
寶暦14年5月19日、明和元年9月3日・13日

梅田
寶暦13年12月朔日、寶暦14年正月29日、明和元年8月25日・27日・28日

梅溪幸
寶暦13年12月15日・18日

梅溪直子
寶暦13年8月11日、9月10日・15日・20日、10月7日・13日・14日・20日・22日・24日・28日・29日、11月24日・28日、12月朔日・10日・21日・24日・27日、寶暦14年正月2日・15日・29日、2月26日、3月6日・14日・16日、4月*18*日、明和元年6月28日、7月17日、8月20日

梅小路定福

明和元年9月13日

浦野玄泰
寶暦13年9月朔日、12月27日、寶暦14年正月13日

裏松謙光
寶暦14年4月*6*日

エ

永源寺
寶暦13年12月5日

榮光院（中御門天皇御乳人）
寶暦13年10月7日

榮山（日光山藤本院住持）
明和元年10月15日

英仁親王
寶暦13年8月朔日・16日、9月10日・13日・15日、10月3日・5日、11月2日・13日・16日・22日・24日・27日・28日、12月朔日・2日・4日～7日・10日・13日・15日・18日・19日・27日、寶暦14年正月2日・9日・11日・15日・16日・*16*日・27日・29日、2月朔日・5日、3月朔日・9日、4月3日・5日・*6*日・*9*日・*12*日・*19*日・*20*日・*22*日・*25*日、5月9日・*9*日・*13*日・19日・21日、明和元年8月朔日・10日・22日・25日・27日・28日、9月13日、10月14日、11月13日

江坂
寶暦14年2月朔日

永見
寶暦13年12月朔日・19日、明和元年8月25日・27日・28日

オ

扇谷貞重（享保5年生、淨瑠璃太夫、人形細工師）
寶暦14年3月29日

大賀宗榮（寶暦4年生、非藏人）
寶暦13年8月17日

大賀宗恵
寶暦13年8月17日、11月24日、寶暦14年2月27日

正親町公通（承應2年閏6月26日～享保18年7月11日）
寶暦13年9月13日

正親町公明（延享元年3月25日～文化10年10月13日、正親町實連子）
寶暦14年5月19日・21日

正親町三條實同
寶暦14年5月19日・21日、明和元年9月13日

正親町實連
寶暦13年8月4日、寶暦14年正月16日、3月27日、4月2日・*5*日・*16*日・*18*日・*19*日・*22*日・*24*日～*26*

日・*28*日、5月*9*日

大久保須磨
寶暦13年12月15日・18日

大久保忠興
寶暦13年12月5日、寶暦14年4月*28*日

大藏彌大夫
寶暦14年4月*25*日

大澤基典（寛保元年～安永5年9月11日、旗本、高家）
寶暦14年正月28日、4月*18*日、5月*11*日

大嶋友慶
寶暦14年5月19日、明和元年8月朔日

大關增備（享保17年～明和元年8月27日、黑羽藩主）
寶暦14年正月28日

太田資俊
寶暦13年12月5日

大津賀丈安
寶暦13年12月19日

大友義珍
寶暦14年4月*18*日、5月*11*日

大原重度
寶暦13年8月6日・15日・19日・28日、9月15日、11月5日・24日、12月朔日・22日、寶暦14年正月16日・*16*日、4月2日・3日・*6*日～*19*日・*21*日・*22*日・*24*日～*30*日、5月*朔日*～*9*日・*11*日、明和元年8月23日～25日

大森彌三左衛門（水戸藩士）
寶暦14年正月15日

小笠原忠總（享保9年～寛政2年12月12日、小倉藩主）
寶暦13年12月4日

小笠原長恭
寶暦13年12月5日

岡部長住（元文5年～文化6年8月8日、岸和田藩主）
寶暦13年12月5日

岡本氏梁
寶暦13年8月2日

岡本氏歴（寶暦8年8月13日～寛政3年6月24日、地下官人、下北面、岡本氏梁子）
寶暦13年8月2日

岡本清福
寶暦13年8月2日、寶暦14年2月5日

隱岐堯公（正德2年7月16日～安永2年3月25日、地下官人、青蓮院侍法師）

寶暦14年5月19日

奥平昌鹿
寶暦13年12月5日

小倉宜季
寶暦13年8月4日

押小路師資
寶暦13年8月朔日、9月27日、寶暦14年5月19日

愛宕通貫
寶暦13年12月朔日・16日、寶暦14年4月*19*日、明和元年8月23日・25日

織田信榮
寶暦13年12月15日、寶暦14年4月*18*日～*22*日・*25*日・*26*日、5月*11*日

織田信舊（寶永7年～天明3年4月29日、柏原藩主）
寶暦14年4月*18*日、5月*11*日

織田長恆（元文4年～明和3年8月22日、柳本藩主）
寶暦14年正月28日

小野史弘（地下官人、雅樂寮）
寶暦14年5月19日

小野氏富（享保12年正月26日～寛政5年9月10日、地下官人、左官掌）
寶暦14年5月19日

小野重威（正徳2年正月9日～明和8年8月18日、地下官人、主殿寮）
寶暦14年3月27日、5月19日

カ

花山院兼濟
寶暦14年正月6日

花山院常雅
寶暦13年9月27日、明和元年8月朔日

風早公雄
寶暦13年8月5日、寶暦14年5月19日

梶吉藏
寶暦14年2月4日

梶貞五郎
寶暦14年2月4日・5日、5月14日、明和元年8月19日、9月18日

勸修寺經逸
寶暦13年12月19日、寶暦14年正月25日・30日、2月3日・19日、明和元年7月12日

家仁親王
寶暦13年9月14日

交野時永
寶暦14年2月19日

片山豊慶
寶暦14年正月10日、2月4日・5日、5月14日、明和元年8月3日・19日、9月18日

加藤泰武
寶暦13年12月5日

加納久堅
寶暦14年4月*22*日

狩野高信
寶暦14年4月*20*日

神尾春由（享保5年～寛政4年2月晦日、旗本、日光奉行）
明和元年6月15日

龜岡十次郎（能役者）
寶暦14年5月14日

烏丸光胤
寶暦13年10月7日

烏丸光祖
明和元年8月27日、10月22日

唐橋在家（享保14年6月7日～寛政3年9月29日）
寶暦14年正月30日、3月9日

川勝權之進
寶暦14年正月10日、2月4日・5日、5月14日、明和元年9月18日

河端謙益
寶暦13年12月3日

閑院宮直仁親王
寶暦13年9月14日

閑院宮典仁親王
寶暦13年9月14日・27日、11月29日、寶暦14年3月14日、明和元年8月朔日

閑院宮美仁親王
寶暦13年9月25日・27日

閑院宮倫子
寶暦13年12月朔日・6日、寶暦14年2月朔日、4月*19*日・*22*日、5月*9*日、明和元年8月27日

貫春（紀伊雲蓋院住持）
寶暦14年3月9日・14日

寛深
寶暦13年12月4日、寶暦14年3月8日・11日・14日、明和元年6月24日、8月4日・13日

觀世元章
寶暦14年4月*25*日

觀世元長
寶暦14年4月*25*日

神原正茂（享保17年2月21日～文化4年3月19日、地下官人、内舎人）
寶暦14年5月19日

寛寶入道親王
明和元年8月4日・13日

甘露寺規長
寶暦14年3月29日

キ

北大路季備
寶暦14年4月*6*日

北小路光教（寛延3年5月25日～天明5年12月27日、北小路光香子）
寶暦13年10月13日・24日、11月3日、寶暦14年2月26日、4月4日、5月10日・12日・13日

北小路光香
寶暦14年5月13日

北小路俊興
寶暦13年8月27日、寶暦14年5月19日

北小路俊名
寶暦13年8月27日、12月18日、寶暦14年正月29日、2月4日

喜多七大夫
寶暦14年4月*25*日

喜多親能
寶暦14年4月*25*日

吉子內親王
寶暦13年10月24日、寶暦14年正月20日・29日、3月14日、5月9日、明和元年11月19日・25日

木下利忠（元文3年～安永9年正月12日、足守藩主）
寶暦14年4月*18*日・*26*日、5月*11*日

木村久綱
寶暦14年2月6日

堯恭入道親王
寶暦13年8月9日・11日・20日、10月18日、寶暦14年2月29日、3月16日・23日、5月19日・20日、明和元年8月14日

京極高中（寶暦4年3月23日～文化8年正月13日、丸龜藩主）
寶暦13年12月5日

京極宮家仁親王
寶暦13年9月27日、11月29日、12月19日、明和元年8月朔日

京極宮公仁親王
寶暦13年9月14日、11月29日、明和元年8月朔日

堯超
寶暦13年9月19日

清岡輝忠
寶暦14年正月30日、3月9日

清岡長香（享保9年6月11日～寶暦

4年3月21日、五條爲範子）
寶暦14年2月19日

ク

櫛笥望子（延享元年生、二條舎子女房、櫛笥隆望女）
寶暦13年8月21日

櫛笥隆望
寶暦13年8月朔日、9月27日、11月2日・24日、12月6日

九條尙實
寶暦13年8月朔日、明和元年6月10日、7月2日、8月朔日

九條道前
寶暦13年9月10日・13日、明和元年6月10日、8月朔日

九條輔實（寛延9年6月16日～享保14年12月12日）
寶暦13年9月14日

久世榮通
寶暦13年11月24日、寶暦14年4月*6*日、明和元年8月6日

久世廣明（享保16年～天明5年正月24日、關宿藩主、奏者番）
寶暦13年12月5日、寶暦14年4月*19*日・*25*日

久世通根
明和元年8月6日・17日

久野俊純（寶永2年8月8日～安永元年11月25日、紀州藩家老）
寶暦13年12月朔日

倉橋美子
寶暦13年8月21日、明和元年10月14日

倉橋有儀
寶暦13年8月21日

黑田繼高
寶暦13年12月4日

黑田長恵（寶暦4年～安永3年9月2日、秋月藩主）
寶暦13年12月5日

黑田直純（寶永元年～安永4年閏12月28日、久留里藩主）
寶暦14年正月20日

桑原爲彬（寶暦2年12月20日～寶暦14年正月晦日）
寶暦14年正月30日、2月3日、3月8日・9日

桑原忠長（寶暦3年8月20日～天保6年4月22日、高辻家長子、桑原爲彬養子）
寶暦14年正月30日、2月3日、3月8日

ケ

慶安寺（知恩院末寺）

明和元年8月30日

惠山
寶暦14年5月18日

玄勝（日光山安居院住持）
寶暦14年3月朔日

コ

小泉主水
寶暦14年2月11日、5月*6*日

小出英持
寶暦14年4月*19*日・*22*日、5月*11*日

高覺尼王（元文2年8月21日～明和元年11月23日、法華寺住持、閑院宮直仁親王女）
寶暦13年11月19日

光暉
寶暦13年8月19日、9月19日

公啓入道親王
寶暦13年11月26日、寶暦14年3月朔日、4月3日・6日・*18*日・*20*日・*24*日、5月9日・*9*日・11日、明和元年6月24日、7月25日・26日、9月16日、10月15日

孝子內親王
寶暦13年8月14日

幸子女王
寶暦13年11月13日、12月朔日・2日

光醇
寶暦14年4月*6*日

幸徳井保暠（享保15年正月4日～享和2年3月8日、地下官人、暦博士）
寶暦13年9月朔日

公文
寶暦13年11月27日

光遍
寶暦13年9月19日、12月5日

高峯文亮
寶暦14年3月16日

孝有（安永元年7月18日沒、英彦山座主）
寶暦14年5月19日

公麗
寶暦13年11月19日

久我通兄
寶暦14年2月4日

後西天皇（寛永14年11月16日～貞享2年2月22日、第111代天皇）
寶暦14年2月3日、明和元年9月16日

後櫻町天皇
寶暦13年8月11日・14日・16日、9

月14日、10月5日、12月朔日・10日・18日、寶暦14年正月11日・29日、2月24日、3月9日・12日、4月*6*日・*9*日・*12*日・*18*日～*20*日・*22*日・*25*日、5月*13*日・19日・21日、明和元年8月10日・22日・25日・28日、11月4日

小佐治光枝（元祿6年3月9日～明和元年4月8日、地下官人、禁裏取次）
寶暦13年9月25日

小佐治光保
寶暦13年8月2日、10月20日、明和元年6月13日、7月29日

五條爲璞
寶暦14年正月30日、3月9日、5月24日

五條爲範（元祿元年8月29日～寶暦4年閏2月22日）
寶暦14年2月19日

巨勢紋子
寶暦13年12月15日・18日

兒玉正伯
寶暦13年12月19日

後藤光持（享保6年～安永6年正月26日、彫物師）
寶暦13年9月20日

近衛家久（貞享4年5月8日～元文2年8月16日）
寶暦13年9月14日

近衛經熙（寶暦11年2月22日～寛政11年6月25日、近衛內前子）
寶暦13年12月13日

近衛周子
寶暦13年11月7日・24日、12月2日

近衛內前
寶暦13年8月朔日・2日・4日・5日・9日・12日・16日・19日・20日・25日・27日・28日、9月朔日・12日～15日・18日・24日・27日、10月2日・6日・7日・9日・11日・13日・14日・18日・19日・24日・26日、11月朔日～5日・7日・9日・13日・16日～19日・22日～24日・26日・28日、12月朔日・3日・4日・6日・9日・11日～13日・15日・18日～20日・22日・24日・27日・29日、寶暦14年正月元日・2日・4日・5日・9日～11日・13日・16日～18日・20日・24日・27日～30日、2月朔日・3日・6日・8日・11日・12日・14日・17日～19日・25日～27日・29日、3月朔日・3日・7日～11日・13日・15日～17日・22日・24日・26日・27日・29日、4月朔日～4日、5月9日・10日・13日・15日・17日～20日・24日・25日、明和元年6月6日・9日・10日・12日・14日・15日・19日・20日・24日・27日、7月4日～7日・11日・22日・25日・26日・29日、8月

朔日・4日・6日・7日・10日・13日・14日・16日・17日・20日・22日・24日・25日・27日・28日・30日、9月6日・8日・13日～16日、10月4日～6日・11日・15日・19日・22日・25日・27日・28日、11月朔日～3日・13日・19日・25日・28日・30日

小畠武信（享保12年正月22日生、地下官人、内舎人）
寶暦13年11月3日

小畠武精（小畠武信弟）
寶暦13年11月3日

小林光祐（享保4年3月12日～天明3年8月2日、鷹司家諸大夫）
寶暦14年5月19日

小林春郷
寶暦13年8月6日、9月18日、10月19日、11月23日・27日、12月朔日、寶暦14年正月4日・25日、3月24日・29日、5月*9*日、明和元年6月5日、7月21日、8月朔日・8日・17日・20日

小堀邦直
寶暦13年8月6日、11月27日、寶暦14年2月26日、3月6日・14日、明和元年8月朔日・2日・8日・20日

後水尾天皇（慶長元年6月4日～延寶8年8月19日、第108代天皇）
明和元年9月16日

小森量亮
寶暦14年正月13日

サ

西園寺公晃
寶暦13年8月19日、11月16日、12月4日、寶暦14年3月14日

西園寺賞季
寶暦13年8月朔日・4日・19日、9月27日、寶暦14年正月6日、明和元年8月朔日

座田氏章（元文元年5月25日生、地下官人、右官掌）
寶暦14年5月19日

齋藤敍昌
寶暦13年12月19日、明和元年10月4日

佐伯職秀（享保7年11月7日～寛政元年4月8日、地下官人、主殿寮）
寶暦14年5月19日

酒井忠貫（延享4年11月21日～文化3年正月12日、小濱藩主）
寶暦13年12月5日、寶暦14年正月28日

酒井忠寄
寶暦13年11月7日、12月2日・18日、寶暦14年4月*18*日・*19*日、5月*11*日・23日、明和元年6月10日

酒井忠休
寶暦14年4月*19*日、5月*11*日

酒井忠恭
寶暦13年8月20日、9月13日、10月5日・26日、11月22日・24日・27日、12月朔日・3日・6日、寶暦14年4月*23*日

酒井忠香
寶暦14年5月*11*日

酒井忠雄（享保6年～明和元年3月19日、旗本、阿部正右兄）
寶暦14年3月27日

酒井忠鄰（延享4年～文化6年6月27日、安房勝山藩主）
寶暦14年正月28日

榊原政永（享保20年～文化4年12月28日、高田藩主）
寶暦13年12月4日

嵯峨天皇（延暦5年9月7日～承和9年7月15日、第52代天皇）
寶暦14年3月11日

鷺仁右衛門
寶暦14年4月*25*日

櫻井兼文
寶暦14年2月14日、5月19日

櫻町天皇
寶暦13年8月16日、9月12日、11月13日、12月2日・7日、寶暦14年正月29日、2月19日、明和元年7月7日

佐々木藏人（能役者）
明和元年9月18日

佐竹義敦
寶暦13年12月4日、寶暦14年正月10日

佐竹義陂（享保15年～天明7年9月24日、秋田新田藩主、佐竹義道子）
寶暦14年正月28日

佐藤友之進
明和元年9月6日

眞田幸弘（元文4年～文化12年8月3日、松代藩主）
寶暦13年12月5日

澤宣維（寛延2年10月12日～寛政7年6月23日、澤宣成子）
寶暦13年10月13日・24日、11月3日、寶暦14年3月14日・15日、4月4日、5月10日・12日・13日

澤宣成（正徳元年6月2日～天明元年8月25日）
寶暦14年3月15日、5月13日

澤忠量（延寶元年4月13日～寶暦4年8月28日）
寶暦14年2月3日

三條季晴
寶暦13年11月2日、寶暦14年5月19日

三條實顯
寶暦13年8月朔日

三條實治（慶安3年12月6日～享保9年8月12日）
寶暦13年9月14日

シ

重數馬
寶暦13年11月朔日

滋野井公麗
寶暦14年5月19日

慈光寺光仲（生沒年未詳）
寶暦14年3月13日・15日・17日

慈光寺澄仲
寶暦13年8月朔日・27日、11月24日、12月朔日・16日、寶暦14年正月27日、2月2日・3日・5日、3月10日・13日・15日・17日、4月4日、5月9日・13日、明和元年7月29日、8月朔日、11月28日

滋光寺澄仲
寶暦13年8月2日

慈秀（寛永寺別當）
寶暦14年4月*24*日、5月9日

七條隆房
寶暦14年2月3日・14日

實恕
寶暦14年正月13日

澁川光洪（享保8年～明和8年正月29日、旗本、天文方）
寶暦13年9月朔日、明和元年11月29日・30日

嶋津重豪（延享2年～天保4年正月15日、鹿兒嶋藩主）
寶暦13年12月4日、寶暦14年5月*4*日

清水嘉兵衛（駕輿丁）
寶暦13年10月8日

清水谷公美
寶暦14年5月19日・21日

清水谷實榮
寶暦13年8月4日、明和元年10月22日

志水忠如
寶暦14年4月*9*日、5月*4*日

清水利尹（享保13年正月12日～寛政2年8月22日、地下官人、掃部寮）
寶暦14年5月19日

持明院宗時
寶暦13年12月8日

十輪院（太秦十輪院住持）
寶暦14年5月19日

守典親王（寶暦9年正月14日～文化4年7月21日、仁和寺門跡、閑院宮典仁親王子、元深仁親王）
明和元年8月4日・13日

舜道（肥前妙見山天華院住持）
明和元年7月25日・26日

祥山宗眞（正徳5年9月4日～寶暦13年11月19日、靈鑑寺門跡、伏見宮邦永親王女）
寶暦13年11月19日

常住心院（妙音天別當）
寶暦13年8月4日

常順
寶暦13年9月19日

常仁入道親王
寶暦14年5月19日・20日、明和元年7月5日・17日・21日、8月14日、10月3日

松嶺玄秀
寶暦13年11月19日

白井官治
寶暦14年2月4日

白川雅冨王（元祿15年3月12日～寶暦9年3月19日）
寶暦14年4月朔日

白川資顯王（享保16年8月26日～天明5年正月5日）
寶暦13年10月2日・6日・11日・14日

深仁入道親王
寶暦13年9月25日・27日

神保茂清（享保6年～安永9年12月25日、旗本）
寶暦14年正月28日

ス

菅谷慶雄（元文3年生、地下官人、妙法院坊官）
寶暦13年10月18日、寶暦14年5月19日・20日

杉浦國満（正徳5年～明和3年正月24日、諏訪神社神主）
寶暦14年5月2日

鈴木利祐（元祿4年～明和8年閏7月22日、旗本、仙洞附）
寶暦13年12月2日・7日

角倉玄壽
寶暦13年9月25日、11月24日・27日

諏訪信當（贊者）
明和元年8月朔日

セ

清閑寺益房
寶暦14年3月7日

成子內親王
寶暦13年9月27日

清巓（享保12年生、成就院住持）
寶暦14年正月13日

勢多章純
寶暦14年正月20日

仙石政辰（享保7年～安永8年8月晦日、出石藩主）
寶暦13年12月5日

千秋季豐
寶暦14年4月*9*日、5月*4*日

泉涌寺
寶暦13年12月21日

善法寺統清
寶暦14年正月13日、2月27日、明和元年11月3日

ソ

宗義暢
寶暦13年8月19日、11月16日、12月4日、寶暦14年3月28日

宗義蕃女（未詳）
寶暦13年8月19日、11月16日

增賞入道親王
寶暦14年2月25日、3月12日、4月3日

相馬尊胤（元祿9年～安永元年4月9日、中村藩主）
寶暦13年12月5日

蒼溟元方
寶暦14年正月19日

曹譽澤眞（明和6年4月12日沒、知恩院住持）
寶暦13年12月18日・22日・24日、明和元年8月30日

園池實德（元文元年10月朔日～寛政4年5月15日、水無瀨氏孝子、園池房季養子）
明和元年9月13日

園池房季
寶暦13年8月6日、寶暦14年2月27日、5月19日、明和元年8月13日

園基勝女（寶暦13年沒、中御門天皇典侍、忠譽入道親王母）
寶暦13年9月19日

園基村（延享元年～明和7年12月17日、園基衡子）
寶暦14年5月19日

園廣泰
明和元年6月6日・12日

薗廣泰
明和元年6月9日

尊勝院
寶暦13年12月19日

尊信
寶暦13年11月19日

尊眞入道親王
寶暦14年2月29日、4月*19*日、5月19日・20日、明和元年8月14日

尊峯入道親王
寶暦13年10月9日、寶暦14年4月*18*日～*21*日

尊量院（毘沙門堂院家）
明和元年7月22日

タ

醍醐冬香（寛延4年11月21日～明和9年2月13日、醍醐兼潔子）
寶暦13年9月27日

大通寺
明和元年10月14日

高井門治（能役者）
明和元年8月19日

高田主税（御香水役人）
明和元年6月13日

鷹司兼熈（萬治2年12月5日～享保10年11月20日）
寶暦13年9月14日

鷹司孝子
寶暦13年12月15日・18日

鷹司輔平
寶暦14年5月19日、明和元年6月10日、8月朔日

高辻家長
寶暦14年正月30日、2月3日、3月8日・9日、明和元年10月22日

高橋春敷（延享元年12月2日～天明7年8月8日、地下官人、史）
寶暦14年5月19日

高橋宗直
寶暦13年12月19日

高松宮明子女王（寛永15年～延寳8年7月8日、後西天皇女御）
明和元年9月16日

高屋康昆
寶暦13年9月20日・25日、11月24日、12月16日、寶暦14年5月19日、明和元年7月24日、8月8日・13日、9月8日・18日、10月9日・12日、11月朔日

竹內平七
寶暦14年正月10日、2月4日・5日、明和元年8月3日・19日

竹屋光豫
寶暦14年4月*6*日、5月*8*日

立花鑑通（享保14年～寛政9年12月9日、柳川藩主）
寶暦13年12月4日

田付景林
寶暦13年8月2日・6日・9日・11日～14日・16日・19日・21日、9月朔日・11日～13日・18日・24日、10月3日・8日・12日・13日・19日・29日、11月朔日・9日・17日・23日・25日・27日、12月朔日～7日・16日～18日・21日・22日・24日・28日・30日、寶暦14年正月元日・2日・5日・10日・12日・15日・17日・18日・25日・29日、2月24日・26日・27日、3月朔日～3日・6日・12日・14日・23日・24日・25日・27日・28日・30日、4月朔日・*12*日・*25*日、5月9日・13日・15日、明和元年6月24日・26日・28日、7月2日・5日・6日・21日・22日・26日・27日・29日、8月朔日・4日・8日・17日・20日・23日・25日～28日・30日、9月15日、10月5日・6日・9日～12日・17日・23日・24日・26日～28日

立入直和
寶暦14年5月19日

伊達源左衛門（紀州藩家老）
寶暦14年4月*22*日

伊達重村
寶暦13年12月4日

伊達村賢（寛保元年～寛政2年2月10日、伊豫吉田藩主、伊達村信子）
寶暦14年正月28日、4月*14*日・*17*日～*27*日、5月*11*日

伊達村候（享保8年～寛政6年10月20日、宇和嶋藩主）
寶暦13年12月4日

立野興武（享保3年生、地下官人、右馬寮）
寶暦14年5月19日、明和元年8月朔日

田中正清
寶暦13年12月3日・29日、寶暦14年正月13日

谷口光太郎（能役者）
寶暦14年2月5日

頼母
寶暦14年4月*17*日

田村圖書允
寶暦13年12月10日・15日、寶暦14年2月朔日、明和元年8月20日

爲井祐安
寶暦14年4月*22*日

多羅尾光豐（正德元年～明和8年6月10日、旗本、代官）
明和元年8月20日

チ

智觀（明和9年4月朔日沒、泉涌寺塔頭雲龍院9世住持）
寶曆14年2月12日・14日

智觀（寛保2年～寛政2年6月27日、善光寺大本願住持）
寶曆14年3月30日

千種有政（寛保3年4月8日～文化9年11月5日、千種有補子）
寶曆13年12月19日、寶曆14年5月19日

千種有補
寶曆14年4月朔日

智導（正觀院住持）
寶曆14年3月14日、明和元年7月22日

茶屋延貞（京都商人）
寶曆13年10月13日

中條信復
寶曆14年4月*18*日、5月*11*日

忠譽入道親王
寶曆13年9月19日、10月19日、寶曆14年4月*19*日

調子武弘
寶曆13年9月19日

ツ

辻順興（元文5年8月10日～明和3年8月22日、地下官人、內舍人）
寶曆13年8月9日

辻則安
明和元年6月9日

辻則長
明和元年6月9日・12日

津田左兵衛尉
明和元年8月10日、9月18日

土御門泰邦
寶曆13年9月朔日、11月17日、12月11日、明和元年11月29日・30日

土御門連子
寶曆13年10月7日

土屋丈右衛門（能役者）
寶曆14年2月5日

土屋篤直
寶曆13年12月5日

土山武匡（享保20年3月27日～天明元年7月16日、地下官人、近衛府、土山武眞養子）
寶曆13年12月22日

土山武眞

寶暦13年8月24日、9月10日・19日・25日、10月3日、11月11日・24日、12月7日・22日、寶暦14年3月7日・14日、明和元年8月朔日・2日・8日

堤榮長（享保20年10月4日～寛政7年8月8日、堤代長子）
寶暦14年5月19日

テ

寺家養氣（享保20年～明和4年5月10日、地下官人、梶井宮坊官）
寶暦14年5月19日、明和元年7月21日

寺尾六郎右衞門
寶暦13年9月13日

天朗（日光山教城院住持）
明和元年10月15日

ト

土井利里
寶暦13年12月5日、寶暦14年5月*11*日

道雅
寶暦14年正月8日・11日・14日

東儀兼玄（元祿14年10月16日～安永6年10月7日、地下官人、天王寺方樂人）
明和元年6月9日・12日

東儀康賢
明和元年6月6日・9日・12日

東儀康秋（元文4年7月4日生、地下官人、天王寺方樂人、東儀康賢子）
明和元年6月6日

道仁入道親王（元祿2年7月29日～享保18年5月19日、梶井門跡）
寶暦13年9月14日

東竹延淸（寶暦14年4月沒、石淸水八幡宮祠官、梅溪通條子、妹の梅溪幸は德川家治生母）
寶暦14年4月朔日

藤堂高豐
寶暦13年12月4日

土岐定經（享保13年～天明2年8月20日、奏者番、沼田藩主）
寶暦14年4月*19*日・*22*日

土岐賴稔
寶暦13年12月12日、寶暦14年2月8日、明和元年7月27日、8月朔日

德岡葛隆
明和元年9月8日

德岡內藏允（勘使）
寶暦14年2月27日

德川家基

寶暦13年9月15日、12月朔日・6日、寶暦14年正月29日、2月朔日、3月8日・9日・12日、4月*18*日～*20*日・*22*日、5月*9*日、明和元年6月20日、8月22日・25日・27日・28日、11月13日

徳川家重
寶暦14年2月朔日、4月*18*日・*26*日

徳川家治
寶暦13年9月15日、12月朔日・6日・18日、寶暦14年正月29日、2月朔日、4月朔日・*18*日～*20*日・*22*日、5月9日・*9*日、明和元年8月17日・22日・27日・28日

徳川吉宗
寶暦14年4月*18*日

徳川重好
寶暦13年11月7日・13日・17日・24日、12月朔日・3日・12日、寶暦14年正月9日・11日、2月5日

徳川重倫
寶暦13年12月朔日、寶暦14年4月*22*日

徳川讓子
寶暦13年9月10日・13日

徳川宗春（元祿9年10月26日～明和元年10月8日、元尾張藩主、元梁川藩主）
明和元年10月6日

徳川宗尹
寶暦13年11月7日・13日・17日・24日、12月朔日・3日・12日、寶暦14年正月9日

徳川宗翰
寶暦13年11月7日・13日・17日・23日・24日、12月朔日・3日、寶暦14年正月15日・29日、2月朔日、4月3日・6日・*18*日・*20*日・*22*日、5月9日・*9*日

徳川宗將
寶暦13年11月7日・13日・17日・23日・24日、12月朔日～3日、寶暦14年正月28日・29日、2月朔日、4月3日・6日・*18*日・*20*日・*22*日、5月9日・*9*日

徳川宗武
寶暦13年11月7日・13日・17日・24日、12月朔日・3日・12日、寶暦14年正月9日・11日

徳川宗睦
寶暦13年9月10日・13日、11月7日・13日・17日・23日・24日、12月朔日・3日、寶暦14年正月29日、2月朔日、4月3日・6日・*9*日・*18*日・*20*日・*22*日、5月*4*日・9日・*9*日

徳川治保（寶暦元年8月16日～文化2年11月朔日、水戸藩世子、徳川宗翰子）

寶暦14年正月15日、5月19日、明和元年6月10日・11日

徳川和子
寶暦13年10月13日、明和元年9月16日

土佐光芳
寶暦13年10月29日、寶暦14年5月*8*日

戸沢正諶（享保5年～明和2年9月20日、新庄藩主）
寶暦13年12月5日

戸田光和（延享元年～安永4年7月24日、松本藩主）
寶暦13年12月5日

戸田氏英
寶暦13年12月5日

戸田忠寛（元文3年～寛政13年正月晦日、嶋原藩主）
寶暦13年12月5日

富小路與直（延享3年8月16日～享和2年5月2日）
寶暦13年12月19日、明和元年8月7日

鳥居忠意
寶暦14年4月*19*日・*25*日、5月*11*日

鳥山吉記
寶暦13年11月24日、12月15日、寶暦14年正月9日・27日

ナ

內藤信凭（寛延元年～天明元年正月19日、村上藩主）
寶暦13年12月5日

內藤政陽（元文2年～天明元年閏5月24日、延岡藩主）
寶暦13年12月5日

永井尚備（寛保3年～明和6年7月18日、加納藩主）
寶暦14年正月28日

中井正武
寶暦14年3月14日

中大路右近（未詳）
明和元年9月18日

中河（表使）
寶暦13年11月24日

中川久貞
寶暦13年12月5日

長澤資祐
寶暦14年4月*18*日・*21*日・*26*日、5月*11*日

長田元鋪
寶暦13年8月2日・6日・9日・11日～13日・16日・19日・21日、9月11

日～13日・18日・24日、10月3日・8日・12日・13日・19日・29日、11月17日・23日・25日・27日、12月朔日～7日・16日～18日・21日・22日・24日・28日・30日、寶暦14年正月元日・2日・5日・10日・12日・15日・17日・18日・25日・29日、2月24日・26日・27日、3月朔日～3日・6日・12日・14日・23日～25日・27日・28日・30日、4月朔日・2日・12日・25日、5月9日・12日・13日・15日・23日、明和元年6月2日・5日・10日・24日・26日・28日、7月2日・5日・21日・22日・26日・27日、8月朔日・4日・8日・17日・20日・23日・25日～28日・30日、9月3日・8日・15日、10月5日・6日・9日・10日～12日・17日・23日・24日・26日～28日、11月朔日～3日・26日・28日

長谷範昌（元祿8年7月28日～寛延元年閏10月15日）
寶暦14年2月19日

中西久敏（寛保元年生、非藏人）
寶暦13年12月19日、寶暦14年2月25日

中院通躬（寛文8年5月12日～元文4年11月3日、享保3年閏10月朔日～享保11年9月15日武家傳奏）
寶暦14年2月19日

中原康博（元文3年7月4日～寛政6年8月29日、地下官人、内舎人）
寶暦14年5月19日

中御門俊臣
寶暦13年8月朔日、9月27日、12月18日、寶暦14年3月14日

中御門天皇
寶暦14年2月3日、3月14日

長村兵藏（能役者）
寶暦14年5月14日

中村和恆
寶暦14年正月13日、明和元年7月24日、10月6日

中山永貞
寶暦14年正月13日、2月10日、明和元年10月6日

中山兼親
寶暦14年2月19日

鍋嶋宗教
寶暦13年12月4日

鍋嶋直熙（延享2年～文化2年正月10日、肥前鹿嶋藩主）
寶暦14年正月28日

鍋嶋直寛
寶暦14年5月4日

成瀬正泰
寶暦13年12月朔日、寶暦14年4月9日、5月4日

成瀬正典
寶暦14年4月*9*日、5月*4*日

難波宗建
明和元年8月10日

難波宗城
寶暦13年9月27日、11月28日・29日、12月朔日・6日・18日・27日、寶暦14年正月2日、明和元年7月7日、8月朔日・22日・24日・25日・27日・28日

南部利雄（享保10年～安永8年12月11日、盛岡藩主）
寶暦13年12月5日

二

西大路隆要
寶暦14年2月3日

錦小路尚秀（寶永2年9月朔日～寶暦6年9月8日、錦小路頼庸養子）
寶暦14年2月3日、3月13日

錦小路頼尚
寶暦13年12月朔日・18日、寶暦14年正月29日、3月13日、5月19日

錦織従房（寛保3年8月朔日～明和6年正月16日）
寶暦13年12月19日

西洞院範子
寶暦13年8月11日・21日、11月13日、12月朔日・6日・15日・18日、寶暦14年正月29日、明和元年8月25日・27日・28日

二條綱平
寶暦13年9月14日

二條舎子
寶暦13年8月朔日・11日・13日・14日・21日、9月11日・13日・15日、10月5日、11月2日・5日・13日・22日・24日・27日・28日、12月朔日～7日・10日・13日・16日・18日・22日・24日、寶暦14年正月2日・9日・11日・16日・*16*日・27日・29日、2月朔日・5日・9日・19日、3月朔日・9日・27日、4月2日・3日・5日・*6*日・*9*日・*12*日・*19*日・*20*日・*22*日・*25*日、5月9日・*9*日・*13*日・19日・21日、明和元年6月10日・27日、7月4日、8月朔日・4日・7日・10日・22日・23日・25日・27日・28日、9月13日・14日・18日、10月14日・27日、11月2日・3日・13日

二條重良
寶暦13年10月24日、11月22日、寶暦14年正月29日、明和元年8月朔日

二條淳子
寶暦13年9月27日

二條治孝
明和元年8月4日・13日・28日

日寛（貞享3年～延享元年10月4日、元文2年6月9日～寛保2年9月5日妙顯寺30世住持）
寶暦14年2月8日

日唱
寶暦14年正月20日、2月8日・11日、3月7日・14日

丹羽高庸（享保13年～明和2年12月14日、二本松藩主）
寶暦13年12月4日

丹羽氏榮
寶暦13年8月2日

庭田重煕
寶暦13年8月9日・11日・28日、明和元年8月朔日・13日・16日、9月8日、10月9日・22日、11月朔日・3日・18日、寶暦14年正月29日

ノ

野村三治郎（役者）
明和元年8月3日・19日

野村八郎兵衛
寶暦14年正月10日、2月4日・5日、明和元年8月3日・19日、9月18日

ハ

梅峯周香（元慶光院住持）
明和元年10月14日

博山元敞
寶暦13年10月8日

羽倉信賢（寛延4年2月15日生、非藏人、羽倉信舍子、羽倉信之養子）
寶暦13年11月16日

羽倉信舍
寶暦13年11月16日

羽倉信之
寶暦13年11月16日

橋本堯直（寛保2年生、非藏人）
寶暦13年8月2日

橋本實理
寶暦13年12月21日・22日、明和元年6月28日

橋本勝長（享保9年生、非藏人）
寶暦13年12月13日

長谷川長貴女（寶暦14年沒、田付景林母）
寶暦14年5月9日

畠山義紀
寶暦13年8月20日、9月13日、10月5日、11月16日・19日・24日・27日、12月朔日・3日・6日、寶暦14年4月*18*日・*19*日・*21*日、5月*11*日

八條隆英（元祿10年5月4日～寶暦6年10月10日、院傳奏、八條隆輔

父）

寶暦13年11月26日、12月7日

蜂須賀重喜

寶暦13年12月4日

濱路主膳

寶暦13年9月18日、寶暦14年4月*4*日・*17*日

葉室頼胤

寶暦13年8月朔日、9月13日・18日・19日・27日、寶暦14年正月6日・11日、2月4日、明和元年8月朔日

葉室頼要

寶暦13年8月朔日・6日・20日・27日、9月15日・18日・25日、10月11日、11月2日・5日・9日、12月3日・6日・10日・19日・24日・29日、寶暦14年正月6日・16日・20日、2月朔日、3月朔日・26日、4月5日・*12*日・*25*日、明和元年7月22日・26日、8月7日・17日・22日・26日、9月22日、10月22日、11月3日・9日・13日・28日

原井信益（享保20年閏3月朔日～文政4年3月3日、地下官人、主水司）

寶暦14年5月19日

原勘五郎

寶暦14年2月5日、5月14日

ヒ

東久世通積

明和元年8月6日・17日

東久世通武（寛延元年10月13日～天明8年12月10日、東久世通積子）

明和元年8月6日・17日

東園基楨

寶暦14年2月3日

東坊城益良

寶暦14年5月*8*日

東坊城輝長（元文元年8月11日～寶暦14年10月23日、東坊城綱忠子）

寶暦14年5月19日・24日、明和元年10月22日

東坊城綱忠

寶暦14年正月30日、3月9日・14日、明和元年10月22日

東本願寺光遍

寶暦14年4月*18*日・*19*日・*25*日

東山天皇

寶暦13年10月20日、寶暦14年2月3日、3月14日

樋口基康

寶暦14年5月19日

樋口宜康（寶暦4年5月19日～文政

6年3月22日、樋口冬康子）
寶暦13年10月3日

樋口冬康
寶暦13年8月5日、10月3日

日野資矩（寶暦6年8月22日～文政13年7月9日、日野資枝子、廣橋兼胤孫）
寶暦14年4月*6*日

日野資枝
寶暦13年8月朔日、9月27日、10月7日・20日、11月24日、12月朔日、寶暦14年2月3日、明和元年8月25日・28日

日野西兼貫（寶暦5年10月3日～天明元年9月16日）
寶暦13年9月19日、寶暦14年4月*6*日

平田永清（元祿8年5月15日～安永8年3月12日、地下官人、少內記）
寶暦14年5月19日

平田職義女（茶屋延貞妻）
寶暦13年10月13日

平田職方
寶暦13年10月13日・20日・25日、寶暦14年3月29日、5月19日、明和元年8月13日

平松時行
寶暦13年8月朔日・9日・28日、9月13日・27日・28日、11月2日・19日・24日、12月3日・16日・20日・22日・28日、寶暦14年正月5日・10日・20日・30日、2月5日・14日、3月7日・14日・22日、4月*12*日・*25*日、5月19日、明和元年6月27日・28日、7月6日・11日・25日、8月朔日・6日・16日・27日、10月6日、11月2日・3日・26日

廣瀬四郎三郎（能役者）
寶暦14年2月4日

廣庭祐義
寶暦13年11月16日

廣庭祐周（元文2年生、非藏人、岩橋元晴弟）
寶暦13年11月16日

廣橋伊光
寶暦13年8月朔日、9月27日、寶暦14年4月*6*日、5月*8*日

廣幡輔忠
明和元年8月朔日

フ

普應院
寶暦14年5月19日

藤井兼矩（享保7年11月28日～寛政4年4月24日、藤井兼護養子）
寶暦14年3月13日、5月19日

藤井兼充（萬治3年10月28日～享保元年閏2月12日）
寶暦14年2月3日、3月13日

藤木司直（貞享元年生、地下官人、下北面）
寶暦13年12月9日・15日

藤木成敬
寶暦14年正月13日、3月22日、明和元年7月24日

藤木成適
寶暦14年3月22日、4月5日、5月15日

藤木成棟（寶暦14年3月22日藤木正適養子）
寶暦14年3月22日、4月5日、5月15日

藤木息直
寶暦13年8月2日

藤木竹顯女
寶暦13年8月11日、11月13日・24日、12月15日、寶暦14年2月9日、明和元年8月4日・22日・25日

藤嶋成允（藤野井より改號）
寶暦13年12月21日・22日・28日、明和元年7月24日、8月25日

藤嶋忠韶
寶暦14年4月*19*日・*20*日

藤野井具成（寶暦13年12月19日藤嶋と改號）
寶暦13年12月19日

藤野井成允（寶暦13年12月19日藤嶋と改號）
寶暦13年10月11日、11月24日、12月11日・16日・19日

藤野井成章（寶暦13年12月19日藤嶋と改號）
寶暦13年8月27日、12月19日

藤野井是成（享保19年生、非藏人、藤野井成允子、寶暦13年12月19日藤嶋と改號）
寶暦13年12月19日

藤野井忠韶（寶暦13年12月19日藤嶋と改號）
寶暦13年11月24日、12月19日

藤野井祐業（寶暦13年12月19日藤嶋と改號）
寶暦13年12月19日

伏見宮賢子女王（延享元年6月朔日～寛政元年11月6日、伏見宮貞建親王女）
寶暦13年11月19日

伏見宮貞建親王
寶暦13年9月14日、11月19日、寶暦14年5月*13*日

伏見宮貞行親王

寶暦13年9月14日・25日・27日、12月15日

伏見宮貞子女王
寶暦13年12月12日、寶暦14年正月9日

伏見宮培子女王
寶暦13年12月10日・15日

藤原廣敎（地下官人、圖書寮）
寶暦14年5月19日

伏原宣光（寛延3年～文政11年12月17日、伏原宣條子）
寶暦14年2月26日、4月4日・*18*日・*22*日、5月10日・13日

伏原宣條
寶暦13年8月6日・9日・12日、11月朔日、寶暦14年正月10日、2月5日、5月13日、明和元年8月16日

古野周德
寶暦14年正月13日、明和元年10月6日

ホ

宝光院少僧都（道雅弟子）
寶暦14年正月14日

法淨院
寶暦14年正月19日

坊城俊逸
寶暦14年3月14日

坊城俊子
寶暦13年11月24日、12月朔日・6日・15日・18日、明和元年8月22日・25日・27日・28日

宝生友精
寶暦14年4月*25*日

細川重賢（享保3年～天明5年10月26日、熊本藩主）
寶暦13年12月4日

細川常芳
寶暦13年11月24日

堀田正順
寶暦13年12月5日

堀川廣之
寶暦14年4月*18*日・*24*日、5月*11*日

堀川弘充（享保10年3月4日～明和7年8月晦日、地下官人、大藏省兼木工寮）
寶暦14年5月19日

本空慈達
寶暦14年3月28日

本多康桓（正德4年～明和6年6月18日、膳所藩主）
寶暦13年12月5日

本多正珍
寶暦13年12月4日

本多忠盈（享保17年～明和4年閏9月16日、濱田藩主）
寶暦13年12月5日

本堂親房（享保19年～享和2年正月29日、旗本、交代寄合、大番頭）
明和元年7月25日

マ

前田重教
寶暦13年11月7日、12月2日

前田長泰
寶暦13年12月9日・10日・15日・16日・18日

前田長敦
寶暦14年4月*18*日、5月*11*日

前田房長
寶暦14年4月*18*日・*19*日、5月*11*日、明和元年8月17日

前田利道
寶暦13年12月4日

前田利與
寶暦14年正月13日

蒔田祐恭（享保16年2月4日～寛政12年閏4月5日、地下官人、圖書寮）
寶暦14年5月19日

蒔田秀厚
明和元年9月8日

牧野忠寛（元文元年～明和3年6月晦日、長岡藩主）
寶暦13年12月5日

牧野貞長（享保16年～寛政4年3月21日、笠間藩主）
寶暦13年12月5日

牧野貞通
明和元年7月27日、8月朔日、10月5日

町口是彬
寶暦13年9月24日、12月22日・30日、寶暦14年正月29日

町尻兼久
寶暦13年12月22日

町尻兼量（寛文2年10月4日～寛保2年9月26日、町尻具英子、水無瀬氏信養子、町尻兼豐養子）
寶暦13年10月3日

松尾相尹（寶暦4年生、非藏人）
寶暦13年8月17日

松尾相脩
寶暦13年8月17日

松尾相等（寛延3年生、非藏人）

寶暦13年8月17日

松尾相爲
寶暦13年8月17日

松尾相堅（元祿7年～明和7年8月12日、地下官人、元上北面）
寶暦14年2月27日

松尾相在（享保2年生、中御門天皇非藏人）
明和元年10月13日・18日

松尾相美（寛保元年生、桃園天皇非藏人、松尾相在養子）
明和元年10月13日

眞繼親弘
寶暦14年3月29日、5月19日

松平輝高
寶暦13年11月7日、12月2日、寶暦14年3月24日・27日、4月*12*日・*18*日・*19*日・*25*日、5月*11*日、明和元年6月2日

松平義敏（享保19年正月18日～明和8年4月28日、高須藩主、德川宗勝子）
寶暦13年12月4日

松平康年（寶永6年～明和7年2月27日、旗本）
寶暦14年2月朔日

松平康福
寶暦13年11月7日、12月2日・6日・18日、寶暦14年2月朔日、3月24日、4月*12*日・*18*日・*19*日・*22*日・*25*日、5月*11*日、明和元年6月2日

松平康哉（寶暦2年4月19日～寛政6年8月26日、津山藩主）
寶暦13年12月4日

松平資尹
寶暦13年12月5日

松平忠周
寶暦14年2月17日・19日

松平重富
寶暦13年12月2日、寶暦14年5月*4*日

松平乘佑
寶暦13年12月5日、寶暦14年4月*22*日、5月*11*日、明和元年7月11日

松平信復（享保4年～明和5年9月22日、吉田藩主）
寶暦13年12月5日

松平信望（延寶2年～寶暦7年9月4日、旗本、松平輝高叔父）
寶暦14年3月27日

松平信有
寶暦13年12月4日

松平宗衍
寶暦13年12月4日

松平忠啓（延享3年～天明6年12月10日、桑名藩主）
寶暦14年正月28日

松平忠恆
寶暦14年4月*19*日・*22*日、5月*11*日

松平忠刻（享保2年～天明2年12月27日、桑名藩主）
寶暦13年12月4日

松平忠順
寶暦13年12月5日、寶暦14年4月4日・*19*日・*20*日・*24*日・*26*日、5月*11*日

松平忠恕
寶暦13年12月5日

松平朝矩（元文3年3月14日～明和5年6月10日、前橋藩主）
寶暦13年12月4日、寶暦14年5月24日

松平直純
寶暦13年12月4日

松平直泰（寛延元年11月28日～享和3年12月29日、明石藩世子、松平直純子）
寶暦14年正月28日

松平定賢
寶暦13年12月4日

松平定功（享保18年～明和2年2月11日、松山藩主）
寶暦13年12月5日

松平定邦
寶暦14年4月*23*日

松平武元
寶暦13年11月7日、12月2日、寶暦14年3月24日、4月*12*日・*18*日・*19*日・*22*日・*25*日・*26*日、5月*11*日、明和元年6月2日

松平容頌
寶暦13年12月10日・13日・15日

松平頼恭
寶暦13年11月7日、12月2日

松平頼淳（享保13年2月16日～寛政元年10月23日、西條藩主、徳川宗將弟）
寶暦13年12月4日・7日

松田嘉藏（能役者）
明和元年8月19日

松波貲邑女
寶暦13年8月朔日、10月7日、11月3日、寶暦14年正月2日、明和元年8月20日・25日、11月18日

松木親子

寶暦13年8月9日、10月28日、11月11日・25日、12月21日

松木宗顯（萬治元年12月10日～享保13年4月28日）
寶暦13年9月14日

松木宗濟
寶暦14年4月*18*日

松木宗子
寶暦13年12月2日、明和元年7月5日

松木宗長
寶暦14年正月8日

松前順廣
寶暦13年9月18日、10月19日、11月23日・27日、寶暦14年正月4日・25日、3月24日・29日、明和元年6月5日、7月21日、8月朔日・8日・17日・20日

松室重記（元祿16年生、非藏人）
明和元年6月19日・28日

松室重義
寶暦13年10月11日、12月21日・22日、寶暦14年2月朔日・27日

松室重幸
寶暦13年8月17日

松室重史（文化元年生、非藏人）
寶暦13年8月17日

松室重子
寶暦13年10月8日、12月21日

松室重成（延享元年生、非藏人、松室重記子）
明和元年6月19日・28日

松室重任（元祿11年生、非藏人）
寶暦13年12月17日・19日

松室重福（享保6年生、非藏人）
明和元年7月10日

松室重福男（未詳）
明和元年7月10日

松本爲從（享保11年生、非藏人）
寶暦13年12月16日～19日・22日

松本爲勝
寶暦13年12月16日・17日

松本爲房（寶暦3年生、非藏人）
寶暦13年12月16日～19日・22日

松本爲雄
寶暦13年8月17日

松浦誠信（正徳元年～安永8年4月29日、平戸藩主）
寶暦13年12月5日

萬里小路韶房
寶暦13年10月6日・12日、明和元年10月6日

萬里小路韶房女（後櫻町天皇女房）
寶暦13年10月6日・12日

萬里小路植房
明和元年10月6日

間部詮央
寶暦13年12月5日

ミ

水谷公美
明和元年9月6日・13日

水野忠寛（寛延2年～文政5年4月28日、紀州藩附家老）
寶暦14年正月28日

水野忠見
寶暦14年4月*19*日・*22*日・*25*日、5月*11*日

水野忠任（享保19年～文化8年12月27日、唐津藩主）
寶暦13年12月5日、寶暦14年5月*4*日

溝口直範
寶暦13年12月5日

水口成清
寶暦14年2月12日

水無瀬氏種
寶暦13年9月27日

水無瀬友信
寶暦13年8月朔日、寶暦14年2月3日、明和元年8月朔日

南大路存顯
寶暦14年4月*6*日、明和元年8月22日

壬生盈子
寶暦13年10月22日・28日

壬生俊平（元祿7年11月4日～享保14年5月26日）
明和元年9月8日、10月6日

壬生知音
寶暦13年8月朔日、9月27日、寶暦14年5月19日、明和元年8月16日

三室戸光村
寶暦14年5月19日、明和元年8月7日

三室戸資方（寶永7年9月18日～明和元年8月7日、三室戸光村養父）
明和元年8月7日

三宅三平
寶暦14年2月4日・5日

三宅惣三郎
寶暦14年2月4日・5日、5月14日、明和元年8月19日、9月18日

三宅藤九郎

寶暦14年2月4日・5日、明和元年8月19日、9月18日

妙實
寶暦14年正月20日、2月8日、3月7日

ム

宗岡行親（享保8年10月12日～享和2年10月14日、地下官人、文殿）
寶暦14年5月19日

村雲近信（寶永6年正月10日～天明5年8月20日、地下官人、近衛府）
明和元年9月18日

村田春明
明和元年8月25日

村田利恭
寶暦14年3月26日

メ

明正天皇
寶暦14年2月12日、明和元年9月16日

モ

毛利重就
寶暦13年12月4日

桃園天皇
寶暦13年8月16日、10月7日・8日、寶暦14年5月19日、明和元年6月24日、7月5日・17日

森爲壽（安永5年沒、五位神社神主）
寶暦14年5月*2*日

森川榮介
寶暦14年2月4日、明和元年8月19日、9月18日

森川吉右衛門（左近衞府駕輿丁）
明和元年6月13日

聞名寺
寶暦14年正月13日

ヤ

施藥院宗眞（寶永4年～明和5年11月14日、旗本）
明和元年8月朔日・17日・25日

施藥院宗隆（享保13年生、旗本、施藥院宗眞子）
明和元年8月17日

矢栖（廣橋家近習）
寶暦14年4月*17*日

安田吉三郎（能役者）
寶暦14年5月14日

保田敬忠
明和元年6月11日

東京大學史料編纂所編纂

大日本近世史料

廣橋兼胤公武御用日記　十三

東京大學史料編纂所刊行

例　言

一、大日本近世史料は、近世の主要な史料を編纂刊行するものである。

一、「廣橋兼胤公武御用日記」は、廣橋兼胤(正徳五年(一七一五)生 天明元年(一七八一)薨)の武家傳奏役務中の日記である。

一、本冊には、寶暦十三年(一七六三)八月より明和元年(一七六四)十一月までの、「公武御用日記」「寶暦十四年東行之日記」を収めた。

一、校訂に關しては、概ね第一册・第八册及び第九册の例言に従ふ。

一、巻末に人名索引を附した。

一、本書の編纂に當り、廣橋興光氏は原本の閲覧等につき特別の便宜を與へられた。記して感謝の意を表する。

平成三十年三月

東京大學　史料編纂所

目次

公武御用日記十七

寶暦十三年……一

八月……二

九月……二〇

十月……三七

十一月……五三

十二月……六九

公武御用日記十八

寶暦十四年……一〇九

正月……一一〇

二月……一三四

三月……一五五

四月……一七八

寶暦十四年東行之日記 寶暦十四年……一八三

正　月……一〇四
四　月……一〇四
五　月……一三三

公武御用日記十八

寶暦十四年……二一八
五　月……二一八
明和元年……二二三
六　月……二二三
七　月……二四四
八　月……二五八
九　月……二八一
十　月……二九一
十一月……三〇五

人名索引……1

公武御用日記十七　寶暦十三年自正月至十二月

兼胤本年四十九歳、正二位、權大納言、武家傳奏、

是歳

天皇　後櫻町天皇

攝政　近衞内前

武家傳奏　廣橋兼胤　姉小路公文

議奏　葉室頼要　山科頼言　平松時行　飛鳥井雅香　植松賞雅

將軍　德川家治

京都所司代　阿部正右

禁裏附　長田元鋪　田付景林

（表紙外題）

「八槐御記　公武御用部　寶暦十三自正至十二　十七」

（原表紙）

寶暦十三癸未歳

公武御用日記

兼胤

（原寸縦二三・四糎、横一六・九糎）

○本表紙、寶暦十三年正月ニ掲出スルモ、欄外標出ノ便宜ノタメ再掲ス、

（小口書）

寶暦十三正ヨリ十二迄

寶暦十三年

八月　月番　兼胤（廣橋、以下略ス）

（73ウ）

朔日、

一、巳剋參　內、賀申當日、出御于御學問所、御對面、當御代初度、御座中段、立御後御屛風、御左右立御几帳、攝政殿（近衞内前）御前御左方ニ御伺候、大典侍（柳原忠子）御左方伺候御几帳外、御對面之次第如御代々、

一、攝家衆（一條道香）前關白・（一條輝良）三位中將不參、更召、攝政殿・大典侍如初伺候、兩人・議奏衆候雁繪間、（廣橋兼胤・姉小路公文、以下略ス）十一月下旬御卽位可被行御治定被　仰出候旨、攝政殿御演達、左府（九條尚實）已下申恐悅退去、

次召親王衆、（有栖川宮職仁親王）一品宮不參、同被　仰出、次兩人・議奏參下段、奉同旨退去、次入　御、

次於帝鑑画間攝政殿被仰前右府、（三條實顯）一列ニ可被傳被命、兩人・議奏列座、次於八景画間攝政殿御座、

兩人・議奏列座、諸臣ニ十一月下旬卽位御治定被　仰出之段申渡、其一統ニ可被傳、且小番未勤・親族中ニも可被傳、示

月番兼胤

八朔祝儀

當御代初度ノ出御

御對面ノ設

御對面ノ次第ハ御歴代ノ如シ

卽位ハ十一月下旬ト治定セル事ヲ攝家ヘ攝政演達ス

親王家兩傳奏議奏ヘモ仰出サル

入御

清華家ヘモ攝政ヨリ仰出ス

諸臣ヘハ兩傳

奏申渡ス
門跡ヘハ公文邸ヘ家司ヲ召シ申渡ス
地下官人ヘハ廻状ニテ申遣ハス
即位傳奏同奉行ヲ仰渡サル
表使ヲ以テ祝賀ヲ言上ス
女院親王准后攝政ヘ參賀ス
八朔祝儀ノ為所司代參内ス
即位日時治定ノ事ヲ所司代賀ス
菓酒ヲ賜フ
所司代退出ス

(74オ)

之、兼胤演達之、
三卿綾小路(有美)、　近習飛鳥井(雅香)、　小番御免葉室(頼胤)、　内〻鷲尾(隆熙)、　外様西園寺(賞季)、　兩頭(日野資枝・櫛笥隆望)」五位藏人三人(中御門俊臣・廣橋伊光・柳原光房)　山井大藏卿(氏榮)水無瀬(友信)へ傳達、　極﨟(慈光寺澄仲)　四辻中納言(公亨)非藏人に申渡、
門跡方・黑御所〻〻ホ、於姉小路家(公文)召家司被申渡、
兩局(壬生知音・押小路師資)已下地下之者、自予亭以廻文申遣、
先之、傳奏葉室大納言(頼要)、奉行頭弁(日野資枝)、於八景間攝政殿被仰渡、兩役列坐、
一、右被　仰出、以表使賀申、於林和靖間賜祝酒、
女院(二條舍子、青綺門院)・　親王(英仁親王)・准后(一條富子)幷攝政殿へ參賀了、
一、八朔之御礼阿部伊豫守(正右)參候所、長上下、兩人出逢、伊豫守申當日之御礼、且即位十一月下旬被　仰出之事賀申、示可申上之由、兩人退入、此間大御乳人(鴨脚茂子)・大和出逢、(松波資邑女)附平松中納言(時行)言上、御挨拶相心得可申入之由申入、還出候所、及言上兩條之賀、目出　思召候由示之、賜菓酒、各盃、三献、了申御礼退出、如例參　女院御所、　親王・准后にハ不參賀例也、
二日、

一、巳剋參　内、

八朔關東使施藥院迄參居ス
（74ウ）

一、關東より御馬進獻、丹羽和泉守（氏榮）施藥院迄參候由、御附以三河守（長田元鋪・田付景林）（×三）（小佐治光保）示之、可召寄哉之由」飛鳥井前大納言（雅香）に申入、頃之可召之由被示、以三河守御附に可召之由示了、

太刀目錄差越サル

先之、進獻之御太刀目錄雜掌受取、以非藏人差越、極﨟（滋光寺澄仲）に渡了、出迎非藏人吉見駿河（永敍）・橋本下野（堯直）、・雜掌四人に召遣之事申聞、

使者姓名書竝ニ御馬ノ毛付ヲ披露ス

一、使姓名書丹羽和泉守源氏榮、・毛付鳥澤月毛七才、五寸五分、附飛鳥井前大納言了、

關東使參内シ祝儀進獻ノ事ヲ申述ブ

一、丹羽和泉守參上櫻間、御附兩州祗候、兩人出逢、和泉守申八朔之御祝儀・御太刀御馬御進獻之由、示可申上之由、兩人退入、於車寄見御馬、口取侍謁見如例、雜掌名披露如例、右之趣附飛鳥井言

關東使參内ノ事等ヲ言上ス

上、御馬御覽後越中守（長田元鋪）へ拜領可申渡哉、關東へ御祝儀如例可相達哉伺之、事〻伺之通被仰出了、

出御
太刀目錄披露
御馬御覽
入御

一、午斜　出御于大盤所、兼胤御太刀目錄自簾下附女房、次引疋御馬、三疋、左右馬牽參如例、了入　御、兩人出櫻間、示御馬御覽相濟候由於和泉守、退入、次御附案内、和泉守南

關東使南殿及ビ鳳輦ヲ拜見シ退出ス

殿・御鳳輦拜見、退出、

禁裏附へ御馬下サル

一、兩人出候所、御馬被下之事、長田越中守に申渡、越中守畏申之段、附飛鳥井言上、

關東使退出ノ事ヲ言上ス

一、和泉守御殿・御鳳輦拜見御礼了退出候由、御□（附）示之、附飛鳥井言上之了、

上丁

一、依上丁、菅・淸儒於帝鑑間講書如例、

（75オ）

息氏歷ノ官位小折紙ヲ下北面岡本氏榮差出ス

北面ハ六歲ヲ七歲トシテ申上グル例來年願フ樣攝政命ズ

是迄北面ト社家トデハ年齡ノ扱ニ相違アレドモ已後ハ同樣ニセル樣攝政命ズ

一、北面岡本備前守（氏粱）男賀茂（岡本）氏歷七才、申官位小折紙、攝政殿（近衞內前）へ內〻入御覽、於賀茂年齡ハ六才ニ候へ共七才ニ致、今年申上候、岡本伊勢守（淸福）・藤木兵庫助（息直）抔も北面之方と社家之方とハ年齡相違有之候由承及候由、申入、來年七才（×六）ニ相成、北面ニゐも社家ニゐも同年ニゐ官位可相願候、尤是迄ハ右之通兩方相違有之候共、自今ハ北面・社家同年齡、致增減間敷段、北面中へ可申渡置被命、

三日、

一、巳半剋參　內、

四日、

一、巳半剋參　內、

西園寺賞季西院參町ノ本宅

一、去月廿九日淸水谷大納言（實榮）・正親町前大納言（實連）兩卿被內談、西園寺家（賞季）西院參町之本宅敷地ニ

ニ妙音天堂ヲ移シ別當居宅ヲ小倉宜季屋敷内ニ建ツル事ヲ伺フ

妙音天堂移築ハ勝手次第ナレドモ別當ノ轉居ハ無用タルベシト攝政命ズ

前關白モ同意ス

風早公雄六條有榮同有庸放生會參詣ニツキ御暇御内意ヲ伺フ

樋口冬康ト阿野公繩娘トノ婚禮整フ

被家造、妙音天堂も件屋敷内ニ被移、別當常住心院儀、居宅京極寺ニ而ハ手遠ニ在之不便ニ有之候間、下立賣惣門外小倉(宜季)家屋敷地借用、別當之家被立、右之家ニ住居候而被苦間敷哉之由也、尚追而可及挨拶申入置了、昨日攝政(近衛内前)殿へ申入之処、西園寺本宅へ妙音〔天脱カ〕堂被(75ウ)建候儀ハ勿論勝手次第之儀、別當之居宅小倉家屋敷地借用建候儀ハ、築地内近邊寺門造候例も無之儀ニ候間、可爲無用之由、兩卿へ可申達被命、此事前殿下(一條道香)自最初御掛合之事故、内々御所存尋申之処、攝政殿御同意也、

今日召兩卿、右之趣申達、兩卿承伏、

五日、

一、巳半剋參　内、

一、風早宰相(公雄)・六條宰相中將(有榮)・同少將(六條有庸)放生会ニ付自十四日至十六日參詣御暇▨御内意伺書、攝政殿(近衛内前)へ申入、附帥卿(山科頼言)申入、表付可相願被仰出了、於里亭召家僕申渡了、

一、樋口治刀卿(冬康)ニ阿野宰相中將(公繩)娘昨夜婚礼相整候由双方届書、附帥卿了、

六日、

一、巳半剋參　內、

學問所等修復ノ節殘ル疊替ヲ十一日ニ行フ様禁裏附へ申達ス

一、御學問所中下段・鷺間并御緣頰西廊下・鷺間取合廊下・申口十七帖ホ御修復之〔節〕□殘り候疊替、來十一日ニ悉可替之由御沙汰候由、葉室大納言(賴要)被示、御附(長田元鋪・田付景林)へ申達、十一日中ニ替候様可有取計、小林阿波守(春鄉)へ可被達示了、」

內侍所襖修復ノ爲昨冬京都代官見分ヲ望ムモ諒闇後迄差止ム

(76オ)

當冬即位ニツキ諸大名使ノ參上アル故早ク修復セル様禁裏附へ申談ズ

一、內侍所襖破損ニ付可加修復先達而武邊へ申達ニ付、小堀數馬(邦直)致見分度由去冬雖申、諒闇後迄兩人ゟ差止置候、一个年も經候間、彌破損見苦相成候、當冬御卽位ニ付諸大名使も參候旁、早修補有之候様負願候、此節數馬見分候而早御修復有之候様可在取計、御附へ申談、兩州承伏了、九日伊豫守(阿部正右)へ相達、承知之由也、

清涼殿常御殿修復ノ御褒美ヲ兩傳奏修理職奉行拜領ス

「(補書)一、此度兩御殿御修復相濟候ニ付、爲御褒美、以大御乳人(鴨脚茂子)兩人ニ金五百疋・綿三把充拜領之、修理職奉行三卿(園池房季・伏原宣條・大原重度)へ金三百疋充被下之云〻、」

七日、

一、巳半剋參　內、

八日、

一、巳半剋參　內、

九日、

一、巳半剋參　內、

座主宮差出ス山門西塔轉法輪堂正遷座回章叡覽ノ願書等ヲ攝政ニ申入ル

叡覽ニ備フル様攝政命ズ

一、來九月山門西塔轉法輪堂修復出來ニ付正遷座回章　叡覽之儀、東塔・横川正遷座之例を以座主宮（尭恭入道親王）ゟ願書・東塔・横川之例書、攝政殿（近衛内前）へ申入、可被備　叡覽可申達被命、爲心得平松中納言（時行）へも申入了、

桃園院元女中へ早ク新知ヲ宛行フ様禁裏附へ示ス

一、圓眞院（松木親子）已下新知領所早被宛候様ニ可有沙汰、御附（長田元鋪・田付景林）へ示了、

（76ウ）

九日、（マヽ）

一、巳半剋參　內、

綾小路有美ノ養子願ヲ攝政ニ申入レ披露ス

一、綾小路中納言（有美）依無男子庭田前大納言（重煕）二男棟丸（ノチ綾小路俊資）六才、養子之儀、庭田・綾小路願書攝政殿（近衛内前）に申入、附帥卿（山科頼言）言上、關東へ　御内慮如例可申達被　仰出了、

辻順興ノ内舎人願書等ヲ攝政へ申入ル

一、辻數馬二条女あちや　倅順興、内舎人願書・由緒書并内舎人仲个間添願書、攝政殿へ申入、願之通可申付之由被命、爲心得帥卿へ申入、願書ホ入披見了、

享保廿年卽位ノ節貳百四拾枚ノ翠簾掛替ヲ用捨セル譯ヲ所司代ヨリ尋越ス

疊師吟味セルモ不明

一、（長田元鋪・田付景林）御附を以伊豫守（阿部正右）尋來、享保廿年御卽位惣御翠簾八百十八枚之内貳百四十枚ハ御用捨ニ而五百七十八枚出來、右貳百四十枚用捨之訳被吟味可被申聞、伏原三位（宣條）申渡了、翌十日、疊師ホ被吟味候処、如何之訳ニ而用捨有之哉不相知之由也、

十日、

一、巳半剋参　内、

十一日、

所司代役宅へ赴ク

綾小路有美養子ノ御内慮ヲ關東へ申入ル様演說ス

(77オ)

一、巳剋兩人同伴向阿部伊豫守（正右）役宅、面謁、綾□〔小〕路中納言（有美）依無男子庭田前」大納言（重熙）次男棟丸（ノチ綾小路俊資）六才、致養子度願之趣及言□〔上〕□〔候〕処、願□〔之〕□〔通〕被　仰出度被思召候、御内慮之趣、關東へ宜被申入之由演說、且書付相渡、伊豫守謹奉之、書付落手、早速關東へ可申越之由也、

改元延引ノ事關東ニ達スベ

改元之月、先達而十二月上旬ト被仰達候処御延引、來年正月下旬可被行之段、先達而以

シトノ書状ヲ所司代差越ス
關東ヨリ聞濟ノ返答ハナカラム故表付仰出シタシト兩傳奏申ス
老中ヨリ承知ノ返答アラムト所司代申ス

書狀申達、致承知關東へ可被沙汰之由返書被差越候、右ハ此返書ニ而相濟、關東へ通達御聞濟之由ハ更被申越間敷と存候間、何時ニ而も表付被　仰出差支有之間敷存候段申述、伊豫守云、年寄共ゟ承知之返答も有之候樣ニ覺候、尙令吟味可申越之由也、翌十二日、年寄共承知之由返答有之候由、以書付示越了、

緋宮御殿玄關等ヲ女院ヘ進ラスベシト仰出サル

一、大御乳人(鴨脚茂子)を以長橋局(梅溪直子)より被申出、緋宮御殿之中御玄關・武家伺候間ホ二間、女院御用(二條舍子、青綺門院)ニ被爲入候間、被進候樣ニ被仰進候、當時無御入用所故被進候間、右之通ニ可相心得之由也、

妙法院宮ヘノ安鎭法下行ノ證文手形出來ス

(77ウ)

一、飯室右兵衞尉(義矩)申、妙門(堯恭入道親王)御祈下行六十石證文手形出來候間、何時ニ而も勘使所に」受取ニ出候樣ニ可達由也、伊光(廣橋)に可申通示了、

女院御所ヘ召サル
御所ノ玄關狭小故武家ノ使者即位祝儀ヲ勤ムル場ナシ
建添ヲ武邊ヘ申立ツベキナレドモ急ニハ調ヒ難カラン
緋宮御殿ノ玄關等ヲ引寄セ建添フル事主

一、依召兼胤參　女院御所、謁茂嵜(藤木竹顯女)、兩局(小督局・石井局、西洞院範子・綾小路有子)より被示云、女院御所内玄關甚狹少見苦、當冬御卽位ニ付諸大名使〻參候節一向勤場も無之程ニ候、延享度ハ於　櫻町殿御一緒ニ勤候間、女院之御内玄關へハ使〻不參候、此度ハ各可參候間、御建添之事武邊に可被申立候へ共、當時之儀急速ニハ相調間敷候、幸　緋宮之明御殿之内御玄關・武家伺候之間御引寄被建添度　内(後櫻町天皇)に被仰入候処、御許容ニ候間、彌右之通ニ可被仰付候、夫ニ付取次共ゟ

上御許容アリ
當冬迄ニ出來
セル様禁裏附
へ挨拶スベシ

御取替事ホ御附(長田元鋪・田付景林)へ可談候間、當冬武家之使參候迄ニ出來候様ニ宜取計申上候様ニ、兩人より御附へ及挨拶候様ニ被致度由也、承知之段申入了、翌十二日、御附へ示之、尚又右 女院に御引寄之事、伊豫守にも可被申達之由示了、

十二日、

一、巳□(午)剋參 內、

六條有庸放生
會參詣ノ御暇
ハ所勞ノ爲當
分願ハズ

(78オ)

一、六條少將(有庸)放生会參詣之御暇御內意相濟候へ□(共)、當分なから所勞ニ付御暇相願間敷由書付、攝政殿(近衞內前)へ申入、附植松前宰相(賞雅)言上□(了)、

即位ノ御道具
外箱用意ノ事
ヲ所司代へ達
ス

一、御卽位御道具之中御渡金・御上水・御はぐろ次(付カ)、右三品之外箱被仰付候、此段伊豫守(阿部正右)へ被達出來候様可被取計、御附(長田元鋪・田付景林)へ示了、去十日、御道具奉行中ニ示了、

清涼殿上段琴
碁書畫之間ノ
翠簾掛替ハ用
捨ナラザルヤ
ト所司代ヨリ
尋越ス

一、御附申、先達而相尋享保廿年御卽位惣替翠簾貳百四十枚御用捨之訳不相知候、何とそ此度清涼殿上段・琴碁書画之間御簾掛替間も無之事ニ候間、右之分ハ其通ニハ成間敷歟之由書付、伊豫守より差越候由相渡、追而可及返答示了、

享保二十年ニ
掛替用捨セル

一、修理職奉行伏原三位(宣條)召寄、左之通被吟味可被申聞示了、

譯ヲ修理職奉行ニ吟味サス

享保廿年御卽位惣替之翠簾八百十八枚之内貳百四十枚御用捨之訳不相知候由、先達而
被申聞候、右御用捨之儀ハ、帳面ニ有之訳ハ不相知候哉、一向御用捨と申儀不相知
哉之事、翌十

今度ハ用捨ノ餘地アルヤ

當時少々ハ御用捨も可相成哉、尚又被吟味可被申聞之事、翌

十三日、
一、巳半剋參　内、

緋宮御殿ノ玄關等女院御所ヘ引建ニツキ似タル例アラバ知リタシト所司代申越ス

（78ウ）

一、御附申、（長田元鋪・田付景林）緋宮ニ而被爲成候間之御殿之内御玄關・伺候之間ホ、此度　女院（二條舍子、青綺門院）御所江御引建
之事、關東へも申遣度候間、以書付申遣候様ニ致度、且又右之様成御例も有之候ハゝ承
置度由、伊豫守（阿部正右）申之由也、

緋宮御殿引建ニツキ書附竝

十四日、
一、巳半剋參　内、
一、此度　女院（二條舍子、青綺門院）江　緋宮御殿内御玄關・伺候間御引建之事書付、筑後守（田付景林）へ相渡、并近例宝暦

ニ例書ヲ所司代へ達ス

十年八月礼成門院(孝子内親王)旧地之御門緋宮(後櫻町天皇)へ被進、同年十月後院清水之御文庫一个所大典侍局(姉小路定子)江被下候両条書付、同渡之了、伊豫守(阿部正右)落手之由、翌十五日田付(景林)申、少々可相加事有之、十六日書付・例書取替了、

十五日、

一、巳半剋参 内、

翠簾掛替ノ用捨ハナリ難シト修理職奉行申越ス

一、大原三位(重度)被指出買物使并簾師ホ書付、抑留了、少々ニ而も、定式八百十八枚員數不足ニ而ハ御手支ニ相成由也、

十六日、

一、巳半剋参 内、

(79オ)

翠簾ノ數ハ定式ニテナクバ手支アラントノ修理職奉行ノ返答書等ヲ所司代へ達ス

一、翠簾事、少々ニ而も此度用捨相成間敷哉、修理職奉行江令吟味之処、定式之數出來無之候而ハ御手支ニ可相成候間宜有了簡之由返答書并買物使差出書付相添、御附(長田元鋪・田付景林)へ相渡、伊豫守(阿部正右)へ宜可申達示了、

所司代差越ス一封ヲ攝政ニ申入ル

一、伊豫守差越一封、攝政殿(近衛内前)へ申入、及言上之段可返答被命、兼胤自筆書之、遣了、

親王主上ト御

先達而被 仰進候 親王(英仁親王)御別殿之事被相止、(平出)

主上(後櫻町天皇)御同居御養育可被遊被 思召候、

同居ノ事ハ思召ノ通リタルベシトノ上意ヲ老中ヨリ傳達サル

尤　准后（一條富子）ニも御殿續之御事ニ候之間、是迄之御通ニ御養育被成候様被遊候　思召ニ候、（平出）桃園院親王ニ而被爲成候節　（平出）禁裏（櫻町天皇）御同居之御例も被爲在候間、旁右之通ニ被　思召候旨、先達而被仰聞候趣關東江申遣候處、則及言上、可爲　思召之通旨被　仰出候段、年寄共より申來候事、

八月

所司代へ遣ハス返書

先達而被　仰進候　親王御別殿之事被相止、（平出）主上御同居御養育可被遊被　思召候、尤　准后ニも御殿續之御事ニ候間、」是迄之御通ニ御養育被成候様被遊候　思召ニ候、（平出）桃園院親王ニ而被爲　成候節　（平出）禁裏御同居之御例も被爲在候間、旁右之通ニ被　思召候旨、先達而申入候趣關東江被申達候處、則被及言上、可爲　思召之通旨被　仰出候段、老中方より申來候由、致承知、及言上候事、

（79ウ）

上意ノ趣ヲ言上スベシ

八月

十七日、

一、巳半剋參　内、

倅見習竝ニ養子番代ノ事ヲ非藏人願フ

一、大賀陸奥(宗恵)倅右門(大賀宗榮)十才、・吉田對馬(兼彦)倅修理(吉田兼員)十三才、・松尾薩摩(相爲)倅造酒(松尾相等)十四才、・赤塚肥前(正輔)倅主膳(赤塚正軾)十一才、・松尾佐渡(相脩)倅將監(松尾相尹)十才、見習之願、松室安房(重幸)倅宮内(松室重史)十三才、松本志摩(爲雄)次男、養子・番代之願ホ書付六通、附植松前宰相(賞雅)了、廿二日、各願之通可申付、帥卿(山科頼言)被示、四辻(公亨)へ申渡了、

兩傳奏不出仕

十八日、今日如例兩人依御免不參、

十九日、

一、巳半剋參　内、」

(80オ)

西園寺賞季ト宗義暢妹トノ縁組願ヲ關東ヘ申達スベシト仰出サル

一、宗對馬守(義暢)妹(宗義蕃女)西園寺大納言(賞季)ニ縁組之願父前内府(西園寺公晃)口上書、使蘆田伊賀守(常珍)、雜掌充口上書、攝政殿(近衞内前)ニ申入、附帥卿(山科頼言)上、如例關東ニ可申達被　仰出、

西本願寺門跡ノ大僧正轉任ハ年齢不足セル故願下グル樣關東ヨリ申來ル

攝政ヘ申入ル

兩傳奏ヘハ所司代心得ニテ

一、御附申、(長田元鋪・田付景林)此度西本願寺新門主(光暉)轉任大僧正相願度由關東ニ被相伺候処、年齢不足ニ付此度之願被相止候樣被仰出、其段西本願寺ニ申渡候ニ付、此儀先達而より懸合候事故咄候由、伊豫守申之由也、兩人答承知之由了、攝政殿へ申入了、

右之趣兩人ニ申達候樣ニとハ年寄共より不申越候間、以書付不申候、伊豫守(阿部正右)心得ニ□〔而〕

話置ク

内侍所玄關建添ニツキ所司代ヨリノ返答關東ヘ申遣ハサバ即位迄ニ出來ナカラン是迄モ不勝手ナリニ濟ム故今度ハ沙汰シ難シ

修理職奉行ヘ申渡ス

即位祝儀關東使御推任敍ノ事ヲ所司代ヘ尋合ハス様攝政命ズ

咄置候、尤西本願寺より請書も差出候由、御附物語也、

一、先達ゟ修理職奉行被示内侍所玄關建添負願ニ付、圖幷仕様書被附之御附へ及内談之処、伊豫守へ内ゝ申談候処、入用ハ僅之儀なから、關東へ不申遣候ゟハ難相調事ニ候、關東へ申遣候ゟハ當冬御即位之節迄ニハ決ゟ出來致間敷候、是迄御即位毎度只今之通ニゟ不勝手なりニ濟來候間、此度難及沙汰之由申之由也、兩人答承知之由、若又寛ゝ相願候ハゝ可申達之由示置了、

右之趣大原三位(重度)に申渡了、

廿日、

(80ウ)

一、巳半剋參　内、

一、御即位使ゝ御推任敍別紙之通可有御沙汰哉、例之通於關東無差支哉伊豫守(阿部正右)へ可尋合哉、攝政殿(近衞内前)に申▨入、如例可尋合被命、爲心得葉室(頼要)へ申了、

御即位御祝儀關東使

少將　侍從　酒井雅樂頭(忠恭)

從四位上　　從四位下畠山（義紀）飛驒守
從四位下　　從五位下六角（廣孝）越前守

山門横川中堂等正遷座回章ヲ廿四日ニ叡覧ニ備フル様攝政命ズ

一、妙法院宮（堯恭入道親王）より被伺、山門横河（川）中堂正遷座・同西塔傳（轉）法輪堂正遷坐等回章、來廿四日より廿八日迄之內同日ニ被備　叡覧度由書付、攝政殿ニ申入、廿四日可被備（平出）叡覧可申達被命、葉室へ為心得申聞了、

所勞ニヨリ公文不出仕

廿一日、同役（姉小路公文）依所勞不參、

一、巳半刻參　內、

女院中﨟ニ召出サルル倉橋美子ノ今年分切米並ニ扶持米ニツキ禁裏附ニ申談ズ

一、去十六日倉橋中務權少輔（有儀）女（倉橋美子）女院（二條舍子、青綺門院）ニ中﨟ニ被召出ニ□（付）、今年分御切米廿石五人扶持も」（81オ）自今月被下候様ニ致度段、両局（小督局・石井局、西洞院範子・綾小路有子）より被申聞候、小上﨟六角（櫛笥望子）事、宝暦五年十月九日被召出、御切米ハ其年一个年分被下、御扶持ハ十月より被下候例書ホ、御附（長田元鋪・田付景林）へ申談、例書相渡、宜有取計示了、

所勞ニヨリ公文不出仕

廿二日、同役（姉小路公文）依所勞不參、

一、巳半剋參　內、

八朔御祝儀ヘノ關東ヨリノ禮狀ヲ披露ス

一、八朔之御祝儀關東へ被遣御礼狀、老中奉書、兩人充、附帥(山科頼言)卿言上了、御覽了返給了、

所労ニヨリ公文不出仕

廿三日、同役(姉小路公文)依所労不參、

一、巳半剋參　內、

所労ニヨリ公文不出仕

廿四日、同役(姉小路公文)依所労不參、

一、巳半剋參　內、

即位御祝下行米ニツキ人數書ヲ差出ス樣御内儀竝ニ取次ヘ申示ス

一、御即位御祝下行米被下ニ付女中末々之女房迄、人數書如例可被差越、大(鴨脚茂子)御乳人へ申、御隨身・取次・勘使・仕丁・御門番同事名前・人數書可指出、土山(武貞)淡路守へ申渡了、廿六日各被差出、落手了、

鴨脚秀胤女ヲ下藹ニ召出サル

一、鴨社司鴨脚(秀胤)大和娘▨來廿七日下藹ニ被召出候由、植松(賞雅)前宰相被示了、

廿五日、」

(81ウ)

一、辰剋參　內、

攝政賜内舍人隨身ノ拜賀

一、攝政殿(近衞内前)賜内舍〔人脫〕隨身二人拜賀也、

廿六日、

一、巳半剋參　内、

廿七日、

極﨟等願フ裝束料ノ事ハ先例ナキ故差返スベシト攝政命ズ

一、極﨟(慈光寺澄仲)・江藏人(北小路俊名)・新藏人(北小路俊興)願裝束料之書付、攝政殿(近衞内前)へ申入、無先例事之間不及沙汰之由、可差返被命、

非藏人藤野井成章忌明出番ヲ願フ

一、藤野井越前(成章)忌明出番之願書、葉室(頼要)へ申談、出番可申付談了、

廿八日、

一、巳半剋參　内、

綾小路有美養子ノ事ハ御内

一、綾小路中納言(有美)願庭田前大納言(重熙)次男棟丸(ノチ綾小路俊資)養子之事、可爲　御内慮之通之由關東より申來候

慮ノ通リタルベシト關東ヨリ申來ル

由、伊豫守(阿部正右)より指越書付、攝政殿(近衞内前)へ申入、附平松中納言(時行)言上之処、被　仰出、庭田前大納言・大原三位(重度)、綾小路中納言親王御所當番ニ付召遣之処、爲名代大原三位被參、綾小路中納言養子願之通被　仰出之段」申渡了、兩人・平松列□(座)、

(82オ)

依田恆信諸大夫成ノ老中奉書等ヲ攝政ニ申入レ披露ス

一、依田肥前守源恆信、從五位諸(下脱)大夫被申付之由八月十五日、老中奉書・姓名書、攝政殿に申入、附平松言上、如例可致沙汰哉相伺了、如例可取計被　仰出了、

父兼頼ノ正忌ニヨリ不出仕

廿九日、　兼胤依正忌不參、

九月　月番同役(姉小路公文)

朔日、

朔日祝出御ナシ

一、巳剋參　内、當日賀申、無　出御、

浦野玄泰へ宿番仰付ケ差支ナシト御内儀へ申入ル

一、大御乳人(鴨脚茂子)被申、浦野玄泰事宿番可被　仰付御沙汰候、無差支哉之由被示、筑後守(田付景林)に申談候処、御臺所無御指支之由申之、其段大御乳人へ申入、何時ニても可被　仰出之由申入

日蝕暦面ニナシ
土御門泰邦書附ヲ差出ス
寶暦暦成就後暦法ハ澁川光洪山路主住ヘ引渡ス
暦ハ諸事兩人ニテ取計フ
泰邦ハ澁川等ヨリ差越ス寫本暦竝ニ見行草ヲ引合ハセ吉凶附ノ後暦師ヘ遣ハスノミ
泰邦ハ推歩ニ關ハル事ナシ
澁川等ニ尋ネザレバ食分合不合ノ事ハ定メ難シ

了、

(82ウ)

一、今朝辰剋日蝕正現之処、暦面ニ無之ニ付、土御門陰陽頭(泰邦)被召、攝政殿(近衛内前)御尋之処、左之通書付差出之由、攝政殿爲見之給、」

改暦測量・新暦法成就之上、依武命澁川圖書(光洪)・山路彌左衞門(主住)と申兩人ゟ暦法一式引渡シ、毎年暦作出ハ勿論、暦方諸事先格之通於關東右兩人取計候、依之、其以來ハ泰邦推歩之義ハ一向相拘り不申候、關東ニ而年暦推歩出來候得ハ、右兩人より寫本暦ニ見行草と申物を差添差登候ニ付、右見行草と寫本暦引合、兩巻無相違候得ハ幸德井(保暠)へ相渡シ、吉凶附出來之上段々次第を以テ諸暦師へ寫本差遣候而已ニ而、暦測相濟候以後ハ年暦推歩一向右兩人次第之義ニ而、泰邦義存不申候、尤年暦推歩と申ハ多人數年中相掛り居候而致出來候事故、泰邦壹人抔いか様ニ致候而も決而難相成事ニ候、随而當食分合不合之義も、右兩人へ相尋返答之上ならては何分難相分レ候、今日食暦面不注候義ハ、推算三分已下故不相記事と存候、所見三分已上ニ相見候ハ、推算之違ニ候哉、又ハ改暦以後六分已上八分迄之日蝕無之候ニ付、測驗不相調故之義ニ候哉、是ホ之義、何分兩人ゟ申越候候(衍)上ニ而無之候而ハ難相定候也、」

所司代ヘ書附ノ寫ヲ達シ關東ニテノ様子ヲ尋ヌル様攝政命ズ

九月一日

右書付寫候ゟ伊豫守(阿部正右)へ相達、關東ニおゐても日蝕正現候哉、正現ニゐ御吟味も有之、暦者ゟ如何申上候哉、攝政殿御聞被成度候由可申遣被命、今夜彼是可及深更候間、明日可申達之由申入了、翌二日以書狀相達、伊豫守承知候、追ゐ可及挨拶之由也、

(83オ)

二日、

一、巳半剋參　內、

三日、

一、巳半剋參　內、

四日、

一、巳半剋參　內、

五日、

一、巳半剋參　內、

六日、

一、巳半剋參　內、

（83ウ）

七日、

一、巳半剋參　內、

八日、

一、巳半剋參　內、

九日、

重陽節句

一、巳剋參　內、賀申當日、於御學問所有御對面、」

十日、

一、巳半剋參　內、

九條道前ト妹トノ婚禮濟ム故德川宗睦御禮使ヲ差登ス

一、此度內府(九條道前)ニ尾張中納言(德川宗睦)妹(德川讓子)婚礼相濟ニ付、尾張中納言より御礼使差登候、來十三日・十五日之內相勤御指支有之間敷哉、以表使申入、十三日可相勤長橋(梅溪直子)被申出了、土山淡路守(武眞)へ申渡、親王(英仁親王)御方之儀も可爲如例示了、

十一日、例幣也、無　御拜、

伊勢例幣御拜ナシ

一、巳半剋參　內、

緋宮御殿跡仕舞ノ不足分トシテ關東ヨリ三百石進上サル

女院ヘ申入ル

一、緋宮□(己)ゟ被爲成候間、去年分御知行三百石御跡仕舞御不足ニ付被致進上候樣、去二月六日伊豫守(阿部正右)ニ以御附(長田元鋪・田付景林)書付、申達候処、此度三百石去年分、被進上候由、伊豫守より以書付申來、同役參(姉小路公文)(平出)女院(二條舍子、青綺門院)御所被申入了、

(84オ)

十二日、

一、巳半剋參　內、

去年分ノ緋宮御料米進上ニツキ關東ヘ御挨拶アルベキヤ所司代ヘ尋ヌ

櫻町院ヘ御料進上ノ節ニ准ジ輕ク御挨拶アルベシト所司代ヨリ申越ス

一、緋宮去年分御料進上ニ付御挨拶有之候ゐ可被宜哉、其儀ニ及間敷哉、教學院御茶文庫修〔衍〕復料百兩關東より被進候節ハ、先格も無之事なから輕く御挨拶在之候様ニ取計了、此度之儀勿論御例當も無之、其上となたより御挨拶可有之哉、此所も難澁候、所詮兩人ゟ宸初申達、御沙汰とも不申入、兩人ゟ申入候事ニ候間、兩人挨拶ニゐ可被宜哉、此旨伊豫守(阿部正右)に宜被遂內談可被申聞之由、筑後守(田付景林)へ申含了、翌十三日、御附(長田元鋪・田付景林)申云、此度之儀外ニ准例も無之、櫻町院御旧料被進候節之振合ニ候間、輕御挨拶有之可然、伊豫守申之由也、兩人申云、雖非御旧料之例(×例)、輕御挨拶有之候様可取計示了、攝政殿(近衞内前)へ申入及言上候処、尚宜申入御沙汰之由可申遣治定了、

所司代役宅ヘ招カル

九月十八日十九日ニ領地判物竝ニ朱印狀渡サル

圓滿院宮ヘハ保留トス

葉室賴胤ヘハ判物下サル

萬端寛延元年ノ通トセル様所司代申ス

兩傳奏承諾ス

十三日、

一、巳剋兩人同伴向伊豫守(阿部正右)役宅、依招也、面謁、示云、

一、御判物・御朱印來十八日・十九日兩日ニ如先格可相渡之由、先格之通之書付渡之、略之、事ゝ延享之通也、此度圓滿院(祐常)門跡へハ不相渡候、是ハ今一往關東へ懸合候事有之ニ付、」(84ウ)追ゐ可相渡候、葉室(賴胤)一位此度判物被下候、享保四年正親町(公通)一位例、爲心得申聞之由也、萬端寛延元年度之通ニ可取計關東ゟ申來候、兩人ニも其心得ニゐ可取計之由也、

兩人承諾了、且申云、　四親王方、寛延元年度九月十八日攝家中使者、同十九日

宮方使者ニ候、此度同日ニ座順ニて被受取度由被申出候、併此儀ハ攝家之方も不取調候而ハ難申候へ共、攝家にも無指支候ハヽ可申達候、左候ハヽ同日座順ニ可相成哉、內々尋合之置之由示之、

伊豫守云、此度萬事寛延元年度之通と申來候間、右程之儀ニても一存ニてハ難改候、寛延度之通ニ相濟候樣ニ可取計之由、兩人諾了、

一、御卽位使酒井雅樂頭(忠恭)少將御推任、畠山飛驒守(義紀)從四位上、六角越前守(廣孝)從四位(下)□御推敍之事、關東へ尋合候処無差支候由申來之由、書付示之、兩人諾了、

一、御卽位御使何頃京着候而可然哉、尋合可申越關東より申來候由、書付渡之、兩人答云、相考追而可及返答示了、

一、午剋參　內、」

(85オ)

一、十八日・十九日兩日判物・朱印渡之事、攝政(近衞內前)へ申入了、

十四日「一、尾州使(補書)(德川宗睦)寺尾六郎右衞門、參奏者所、(九條道前)(德川讓子)內府へ妹婚礼相整之御礼也、兩人出逢、御附名披露、(長田元鋪・田付景林)兩人可及披露之由示之、(姉小路公文)同役月番故被述之、次使退出、兩人參　(英仁親王)親王御方、出逢如禁中、(二條舍子、青綺門院)女院・准后(一條富子)ハ取次受取、兩人不出逢、御挨拶於姉小路家被申渡、予無立會、」

寛延元年ハ攝家ノ翌日ニ親王家ヘ渡サル

今度ハ同日ニ座順ニテ受取リタシト親王方申出ル

寛延度ノ通リニテ濟ムベキ樣取計ラフベシト所司代答フ

兩傳奏承諾ス

卽位祝儀關東使ヘノ御推任敍ハ差支ナシト關東ヨリ申來ル

關東使ノ京着ハ何時頃然ルベキヤ關東ヨリ尋越ス

領地判物朱印狀渡ノ事ヲ攝政ヘ申入ル

妹婚禮御禮ノ德川宗睦使者參內ス

親王女院准后ヘモ參上ス

初菱喰進獻ノ老中奉書ヲ披露ス

一巳半剋參內

一、關東ゟ初菱喰進獻老中奉書、附▨（平松中納言）（時行）披露、女房奉書十五日可被出哉之由申入、

後剋十五日女房奉書可被出之由也、

十四日、

一、巳半剋參　內、

卽位祝儀關東使ヘノ御推任敍ハ差支ナシト攝政ヘ申入ル

一、御卽位使御推任敍關東無差支候由伊豫守（阿部正右）申聞之由、攝政殿（近衞内前）へ申入、飛鳥井前大納言（雅香）に令噂了、

關東使ノ京着ハ十一月二十二日然ルベシト攝政命ズ

一、御卽位使京着頃之事何頃可然哉、攝政殿に內ゝ尋申之処、十一月廿二日京着可然□〔之〕由可申遣被命、

享保度延享度ノ日割

享保度　十月廿七日京着（十月小也、）　十一月三日御卽位

延享度　九月十五日京着　同月廿一日御卽位

右之日割を以、十一月廿二日京着可然被定了、」

親王方攝家ト同日ニ判物受
（85ウ）

一、有栖川（職仁親王）・京極（公仁親王）・閑院（典仁親王）・伏見（貞行親王）ホ宮判物被受取、寛延元年度攝家と別日ニ付、此度同日座順ニ

取ヲ願フ
攝家ハ寛延度ノ通リ別日ヲ望ム

所司代ヘ申談ズルモ寛延度ノ通リニスベシト申越ス

享保四年度ハ同日座順ニ受取ルト宮方示ス

享保四年ノ例

被受取度由去年六月書付被指出之砌、攝政殿へ令噂候処、攝家中ハ寛延之例之通ニ被成度由相聞に、事無爲ニハ難定、尚得と取しらへ之上伊豫守へ可申達、其上いつ判物可被渡哉も難計儀ニ付、或其沙汰有之砌ニ而も可相濟欤と存之中、(平出)御大變ニ付不及左右之僉議之内、此度可被渡由ニ付、伊豫守へ談之処、都而何事も寛延元年之通、座順等迄も無相違様ニと申越ニ付、申談も難相調、其上享保四年度ハ（同日）座順と宮方雖被示聞、享保（四年）度ハ、度ハ、

八月十一日
九條(輔實)關白使者
二條左大臣(綱平)使者
伏見宮(貞建親王)使者
京極宮(家仁親王)使者
近衛前關白(家久)使者
鷹司前關白(兼熈)使者
一條大納言(兼香)使者

同月十二日
閑院宮使者
有栖川宮使者
梶井宮(道仁入道親王)使者
已下門跡略之、

(小書)「兼胤考
閑院直仁親王　享保三年正月廿三日宣下、
有栖川職仁親王　享保十一年十一月廿八日宣下、」

「

親王方ハ兩日ニ申受ク

二世親王ハ前日一世親王ハ後日ナルカ

伏見宮ノ事ハ主上ニ伺フ要アリ

親王方ノ了簡アラバ所司代ヘ申達スベシ

攝家宮方以外ヘハ定日ニ渡サル

關東ヘ申遣ハサバ攝家宮方ノ受取ハ後日トナルベシ

早ク了簡サレタシト宮方ヘ申入ル

寛延度ノ通リ別日ニ受取ルベシト宮方返答ス

（86オ）

轉法輪(三條實治)前左大臣使者

松木(宗顯)儀同使者

右之通兩日ニ宮方有之、相考ニ二世ハ前日座順、一世ハ後日と相見候、然ハ此度ハ有栖川宮・伏見二宮(貞行親王)ハ後日ニ而無之候而ハ例ニ不當、伏見宮之御事ハ　主上(後櫻町天皇)ニも事ニより窺(伺)候ハてハ難決候、其上攝家よりも所存被申立候へハ甚むつかしく相成候へ共、夫ハ御了簡次第ニ而、いつれにも思召を被立度候ハヽ伊豫守へ可申達候、其上來十八日・十九日と定候へ共致延引、一通り關東へ懸合候上、思召之通ニ可相成哉、但又兩日と定候事故、外ハ相渡候、宮方之御願ハ關東へ申遣候ハヽ、自然と後日ニ相成可申候、其段ハ伊豫守へ談候上ならてハ難申候、右之通ニ候間、御差留ハ不申候へ共、早被定御了簡、いつと成共可被仰聞、同役(姉小路公文)有栖川宮へ參入被申入之処、入夜亥剋許、御狀ニ而返答有之、此度之儀可被任寛延元年度之通、別日ニ可被受取被仰聞、治定了、

十五日、

一、巳半剋參　内、

初菱喰進獻ニツキ女房奉書出サル

(補書)「一、初菱喰進獻ニ付女房奉書被出之、葉室(頼要)被渡了、」

關東若君ノ宮參濟ム

元文二年ノ例ニヨリ御會釋ナシ

(86ウ)

一、去六日若君(ノチ徳川家基)紅葉山御宮且山王社へ宮參相濟候由、伊豫守(阿部正右)より以書狀申來、攝政殿(近衞内前)へ申入、附葉室大納言申入、尤元文二年(十月三日)竹千代(徳川家治)宮參之節御會釈無之候、此度も其通ニ可取」計由も申入了、

近江錦織寺ノ即位祝儀獻上等ノ願ヲ長橋局へ申入ル

錦織寺ハ廣橋家累代執奏ノ寺

○江州錦織寺(良慈)相願、御即位御祝儀献上長橋奏者所迄使者差出、毎年年頭御祝儀・暑寒御機嫌窺(伺)献上物致度相願候、累代執奏之寺門ニ候間申入候、宜長橋局(梅溪直子)へ可令沙汰給、大御乳人(鴨脚茂子)に申入了、

差支ナシト攝政仰ス

右之趣攝政殿へも申内談候処、子細有間敷由被仰ニ付、相願候由も申入置了、

長橋局モ差支ナシト申出ス

(補書)「廿五日、於御内儀無指支候、獻上物可致由、以大御乳人自長橋被申出了、

親王へノ獻上モ差支ナシ

廿九日、親王(英仁親王)御所に献上物之支以大御乳人申入、可致献上之由、以大御乳人被申出了、

女院へノ獻上モ差支ナシ

十月六日、女院(二條舎子、青綺門院)御所に献上物可致由、石井宰相(行忠)被示了、先月廿九日頼置了、

准后へノ獻上モ差支ナシ

十月十三日、准后(一條富子)に献上物可致由、大原三位(重度)被示了、先月廿九日頼置了、

同日、右之趣殿下へ申上置了、」

十六日、
一、巳半剋參　內、
十七日、
一、巳半剋參　內、
一、明日・明後日朱印渡ニ付兩人行向于阿部伊豫守(正右)役宅候間、可致不參之由、申入了、

明日明後日所司代役宅ニテ朱印狀渡ノ爲兩傳奏不出仕

十八日、
(87オ)
一、辰剋前兩人同伴狩衣・指貫、向阿部伊豫守(正右)役宅、雜掌兩家より一人充先達ゐ參、朱印納筥ヲ持參、(於)□小書院面謁、」順書一帖受取之、堂上幷使々面々相揃之後大書院へ中段出座、伊豫守北襖(ノ)□下ニ聊斜ニ座、熨斗目・麻上下、兩人南ノ方北向、伊豫守ト對座、中段ト下段トノ間襖(メ)ト切、下段ニ堂上待合群居、御附(長田元鋪・田付景林)緣座敷杉戸ノ口ニ居、町奉行兩人(小林春鄕・松前順廣)・在京目付淺野大學(長延)御附ノ後ニ候、先兼胤依伊豫守氣色進伊豫守前、渡朱印一通、取之頂戴、聊逡巡披扇、其上ニ置朱印、披包紙、次取本紙捧持披之、到朱印之所、又頂之、次卷納、伊豫守へ一礼、次向姉小路(公文)一礼、持退之、於溜間前納筥、雜掌主膳(濱路)持筥在此所、加封、兼此封在懷中、了復座、次姉小路頂戴了、次葉室(賴胤)一位依所勞名代息大納言(葉室賴要)、御附兩士相替呼立、葉室ハ依爲一位、此度賜判物、判物・朱印之日付宝暦十二年八月十一日也、堂

朱印狀渡ノ爲所司代役宅へ赴ク
朱印狀納筥ヲ持參ス
大書院へ出座
禁裏附等伺候ス
兼胤朱印狀ヲ申受ク
次デ公文申受ク
葉室賴胤以下堂上申受ク

攝家清華大臣ノ使者判物ヲ申受ク

上之分了、伊豫守誘引兩人入小書院、菓子出、次又出大書院、座躰如初、近衛殿(内前)已下攝家衆・清花・大臣使者判物受取、此時中段ト下段トノ間襖悉撤之、町奉行・御附・目付北ノ襖ノ下ニ列坐、了又入小書院、料理出、伊豫守無相伴、度々有挨拶出座、御附兩人挨拶、了起座、歸宅、

御禮ハ廿二日トス

今日之分堂上・使者御礼ハ來廿二日可行向也、仍不申礼、

主上竝ニ攝政へ朱印狀申受ノ御禮ヲ申ス

一、參　内、今日家領朱印申受申御礼、攝政へも參了、外御所ハ不及御礼先格也、攝政殿にハ人々所存次第治定了、

十九日、

日野西兼貫元服

加冠ヲ勤ム

(87ウ)

一、寅剋向日野西亭、今日壽丸(日野西兼貫)元服、予加冠、卯剋冠儀了、辰剋前歸家、改狩衣・指貫、(公文)姉小路同伴向于阿部伊豫守(正右)役宅、

所司代役宅へ赴ク

昨日殘之堂上・親王方已下使者渡判物・朱印、一如昨日、

堂上竝ニ親王方へ判物竝ニ朱印狀渡サル

兩人對坐如昨日、事了於小書院料理出、其後歸家、

十八日ニ渡サル面々

十八日　兩人　議奏　番衆一番・四番・五番、　小番御免　同未勤　親王御所伺候(葉室頼胤)兩人寂初ニ受取、一位已下ハ官位次第也、

攝家衆・清花・大臣使

十九日ニ渡サル面々

十九日　番衆二番・三番、　四親王方使　門跡使　比丘尼寺使(ヽ之)　兩本願寺(光遍・光暉)・仏光寺(堯超)・興正寺(常順)

使　御隨身　土山淡路守(武眞)・調子佐渡守(武弘)、

照高院宮ハ喪中故渡サレズ圓滿院ハ三井寺ト出入中故渡サレズ

右之通相渡了、照高院宮（忠譽入道親王）、當時母儀（園基勝女）喪五旬中ニ付不相渡、追ゐ可相渡由、圓滿院門（祐常）跡、是ハ追ゐ可相渡由也、當時三井寺と出入中故之由也、

廿日、

一、巳半剋參　內、

後藤光持御身固ノ劍調進セル故下行米及ビ褒美ヲ下サル

一、後藤玄乘（光持）此度御身固之御劔調進候ニ付、爲下行米代判金五枚、爲御褒美白銀廿枚被下候、可相渡長橋（梅溪直子）より大御乳人（鴨脚茂子）を以被申出、兩人落手之、高屋遠江守（康昆）ゟ可申渡之由申付、金銀相渡了、」

泉涌寺參詣ニツキ公文不出仕

（88オ）廿一日、同役中御暇（姉小路公文）泉涌寺依參詣不參、

一、巳半剋參　內、

廿二日、

一、巳半剋參　內、

初鶴進獻ノ老中奉書ヲ披露ス

一、關東より初鶴進獻老中奉書、附植松前宰相(賞雅)披露、女房奉書來廿五日可被出哉伺之、伺之通被　仰出了、

泉涌寺參詣ニツキ不出仕

廿三日、　申請御暇泉涌寺へ參詣、仍不參　內、

攝政幡枝へ赴キ不出仕

廿四日、　攝政殿(近衞内前)幡枝(山城愛宕郡)領山へ御出、仍御不參、

一、巳半剋參　內、

卽位御用ノ屛風七雙ハ十一月廿日迄ニ差上グベシト禁裏附申越ス

一、御附(長田元鋪・田付景林)以大判事(町口是彬)申越、御卽位御用追而被仰出御屛風七双、代官共へ爲申聞候、十一月廿日迄ニ無相違可指上由書付、差越了、

廿五日、

一、巳半剋參　內、

初鶴進獻ニツキ女房奉書出サル

一、初鶴進獻ニ付女房奉書被出之、葉室大納言(頼要)被渡、受取了、」

(88ウ)

卽位御用掛ヘ御褒美ノ事

一、御卽位御用掛面ゝに御褒美被下物、去廿四日書付伺之処、其通可取計被仰出了、

代官ヘノ品

十躰色紙・紗綾五卷充　石原清左衞門（正顯）・角倉与一（玄壽）

別段ニ御絹五疋　清左衞門是ハ三个度御用相勤ニ付被下之、

下奉行ヘノ品

白銀五枚充　土山淡路守（武眞）・高屋遠江守（康昆）・飯室右兵衞尉（義矩）

延享度小佐治石見守（光枝）へ別ニ絹一疋被下ニ付、此度も淡路守壹人ニ別絹一疋被下事、

日記役竝ニ代官手代ヘモ下サル

此外日記役・代官之手代ホ、如先格被下物可取計事、

取次ニ用意ヲ申付ク

右之通宜取計葉室大納言被示了、廿六日、同役（姉小路公文）飯室伊賀守（義矩）へ可用意被申渡了、

十月ノ伏見宮等ヘ親王宣下ニツキ御祝儀ノ事ヲ伺フ

一、來月四日二宮（ノチ伏見宮貞行親王）・俊宮（ノチ深仁入道親王）、同十六日壽手宮（ノチ有栖川宮織仁親王）・致宮（ノチ閑院宮美仁親王）親王宣下ニ付、御祝儀先格考合、先例相添附葉室大納言伺置了、

廿六日、

一、巳半剋參　內、

廿七日、

一、巳半剋參　内、

即位ハ十一月廿七日ト内々ニ治定ス
攝家親王家兩傳奏議奏清華家ヘハ攝政ヨリ仰出サル
親王三卿以下ヘハ公文ヨリ演達ス

（89オ）
一、御即位十一月廿七日内々御治定、攝家衆（一條道香）前關白不參、・式乃卿宮（京極宮家仁親王）一列へ傳達、召　御前、出御于御學問所、攝政（近衞内前）殿被仰之、次兩人・議奏一等ニ召　御前、奉之、退、次於帝鑑間花山院前右府（常雅）ニ攝政殿被仰之、兩役列坐、次於八景間攝政殿・兩役列坐左之面々ニ申渡、月番公文卿（姉小路）演達、

三卿（綾小路）有美卿・（石山）基名卿、（難波）宗城卿依當番不參、近習（飛鳥井）雅重卿、小番御免（葉室頼胤）一位、内々（隆熙）鷲尾、外様（實季）西園寺、

未勤　醍醐中将（冬香）　兩頭（日野資枝・櫛笥隆望）　五位藏人（中御門俊臣・廣橋伊光・柳原光房）　水無瀬（氏種）代大藏卿（山井氏榮）　四辻（公亨）・冷泉（爲泰）非藏人奉行、

祝酒ヲ賜ハル

右申渡相濟、賜祝酒了、

門跡等ヘハ公文邸ヘ家來ヲ召寄セ申渡ス
地下官人ヘハ觸出ス
延享度ハ内治定ナシ

門跡方其外、八月一日旬被仰出之通、姉小路家へ家來召寄申渡、

兩局（壬生知音・押小路師資）（×之）已下地下ニ自予方觸出之、

右兩条ハ翌廿（×二）八日取計了、延享ニハ此内治定無之、

親王宣下ノ祝儀下サレ物治定サル

（89ウ）
一、親王　宣下來月四日・十六日、御祝儀被下物御治定、平松（時行）被示飯室伊賀守（義矩）、翌廿八日同役（姉小路公文）被申渡了、

二宮（ノチ伏見宮貞行親王）ニ　御太刀　御馬黄金壹枚、　昆布一箱・鮮鯛一折・御樽一荷・紗綾十巻

俊宮（ノチ深仁入道親王）ニ　御太刀　御馬黄□（金）壹枚、　二種一荷

壽手宮（ノチ有栖川宮織仁親王）ニ　紗綾十巻・二種一荷　一品宮（有栖川宮職仁親王）ニ綿十把・生鯛一折、　辰若（二條淳子）ニ　生鯛一折、

致宮(ノチ閑院宮美仁親王)に　同　　帥宮(閑院宮典仁親王)に　生鯛一折　籌宮(成子内親王)に　生鯛一折

廿八日、

即位後ノ八幡代參ヲ仰出サル

一、巳半剋參　內、

○御即位後如先例十二月ニ八幡に御代參可被仰出之由、平松(時行)被申渡了、

廿九日、

一、巳半剋參　內、

十月

朔日、

朔日祝

一、巳剋參　內、賀申當日、於御學問所拜　天顏、

福引興行ニツキ稲荷旅所ト本山トノ間ニ出入アリ本山ノ者執奏家ノ下知ヲ承知セズ

親王御兒ニ樋口友丸召出サル

親王御料ヨリ十五石三人扶持ヲ下サル

二日、
一、巳半剋參　內、
(90オ)
一、稲荷旅所ニおゐて當春福引興行之儀□(二)□(付)本山と出入有之、白川三位(資顯王)より、本山之者共執
奏家下知不承知如何之由往來(書付・)之書付被差出、攝政殿(近衞內前)へ入御覽了、

三日、
一、巳半剋參　內、
一、樋口治部卿(冬康)男友丸(ノチ樋口宣康)今日　親王(英仁親王)御方之小兒ニ被召出候由、植松前宰相(賞雅)被示了、仍御宛行如
先格十五石三人扶持、　親王之御料之內より被下候、此度右之通可被下候哉、植松へ申
入、相伺了、延享三年十一月廿一日町尻久馬丸(兼量)被召出之節御宛行之例を申入了、　十五石三人扶持被下之由、
植松被示、土山淡路守(武眞)へ申渡、御附(長田元鋪・田付景林)へも此段可申由申了、翌四日御附へ申達、承知之由也、

四日、
一、巳半剋參　內、

即位祝儀關東使ヘノ下サレ物ヲ仰出サル
禁裏ヨリノ品
(90ウ)
女院ヨリノ品
親王ヨリノ品
准后ヨリノ品
取次ニ用意ヲ申付ク

五日、
一、巳半刻參　内、
一、先月廿九日窺置(同)御即位關東使に被下物、伺之通被　仰出、(山科頼言)帥卿被示了、
　禁裏(後櫻町天皇)より　眞御太刀　酒井(忠恭)雅樂頭　眞御太刀　畠山(義紀)飛驒守
　　眞御太刀　六角(廣孝)越前守　繻珍二卷　阿部(正右)伊豫守
　女院(二條舍子、青綺門院)より　十二月花鳥和歌卷物 紗綾紅白、十卷　雅樂頭　九十賀記 一冊 紗綾紅白、五卷　飛驒守
　　自讃哥 一冊 同 五卷　越前守　緞子　二卷　伊豫守
　親王(英仁親王)より　九十賀和哥卷物 紗綾 十卷　雅樂頭　詠歌大概 一冊 同 五卷　飛驒守
　　百人一首 一冊 同 五卷　越前守　緞子　二卷　伊豫守
　准后(一條富子)より　十躰和哥卷物 紗綾紅白、十卷　雅樂頭　自讃哥 一冊 紗綾紅白、五卷　飛驒守
　　詠哥大概 一冊 同 五卷　越前守　緞子　二卷　伊豫守
　右書付飯室伊賀守(義矩)へ相渡、可用意申付、尚又御所〳〵取次へも可通達申渡了、
六日、

（91オ）

一、□〔巳〕半剋參　內、

萬里小路韶房女御ノ傭ニ召出サル

一、帥（山科頼言）被示、万里小路中納言（韶房）娘御傭ニ被召出之由、昨夜大御乳人（鴨脚茂子）被申出、爲心得被示之由也、

稲荷旅所トノ由緒ニツキ白川家ヨリ差出ス書附

一、白川三位（資顕王）被差出書付之中

稲荷旅所之儀者、往古より伯職掌之事ニ候、

稲荷社ヘ白川家遣ハス尋書

同本山之社司ニ尋書之中

稲荷旅所之儀、爲後鑑、猶更伯家ニおゐて御旧記ホ彼是御考合之所、旅所□〔之〕儀、

承久四年之比全神祇官随屬之先證、御旧記顯然候、

慥カナル證據ヲ書付ケ差出ス様攝政命ズ

右両文之趣ニ而ハ慥成證文可有之間、其趣書付被指出候様昨日攝政殿（近衞内前）被命、仍今日伯三位當番伺候之間申渡、慥成證跡書付可被差出示渡了、

七日、

一、巳半剋參　內、

若宮祭禮後日能ノ執行等ヲ大乘院願フ所司代ヘ達ス

一、大乘院門跡（隆遍）被差出後日能執行幷縄棟之式ホ被行候様ニと之願書・五師役者書付一通・衆徒書付一通、攝政殿（近衞内前）へ申入、伊豫守（阿部正右）へ可相達、大門被申之趣無餘儀事ニ候間、両事共無

ル様攝政命ズ

滞被遂行候様宜取計可申達、被命了、」

(91ウ)

烏丸光胤日野家臣宅ヘノ變宅ヲ願フ日野家ニ差構ナカラバ苦シカラズト攝政命ズ

一、烏丸入道(光胤)是迄室町椹木町東ヘ入処ニ借宅之処、不勝手ニ付、土屋町日野(資枝)家來石井作左衛門懸屋敷借用變宅候而被苦間敷哉、頭弁(日野資枝)被談ニ付攝政殿へ申入候処、烏丸家來借受日野家より差構無之候ハヽ被苦間敷由、被命了、

大御乳人近日披露目ノ御禮ヲ申ス御祝儀トシテ御臺所ヨリ十石ヲ下サル

一、大和(松波資邑女)を以長橋(梅溪直子)より被申出、大御乳人(鴨脚茂子)近日ニ弘メ御礼を被申候、榮光院時分御切符十五石被下候、先帝(桃園天皇)之大御乳人(土御門連子)江御元服後御祝儀被申、五石被下候、此度十石可被下御沙汰ニ付、其段御臺所江可被申出候、兩人無存寄哉被談之由也、例格之儀御差支無之存候由申入了、

八日、

一、巳半剋參　内、

林丘寺宮里坊ノ内入用ナキ地ヲ桃園院女中ヘ貸置ク

一、林丘寺宮(博山元敞)里坊地之内乾角之方八拾坪餘當分入用無之ニ付、　桃園院女中桂輪院(松室重子)江被借置之由書付、以取次(約三字分空白ママ)御附(長田元鋪・田付景林)へ達了、

宅替ノ爲諸役免除札ノ書替ヲ駕輿丁願フ

一、駕輿丁清水嘉兵衛宅替ニ付諸役免除札書替之願書、取次(約三字分空白ママ)相渡、如例可沙汰申付了、

明後日開明門院御披露目

知恩院宮上京シ卽位ノ賀ヲ申上グベキヤ伺フ

上京ニ及バザル旨仰出サル

母桂林院正忌ニヨリ不出仕

開明門院御披露目ニツキ公文不出仕

非藏人藤野井成允九日ヨリ出勤セルモ大病後故是迄ノ通リ松室重義ニ加勢ヲ仰付ク

一、明後日　門院（姉小路定子、開明門院）御弘メニ付、同役（姉小路公文）十日參勤被免之由、植松前宰相（賞雅）被示了、

(92オ)

九日、

一、巳半剋參　內、

一、御卽位之節知門（尊峯入道親王）上京御賀被申上可然哉、（同）窺書被差出、攝政殿（近衞内前）へ申入候、附議奏可窺（同）被仰、則附帥卿（山科頼言）言上、不及▨上京之由被　仰出了、

十日、　兼胤依正忌不參、　同役（姉小路公文）依御免不參、

十一日、

一、巳半剋參　內、

一、冷泉右兵衞督（爲泰）被申、藤野井遠江（成允）儀去九日致出勤候へ共、大病後故、未宿も得不相勤候、遠江致出仕候へハ出雲（松室重義）加勢可被免儀ニ候へ共、右之通ニ候間、今暫出雲加勢其儘被　仰付被下候様ニ當番共願候由、被示、無餘儀事之間、葉室大納言（頼要）申談、出雲加勢先是迄之

通可相勤申渡了、

稲荷旅所支配ニツキ證據ヲ白川家差出ス不相當ノ物ナレドモ受取リ置ク

一、白川三位(資顯王)、稲荷旅所之事此間之證據被指出之処、東寺に之　宣旨ニゐ旅所白川支配と申儀も不相見、不相當之物なから先受取置了、幷随屬之子細も雖被書出、是又慥成證據・旧記才も無之趣也、先受取了、翌十二日、殿下(近衞内前)へ入御覽了、」

(92ウ)

十二日、

一、巳半剋參　內、

御臺所向拂底セル故樂人ノ拝借米願ハ差返ス様禁裏附ヨリ申來ル

一、御附(長田元鋪・田付景林)申、樂人拝借米之事致吟味候へ共、今年御臺所御拂底故、相成間敷候、書付可差返哉之由也、尤存之間可差返之由示、書付受取了、

伏見宮貞行親王ノ御世話ヲ一條道香へ仰出サル

萬里小路韶房女ノ召出ハ延引サル

一、飛鳥井前大納言(雅香)被申、伏見宮(貞行親王)自今前關白(一條道香)御世話被成候様ニ被仰出、帥卿(山科頼言)爲御使被向候、御請被申候、且万里小路中納言(韶房)娘御雇明後十四日參上候、仍爲心得被示之由也、翌十三日植松(賞雅)被申、万里小路娘明日參　內御延引之由也、

十三日、

一、巳半剋參　内、

一、北小路刑ア少輔（光敎）・澤式ア權少輔（宣維）就御即位裝束料外〻之通拜借願書差出、㝡早外〻拜借之事伊豫守（阿部正右）ゟ申越相濟候上故、相成間敷願とハ存候へ共、先内〻申遣候処、不相成候由申越候、仍右願書可差返候間申入置候由、攝政殿（近衛内前）へ申了、

一、沢式ア權少輔方領相願候、御所御藏ゟ拜領故也、二條藏ゟ賜候方領ハ、年頭之御使關東へ下向之□〔節〕被仰遣候儀、　御所御藏ゟ出候分ハ武邊懸合無之事□〔ニ〕□〔候〕へ共、例も無之、其上□〔二〕條之藏ゟ申受候家〻江可差障候、併願候儀ハ無理之願ニ而も無□〔之〕候間、不及□〔左〕□〔右〕、□〔兩〕□〔人〕方ニ預置、明春令沙汰被下候樣ニ可取計候哉之由、攝政殿へ申入、

一、井伊掃部頭藤原直幸、爲從四位下之処、此度從四位上被申付之由老中奉書九月七日、・姓名書、自伊豫守差越、攝政殿へ申入、附植松前宰相（賞雅）言上之、如例可沙汰被仰出了、

一、御附中（長田元鋪・田付景林）、伊豫守御附迄尋候、出納（平田職方）妹（平田職義女）茶や四郎次郎（延貞）江縁組致度旨、四郎次郎御納戸頭へ申出候、尤出納より兩人方其外へ届不申由、彌右之通届ホニ不及事哉、町人縁組届□〔ホ〕ニも不及相濟、　御所表ニ而不苦儀哉、關東より尋來候由、仍右之趣否承度由也、尚明日書付可相達候、都而如此之類、届ホ一向無之事之由示了、

即位ニツキ裝束料ノ拜借ヲ北小路光敎澤宣維願フ

他ノ者ハ既ニ濟ム故ナラズト所司代申ス

澤宣維方領ヲ願フ

御所御藏ヨリノ拜領ハ例ナシ

願ヲ預置キ取計方ヲ攝政ニ伺フ

（93オ）

井伊直幸陞敍ノ老中奉書ヲ披露ス

平田職方妹トノ縁組ヲ茶屋延貞願フ

町人トノ縁組ハ御所表へ届クルニ及バザルヤ關東ヨリ尋來ル

届ハ無用ト答フ

内侍所玄關勝手替ヲ武邊ニテ取計フ様禁裏附ヘ申達ス

繪圖ヲ渡ス

御茶庫修復ノ地鎭ニ御紋付ノ幕竝ニ翠簾ノ拜領ヲ教學院願フ

東福門院ヨリ寄付ノ例アリ

翠簾ノミ下サル様御內儀ヘ申入ル

(93ウ)

一、內侍所玄關勝手替之繪圖、御附へ（約三字分空白マヽ）相渡、右之儀、刀自御內儀へ相願、御內儀より宜取計之由御沙汰有之候、尤いつまてに出來と申儀ハ無之候、武邊より出來候様ニ宜伊豫守へ可有傳達、繪圖一枚相渡、御附承伏了、

一、大御乳人（鴨脚茂子）被申、愛宕山教學院相願、此度御茶庫修復出來、地鎭之節御紋付御幕三張・御翠簾二枚拜領相願候、万治元年四月東福門院（德川和子）より御寄附之例を以相願候、尤武邊無指支之由、取次共ゟ長橋（梅溪直子）へ申入候、於御表御差支有之間敷哉、長橋ゟ被申出候由也、猶得としらへ候而可及返答之段申入了、翌十四日、御紋幕ハ御無用、翠簾ハ可被下哉之由、大御乳人に申了、

十四日、

一、巳半剋參　內、

去年ノ若宮祭禮後日能等ノ事ハ如何ナリタルヤ大乘院書附ヲ差出ス

一、大乘院（隆遍）門跡被差出、去年若宮祭礼後日能之事・繩棟之事、未左右之儀無之內、今年祭式ニ懸り候、如何可被取計哉之由書付、攝政殿（近衞內前）へ申入、早〻武邊へ可達被命、

佛殿修復ヘノ御寄付ヲ靈源寺願フ

一、靈源寺佛殿修復ニ付御寄附拜領之願書・例書、以大御乳人（鴨脚茂子）長橋（梅溪直子）へ申了、

先ニ差出ス他

一、攝政殿被仰、白川（資顯王）被指出書付、東寺之儀ニ而白川家ニ有之旧記ニ而も無之間、此通ニ而ハ急度伯

ノ古文書ノ有無ヲ申出ル様白川家へ申渡スベシト攝政命ズ

随屬共難被定候、於白川家古文書ニ而も有之候ハヽ、其段可有注進候、於無之者、無之段を可被申候、此旨伯へ可申渡被命了、

十五日、

一、巳半剋參　内、

十六日、

一、巳半剋參　内、」

(94オ)

十七日、

一、巳半剋參　内、

十八日、

一、巳半剋參　内、

山門元三會回章ヲ廿四日ニ叡覽ニ備ヘタシト妙法院宮願フ

一、山門元三會回章來廿四日・廿五日之中被備　叡覽度由書付、妙門(堯恭入道親王)ゟ被附、攝政殿(近衞内前)へ申入之處、廿四日可被備　叡覽被命了、於非藏人口民刀卿(菅谷慶雄)へ申渡、

新茶御口切

一、新御茶御口切也、於御學問所御對面、事ゝ如例、子半剋過宴了、

十九日、

井伊直幸ノ使者ヘ位記及ビ口宣ヲ渡ス

一、辰半剋井伊掃刀頭(直幸)使召里亭、渡位記・口　宣了、

所司代役宅ヘ赴ク
照高院宮ヘ判物渡サル

一、巳剋同役同伴向伊豫守(阿部正右)役宅、照高院宮(忠譽入道親王)ゟ渡判物、坊官岩波兵刀卿(譽香)受取、伊豫守渡之、両人列坐、如先月十八九日、町奉行(小林春郷・松前順廣)・御附(長田元鋪・田付景林)・目付(淺野長延)列坐、

德川家光御臺所等ヘ贈位ノ御禮關東使上京ノ日取ヲ所司代内々尋ヌ

伊豫守内ゝ相尋、贈位之御礼使何比被差登可然哉之由也、尚相しらへ内ゝ可申遣約了、

(94ウ)

一、午斜參　内、

照高院宮判物受取濟ム事ヲ攝政ヘ申入ル

一、照高院宮之判物相渡両人立合相濟候由、殿下(近衞内前)へ申入了、

關東使ノ上京ハ十二月十五六日頃ト攝政命ズ

一、贈位之關東使何比上京可然哉内ゝ攝政殿へ相伺之処、十二月十五日・六日之比上京可然可申遣被命、十八日比參　内可被　仰付内ゝ御積之由也、

卽位ノ際難澁セザル樣清涼殿御帳等ノ當分ノ繕ヲ申渡ス

御代始ニツキ装束料拜領ヲ非藏人願フ
惣人數九十四人

唐門透牆修復ノ爲廿八日ヨリ來月二日迄御臺所ノ門往來ニツキ觸レラル

廿日、

一、巳半剋參　內、

一、清涼殿御帳并臺盤所・殿上調度修復之儀、先達ゟ出納(平田職方)より注進候得共、此度不被仰付候、依之、大損之品も可有之哉、御卽位之節難澁無之樣ニ先當分之繕可被仰付候、依之、右致点檢、出納より書付差出候樣ニ可被申付、頭弁(日野資枝)へ申渡了、

一、御代始ニ付如先格非藏人父子人別□(之)装束料拜領之願書・例書、此度東山院迄之通白銀五枚充拜領致度由也、大御乳人(鴨脚茂子)へ書付共相渡、惣人數九十四人也、長橋(梅溪直子)へ宜被申入之由、談了、惣人數、元文五十五人、寛延六十七人、

一、唐門之透牆修復ニ付、從來廿八日來月二日迄御臺所門往來之事如先例可觸示之由、帥卿(山科頼言)被示了、翌廿一□(日)、右ニ付御臺所御門往來可爲先格之通、小佐治三河守(光保)へ申渡了、」

(95オ)

廿一日、

一、巳半剋參　內、

廿二日、

假湯殿ヲ伊豫局へ下サレタク思召ス

一、巳半剋參　內、
一、大御乳人(鴨脚茂子)被申、御三間ニ被爲成候間御用ひ候御假湯殿、御三間西之方ニ建有之、伊豫局(壬生盈子)へ被下度被思
召候、差支有之間敷哉、長橋(梅溪直子)より被申談、御差支有之間敷申入了、

廿三日、
一、巳半剋參　內、

廿四日、
一、巳半剋參　內、

卽位ニツキ裝束料ノ拜借ヲ北小路光教澤宣維再願ス

御內儀ヨリ下サルル樣申談ズベシト攝政命ズ

銀十枚宛下サルト仰出サル

(95ウ)

一、北小路刑部少輔(光教)・澤式部權少輔(宣維)、此度御藏米衆任先例、　御卽位ニ付裝束調料拜借之儀
被相願候処、如先格先達ゐ相濟、右兩人も追ゐ被願候へ共、㝡早相下候間取計も難致旨
伊豫守(阿部正右)申之段、兩人示渡ニ付、再願書被差出、願書攝政殿(近衞內前)へ申入、武邊之儀ハ不相成候、
兩人願も無據儀、非藏人共□(も)□(父)子一等ニ被下候儀ニ候間、大御乳人(鴨脚茂子)ニ申談、從此　御所
被」下候樣ニ可取計哉之由申入、宜取計被命了、廿七日、大御乳人ニ申談、長橋局(梅溪直子)へ可被申之由示了、廿日、銀拾枚充可被下之由被仰出了、

八十宮舊地ノ拜領ヲ公文願フ

一、同役（姉小路公文）被示、是迄拜領屋敷地無之ニ付、二条（重良）家明屋敷借用被居住候へ共、御役中之儀難澁共有之ニ付、御入用無之候ハヽ八十宮（吉子内親王）旧地拜領仕度被願存候、尤表立可被願候へ共、役中之儀故、先内々御様子をも承候上表向可相願、先内々兼胤迄示聞之由、心覺之書付一枚被附之、

攝政へ申入ル

攝政殿へ申入之処、追而可被仰聞之由也、

廿五日、

一、巳半剋參　內、

清涼殿等ノ當分ノ繕料ヲ新嘗祭殘米ヨリ出納へ渡ス

一、清涼殿幷殿上調度先當分之取繕料銀貳百九十目、新嘗祭殘米之内ニ而出納（平田職方）に可相渡、飯室伊賀（義矩）守へ申付了、

廿六日、

一、巳半剋參　內、

卽位祝儀關東使ノ上京ハ遲

（96オ）

一、酒井雅樂頭（忠恭）上京經木□（曾）路ニ付、若雪ニ而滯留候（×候ハヽ）而上京廿二日より延引□（候）而も、卽位後」使相

滞アルトモ差支ナキヤ所司代ヨリ尋越ス差支ナシト攝政申ス

勤候事故指支有間敷存候、并御規式拝見も居合候間拝見事故、是又御指支ニハ成間敷存候へ共、爲念相尋之由伊豫守(阿部正右)書付、攝政殿(近衞内前)へ申入、右両様之尋、申越之通差支ニ不相成由可申遣、被命了、

廿七日、

一、巳半剋參　内、

廿八日、

一、巳半剋參　内、

薙髪セル桃園院女中ノ知行取米書附ヲ大御乳人ヘ渡ス在勤中ノ取米ヨリ増減アリ所司代ヘ懸合フモ處置シ難シト申越ス

一、▨▨圓信院(松木親子)已下薙髪衆知行取米書付、大御乳人(鴨脚茂子)ニ相渡、去四月伊豫(壬生盈子)を以長橋(梅溪直子)より被申出趣も有之候処、在勤之内取米より増減相交氣毒存候間、伊豫守(阿部正右)へも段々懸合候へ共、關東より相極來候事故、於京都差略難致候由申越候、尚宜有了簡申入了、

廿九日、

内侍所襖ノ修復張替ニツキ禁裏附申越スモ關東ヘハ申遣ハサズ常ノ修理トシテ取計フ

（96ウ）

一、巳半剋參　内、

一、御附（長田元鋪・田付景林）申、先達ゐ御沙汰有之候　内侍所襖修復・張替、段〻致吟味候、左之通之个所ニ候、右ハ各別ニ關東へ不申遣、常□（御）修理之中に追込致出來候樣ニ取計候、繪師土佐常覺（光芳）へ可申付哉、外ニ　思召も可有之哉、いつれにも此度ハ於伊豫守（阿部正右）方可申付候由也、

修復張替ノ箇所

覺

一、取間（次）之間

是者、東側西表御襖繕之積、

一、中之間

一、千鳥之間

一、廣間

一、使者之間

是者、御襖張付・遣戸内張付共不殘張替、御繪書直之積、

一、東西刀自部や物置幷中仕切

是者、襖張付、白張張替之積、

以上、

右之趣、大御乳人（鴨脚茂子）を以長橋（梅溪直子）へ申入、翌廿日、彌紙面之通可取計、画師ハ常覺、繪様是迄之通無御好之由、長橋より以大御乳人被申出了、御附へ申渡了、議奏へ爲心得申入了、」

長橋局へ申入ル

（97オ）

廿日、

一、巳半剋參　內、

十一月

忌火御飯

朔日、今朝忌火御飯如例、兩人不相詰、

朔日祝
御對面ナシ

一、巳半剋參　內、賀申當日、無御對面、

去年延引セル若宮祭禮後日能等ヲ遂行セル樣關東ヨリ申來ル

一、南都去年若宮祭礼延引後日能并當年繩棟神事可被遂行關東より申來候由伊豫守（阿部正右）書付、攝政殿（近衞內前）へ入御披見、大乘院（隆遍）に可達之段被命、

內侍所褫仕立ハ卽位前ニハ出來セズト禁裏附申ス

一、筑後守（田付景林）申、內侍所褫仕立御卽位前ニ可出來哉、數馬（重）へ令吟味候処、二間程ニふも取懸之日より凡廿日程かゝり候間、御卽位前ニハ不致出來之由申云々、以大御乳人（鴨脚茂子）此旨御內儀

へ申入、伏原三位(宣條)へ申渡、負共と可被引合之由、示了、

御內儀へ申入ル

二日、

一、巳半剋參　內、

卽位竝ニ由奉幣發遣ノ日時定陣儀

一、御卽位(當月廿七日、)・由奉幣發遣(當月八日、)日時定陣儀有之、賀申、了賜祝酒、」

(97ウ)

改元ハ來年正月下旬ト仰出サル

傳奏竝ニ奉行ノ事仰出サル

一、來年正月下旬、御代始ニ付可被行改元定之由、攝政殿(近衞內前)被仰聞、兩人・議奏衆列坐、於八景間傳奏三條大納言(季晴)、奉行隆望朝臣(櫛笥)被　仰出、攝政殿被仰渡、各被申御請了、

十六日ニ親王御深曾木ノ事仰出サル

鬢親ハ一條道香へ仰出サル

一、攝政殿、兩人・議奏へ被仰渡、來十六日　親王(英仁親王)御方御深曽木被　仰出、於御學問所可有御作法候、御鬢ハ前關白(二條道香)へ自御內儀可被　仰出之由也、申恐悅、女院(二條舍子、青綺門院)・親王・准后(一條富子)へも參賀了、

卽位後八幡代參勅使ヲ葉室賴要へ仰出サル

〇一、平松中納言(時行)被示、十二月三日御卽位後八幡に御代參　勅使、葉室大納言(賴要)被　仰出、享保度之通可沙汰候由、尤神馬料も被下候由、被申聞了、依社之執奏奉之、

三日、

一、巳半剋參　內、

北小路光教竝ニ澤宣維へ裝束調料ヲ下サル

一、北小路刑刀少輔(光教)・澤式刀權少輔(宣維)、御即位ニ付裝束調料白銀十枚充被下□(之)、大和(松波資邑女)被持出、
兩人召寄於廊下申渡、植松(賞雅)列坐、

内舍人小畠武信ノ養子願ヲ攝政へ申入ル

一、内舍人小畠縫殿大允▨(武)信依無子、弟七左衞門武精(小畠)廿七才、爲養子之願書、攝政殿(近衞内前)へ申入、
願之通可申付被命、爲心得植松へ申入了、」

八幡代參神馬料ノ事ヲ議奏ヨリ示サル

(98オ)

一、十二月□(三)日八幡ニ被奉御神馬料米拾石、如例可沙汰植松前宰相被示了、

四日、

一、巳半剋參　内、

改元ハ正月廿八日ニテ差支ナキヤ所司代へ内々問合ハス様攝政命ズ

一、改元定來年正月廿八日被行於關東御差支有之間敷哉、内々伊豫守(阿部正右)へ可問合之由、攝政殿(近衞内前)
被命、

五日、

一、巳半剋參　内、

即位御祝儀女院使竝ニ准后

一、來春關東ニ　御即位御祝儀　女院使(二條舍子、青綺門院)石井宰相(行忠)、准后使(一條富子)大原三位(重度)參向御内意可申渡候、

使ニツキ御内意ヲ仰出サル

尚表立候ハヽ來春可被　仰出之由、攝政殿(近衞内前)被命、兩卿伺候故申渡、御請被申、攝政殿御退出之間書狀ニテ申入了、右御内意被　仰出之事、葉室大納言(頼要)ニ心得ニ申入了、

六日、

一、巳半剋參　内、

七日、

一、巳半剋參　内、

即位祝儀關東使參内竝ニ諸家使勤日ノ日割書附ヲ攝政へ申入ル

(98ウ)

一、來月關東使參　内已下諸家使勤日ホ日割書付、攝政殿(近衞内前)へ入御覽、内ミ此通伊豫守(阿部正右)へ可達置申入了、

十二月

勤日ノ日割

朔日　關東使參　内　三家(徳川宗睦・同宗將・同宗翰)・三(宗武・宗尹・重好)德川家使者　即剋御返答申渡、

二日　三家(一條重子・近衞周子・一條郁子)簾中・加賀守(前田重教)使者　溜間詰(松平頼恭・井伊直幸)・老中(酒井忠寄・松平武元・秋元凉朝・松平輝高・・側用人(板倉勝清)・大坂城代(阿部正允)使者(松平康福)

（小書）「卽日御返答申渡、」

三日　關東使賜酒饌

四日　四品已上使者

五日　五位諸大夫使者

六日　關東使御暇

七日　四品已上使者御返答申渡、

九日　五位諸大夫御返答申渡、

可爲右之通被命了、

由奉幣使發遣
出御ナシ

八日、　由奉幣發遣也、依□〔無〕出御不相詰、

（99オ）
一、巳半剋參　內、

九日、

一、巳半剋參　內、

即位祝儀關東使參内等ノ日割書附ヲ所司代へ内々達ス

堂上獻上物竝ニ當日ノ召具ノ制止ノ事ヲ攝政へ伺ヒ定ム

薙髪セル桃園院女中ノ新知取米在勤中ヨリ減少ス

不足セル分ヲ御臺所ヨリ下サレタシ

若シクハ御臺所ニテ在勤中ノ取米高ニテ御藏米ニテ下サレタシ

一、御卽位關東使勤日幷諸家使勤日ホ日割見一昨日之記、書付、内々伊豫守(阿部正右)心得ニ可達置之由、田付筑後守(景林)へ相渡了、翌十日、相達之由筑後守示了、

一、御卽位堂上献上物幷當日召具ホ制止、攝政殿(近衞内前)伺定、葉室大納言(頼要)示合了、

十日、

一、巳半剋參　内、

十一日、

一、巳半剋參　内、

一、大御乳人(鴨脚茂子)を以大典侍(柳原忠子)より被申出、圓眞院(松木親子)已下新知之取米、在勤中よりハ減少故、一統可爲難儀候、併自關東被宛候知行故、是ハ被收納、何とそ此上在勤中取米より不足之所、自御臺所補被下候様ニハ成間敷哉、若ハ在勤之人之例を以、御臺所へ差上、御臺所より在勤中」(99ウ)取米高ニ被遊、御藏米ニ而被下候様ニハ成間敷哉、宜取計之由也、尚令吟味可申入之由答了、淡路守(土山武眞)ニ申付、今年之取米高可申聞申了、十二日差出、受取了、

十二日、

一、巳半剋參　內、

十三日、

一、巳半剋參　內、

一、御即位御祝儀三家(徳川宗睦・同宗將・同宗翰)・三徳川家(宗武・宗尹・重好)之使於　女院(二條舍子、青綺門院)御所勤方之事、去七日兼胤參　院、以茂寄(藤木竹顯女)、承秋門院(幸子女王)之御時節宝永六年、相考候処、御肝煎出會北面披露と有之、昇降之所・勤場所ホハ不相知候へ共、右之通ニ候へハ自車寄昇候と被存候、且又於　院中(櫻町上皇)延享度、昇車寄、東之方ノ戶襖より直ニ諸大夫間へ通候、右之通於　院中も昇車寄候儀ニ候へハ、此度　女院御所自車寄可爲昇降候哉、兩局(小督局・石井局、西洞院範子・綾小路有子)へ相伺候由申入、十一日依召參上之処、表向之儀御格式も有之事故、難被定候、於　院中さへ車寄を昇候事ニ候へハ可爲車寄□(候)へ共、難被定候、尚兩人宜取計之由、以□(茂)寄自兩局被示、□(申)云、於兩人も難申定候、然ハ攝政(近衞内前)へ申候而所存之趣可申上、其上御治」定可然候由、申入、昨日攝政殿へ申入之処可有御思惟之由ニ而、今日被命云、右使者着衣冠候儀、殊於　院も昇車寄候、於承秋門院も右記文之趣ニ而ハ

即位祝儀ノ三家三卿使ノ勤方ニツキ女院へ伺フ

承秋門院ノ例

延享度仙洞御所ノ例

車寄ヨリ昇降スベキヤ伺フ

表向ノ格式モアル故定メ難シト示サル

攝政ニ申入ル

(100オ)

車寄ヨリ昇降然ルベシト攝政命ズ
女院ヘ申入ル
親王准后ノ御所モ車寄ヨリ昇降ト治定ス

御臺所向ニゟハ有之間敷、表向自車寄可爲昇降哉ト被存、他之御差支ニハ相成間敷候間、自車寄昇降可爲無難之由可申上、被命、仍兼胤參院以茂寄申入之處、攝政殿被申上候趣尤ニ候、彌自車寄昇降可被　仰付之由也、翌十四日、攝政殿へ申入了、（英仁親王）親王・准后（一條富子）之車寄ハ常無位之者昇降候間、不及左右、車寄□（と）治定了、

十四日、

新嘗祭行幸ナシ
宵曉神饌

一、巳半剋參　內、
一、今夜新嘗祭也、依無行幸不相詰、神事も不構、子半剋許宵曉神饌了云々

十五日、

豊明節會出御ナシ
節會拝見ノタメ所司代參上ス

一、未剋參　內、
一、今夜豊明節會也、臨期無　出御、
一、阿部伊豫守（正右）節会拝見參上、事々如例、兩人誘引了、外弁登昇迄於庭拝見、大哥迄於南殿拝見、宣命拝又於庭拝見、祿所之儀拝見、了還候所、兩人出逢、申御礼、退出、于時子剋過也、」

親王御深曾木

西園寺公晃ト宗義暢妹トノ縁組願關東ニテ濟ム

非藏人廣庭祐義竝ニ羽倉信之ノ養子願ヲ披露ス

即位祝儀關東使十九日ニ上京ノ豫定

非藏人ノ即位後御禮對面ハ仰付ケラレズ

三家三卿使勤方ノ次第ヲ所司代ヘ達ス

天曹地府祭執行ノ事ヲ伺フ

(100ウ)

十六日、

一、辰剋參　内、

一、親王(英仁親王)於御三間有御深曽木、

一、西園寺大納言(公晃)ゟ宗對馬守(義暢)妹(宗義蕃女)縁組之事可爲勝手次第伊豫守(阿部正右)より申來書狀、附帥(山科頼言)言上、明日可申渡哉伺之、十七日可申渡被　仰出、

一、廣庭和泉(祐義)依無男子岩橋若狹(元晴)弟造酒(ノチ廣庭祐周)養子として見習願、羽倉近江(信之)依無實子故筑前(羽倉信舍)實子信賢(羽倉)兼而致養子置ニ付此度見習之願、附帥、十七日、可爲願之通被示了、

一、畠山飛驒守(義紀)・六角越前守(廣孝)來十九日上京候事、攝政殿(近衞内前)・帥へ申了、

一、非藏人即位後御礼御對面之願書、坊中之例相添即位後無例、附帥、十七日、不被仰付之由被示□〔了〕、

十七日、

一、巳半剋參　内、

一、三家(徳川宗睦・同宗將・同宗翰)・三卿(宗武・宗尹・重好)徳川使勤之次第、内々以御附(長田元鋪・田付景林)伊豫守(阿部正右)へ相達了、

一、天曺地府祭即位後如例被行候樣土御門三位(泰邦)伺書、附飛鳥井前大納言(雅香)、先申攝政殿(近衞内前)了、十八日、如例武邊へ可達被仰出了、」

（101オ）

十八日、

一、巳半剋參　內、

禮服御覽

一、礼服御覽也、於直盧攝政殿（近衞內前）被覽之、相濟後賀申了、

十九日、

一、巳半剋參　內、

靈鑑寺宮所勞大切ニツキ相續ノ事
伏見宮賢子女王並ニ有栖川宮董子女王ニテハ調ハズ
法華寺乃至三時知恩寺ヨリノ移轉ヲ願フ

一、靈鑑寺宮（祥山宗眞）所勞大切之処依無附弟、伏見宮（貞行親王）姫宮安津宮（伏見宮賢子女王）被申談之処、貞建親王（伏見宮）不被出家之由依遺言、不相調、有栖川宮（職仁親王）末女（有栖川宮董子女王）被申談候処、一品宮（有栖川宮職仁親王）有所存無領承、依之、法花寺（高覺尼王）・三時知恩寺（尊信）之中被移轉候樣被仰出候樣被願存之由書付、攝政殿（近衞內前）へ申入、先被預置候、此段可申達被命、召滋野井中納言（公麗）此卿依被申御世話也、申達、家司ホへ可被傳示了、

即位祝儀關東使上京ス
旅宅ヲ訪ネ面謁ス

一、畠山飛驒守（義紀）・六角越前守（廣孝）今日上着有居、伊豫守（阿部正右）より未申來、兩人行向兩家、着狩衣・指袴、各面謁、賀關東靜謐、述上京之珍重如例、

靈鑑寺宮薨去ス

一、秉燭兩人詣攝政殿、靈鑑寺宮養生不相叶今日薨去之屆書持參、入御覽、宝暦二年林丘寺故宮（松嶺玄秀）之例によつて　宮中三个日可被止物音哉不及廢朝・御愼ホ、」（101ウ）申入、附議奏可申入被命、

三日間ノ宮中鳴物停止ヲ仰出サル

参　内、以平松中納言(時行)言上、自今日(×三日)三个日　宮中被停物音之由被　仰出了、

廿日、

一、巳半剋参　内、

廿一日、

一、巳半剋参　内、

廿二日、

一、巳半剋参　内、

即位ノ殿並ニ庭ヲ内見ス

一、御卽位殿・庭之内見也、

即位ニツキ女院親王准后ヘノ祝儀進物ノ事ヲ伺フ

攝政二條重良内侍所所司代ヘノ下サレ物等ヲ伺フ

一、御卽位ニ付　女院(二條舎子、青綺門院)・親王(英仁親王)・准后(一條富子)江御祝儀被進物、攝政殿(近衞内前)・二條右大将(重良)御灌頂ニ付、被下物、内侍所へ被進物ホ、當日伊豫守(阿部正右)へ於候所被下三種一荷書付、附飛鳥井前大納言(雅香)伺之置了、翌廿三日、有御好被　仰出、飯室伊賀守(義矩)へ申付了、

即位祝儀關東使ノ旅宅ヘ赴ク

一、兩人同伴狩衣・指貫、向酒井雅樂頭(忠恭)旅宅、土州(山内豐敷)之屋敷、面謁、賀關東之靜謐、挨拶了歸宅、」

(102オ)

廿三日、

一、巳半剋參　內、

即位規式ノ拜見ヲ三家使者町奉行在京目付願フ

一、御附(長田元鋪・田付景林)申、即位御規式如先格三家使者(德川宗將・同宗睦・同宗翰)・町奉行(小林春鄉・松前順廣)・目付(淺野長延)拜見願候由、伊豫守(阿部正右)申聞之由也、攝(近衞内前)政殿へ申入、先格之通可申付被命、翌廿四日申渡了、

廿四日、

一、巳半剋參　內、

即位祝儀關東使上京ノ事ヲ言上ス

一、關東使酒井雅樂頭(忠恭)・畠山飛驒守(義紀)・六角越前守(廣孝)等上着候由伊豫守(阿部正右)書狀、附平松(時行)、昨日事ゝ攝政殿(近衞内前)へ申入了、

伺フ條々

依之、左之通相伺、

關東使參內ノ事

一、十二月一日、巳剋、關東使・伊豫守同伴參　內、御對面、可賜　天盃哉之事、

三家三卿使者勤方ノ事

一、同日、三家(德川宗睦・同宗將・同宗翰)・三德川家(宗武・宗尹・重好)使如先格相勤候樣可取計哉之事、

親王ヘ關東使參上ノ事

一、同日、親王(英仁親王)御方へ關東使已下參上可被　仰出哉之事、

關東使等へ酒餞ヲ賜ハル事

一、三日、午剋、關東使・伊豫守可賜酒饌哉之事、

關東使ヘノ御返答竝ニ御推任敍等ノ事

一、六日、巳剋、關東使被召、御返答被仰出、雅樂頭少將推任、飛驒守從四位上、越前守從四位下御推敍可被　仰付哉、歸府御暇拜領物可被仰付哉、伊豫守拜」領物可被仰付哉之事、

拜領物ノ事

(102ウ)

親王ヨリ御返答拜領物ノ事

一、同日、　親王よりも御返答被　仰出、拜領物可被　仰付哉之事、

女房奉書ヲ出サル日取ノ事

一、同日、女房奉書可被出哉之事、前日五日ニ被出候様ニ致度段申入、

即位規式竝ニ高御座等拜見ノ事

一、關東使當日御規式拜見相願之事幷高御座・御鳳輦・　省中拜見願之事、

右(同)窺之通被仰出了、

關東使參上ノ事等ヲ准后へ申入ル

一、准后(一條富子)取次召寄、西市正(鳥山吉記)、十二月一日關東使參上、三家已下使、六日東使御暇・拜領物・菓酒之事、二日・四日・五日武家使者相勤、御返答相心得可申遣哉之事、上﨟(坊城俊子)迄申入、事々伺之通被仰出、

女院へモ申入ル

一、女院(二條舍子、青綺門院)に右同様ニ申上、同役(姉小路公文)茂寄(藤木竹顯女)を以被申入、伺之通被仰出了、

三家簾中等ノ使ノ勤方ヲ長橋局へ申入ル

一、長橋(梅溪直子)へ十二月二日三家簾中(一條重子・近衞周子・一條郁子)已下使、四日・五日諸大名使相勤之事、以表使中河、申入、承知之由被申出了、

大名使者ノ出入昇降ニツキ攝家以下ヘ觸置ク

一、武家使者二日辰剋、四日・五日巳剋、相勤ニ付、二日卯剋より午剋迄、・四日・五日辰剋より未剋迄、日之門より出入、諸大夫間より昇降之事、攝家衆已下へ如先格相觸候由、平松へ申入置了、

申次竝ニ役送ノ事ヲ極﨟ニ觸遣ハス

一、十二月一日申次頭弁、(日野資枝)・六日頭中將(櫛笥隆望)へ觸遣幷朔日・六日役送、六位極﨟(慈光寺澄仲)へ觸遣了、」

關東使出迎等ノ事ヲ申付ク

(103オ)一、十二月朔日出迎、三日出迎・陪膳・掃除、六日出向(迎)之事、非藏人遠江(藤野井成允)ニ申付了、

三家等ノ獻上物ニツキテモ申付ク

一、十二月朔日三家・三德川使、二日・四日・五日諸大名獻上物引之、非藏人遠江ニ申付了、

即位道具奉行以下ヘ御褒美ヲ賜ハル

(補書)「一、御卽位御道具奉行(石井行忠・久世榮通・大原重度)・非藏人(大賀宗惠・細川常芳・藤野井忠韶)・下奉行(土山武眞・高屋康昆・飯室義矩)・代官(石原正顯・角倉玄壽)ニ有拜領物、先格之通也、石原淸左衞門三个度相勤ニ付有別賜、」

廿五日、

一、巳半剋參　內、

所司代ヘノ下サレ物ノ目錄ヲ勘使ヘ渡ス

一、當日所司代(阿部正右)へ被下三種一荷之目錄竪、非藏人□(之)かゝせ勘使へ渡了、

桃園院元女中ヘ御臺所ヨリ合力米ヲ下サレタシト禁裏附ヘ申入ル

一、薙髮之衆(松木親子)圓眞院已下、知行取米在勤中よりハ不足ニ付、自御臺所補として御合力米拜領被仰付度御沙汰ニ候、宜有取計御附(長田元鋪・田付景林)へ申了、尚遂吟味可申之由也、不足之高書付渡了、

即位ノ道具出來ニツキ御褒美ヲ賜ハル

輪王寺宮使者即位ノ御庭拜見ヲ願フ

即位

午刻前始マル
午刻過御登壇
申斜入御
關東使所司代參内ス

關東使所司代町奉行在京目付代官随フ

出迎へ挨拶ス

關東使以下月華門南土庇ノ東軒外ニ列座シ拜見ス

廿六日、

一、巳半剋參　内、御即位御道具悉出來取計、爲御褒美金五百匹・紗綾二巻拜領之、大御乳人(鴨脚茂子)〔之〕□渡□、〔被〕

一、輪門(公啓入道親王)使矢田部豐前守(陪)(好銑)先格ニ付御即位御庭拜見願候、依先格御世話申候、延享、八条、(隆英)人より爲致拜見候事故其通取計候由、攝政殿(近衞内前)・同役(姉小路公文)へも申、

廿七日、天晴、朝之間雪散、午剋許より屬晴、風靜、

一、卯一点參　内、御即位也、

一、午剋前儀被始、午剋過御登壇、申斜入　御、一事無違乱無爲被遂行了、」(103ウ)

一、儀被始御催之節、御附(長田元鋪・田付景林)ニ所司代(阿部正右)・東使可參　内案内之事示之、頃之酒井雅樂頭(忠恭)・畠山飛(義紀)驒守・六角越前守(廣孝)ホ阿部伊豫守同伴各衣冠・帶劍、自唐門參入、町奉行(小林春鄉・松前順廣)・目付(淺野長延)・小堀數馬(邦直)・石原清左衞門(正顯)・角倉与一(玄壽)相隨、三家使者各依所司代勞不參、着熨斗目・﨟上下、町奉行已下供廻自平唐門内へ不入、所勞不參東使・所司代供廻、着布衣者計自幕仕切内へ入、

兩人車寄前ニゐ出迎、挨拶了姉小路(公文)誘引、予有御用之由告之、昇車寄、參　出御方、姉小路一人誘引、月華門南土庇ノ東霤外敷圓座、列坐拜見、姉小路、次雅樂頭、次伊豫守、次飛驒守、次越前守、以□〔北〕爲上、町奉行已下其後ニ列居拜見、宣命使練歩之間、姉小路誘引、於陣座後令解劍、自軒廊北方昇南殿、西階於簀子暫

卽位式終ハル
關東使唐門ヨリ退出ス

拜見、了下殿、於陣後又帯劍、復月花門南土庇圓座拜見、（此時予誘引、姉小路被参入御前、）儀了各退出後示伊豫守令起座、於車寄前挨拶了、（于時此所に姉小路被立合、）雅樂頭已下自唐門直ニ退出、伊豫守ハ參候所、

所司代候所へ參リ恐悦ヲ申ス
拜領物ノ目録ヲ渡ス
所司代退出ス

一、伊豫守參候所之由御附申、兩人出會、伊豫守申恐悦、兩人示可申上之由、退入、還出、〔示脱〕目出思召之由、次同役拜領之三種一荷目録被渡之、（取次持出、進同役、）伊豫守頂戴、了申忝由、兩人〔示脱〕可申上之由、退入、次伊豫守へ御料理被下、（兩人無相伴、）申御礼、（御附迄申之、）退出、」(104オ)

恐悦ノ趣ヲ言上ス
女院親王准后へ參賀ス

一、大禮無滯被爲濟恐悦以表使申入、參　女院（二條舍子、青綺門院）・親王（英仁親王）・准后（一條富子）、賀申、

廿八日、

卽位祝儀ヲ獻上ス
女院親王准后へモ獻上ス
攝政等へ干鯛ヲ進上ス

一、御卽位御祝儀附長橋（梅溪直子）献上、御太刀一腰・御馬一疋（代銀十兩、）横目錄、（祐筆書之、三折下ノ外ノ方ニ廣橋大納言、押札、内ニハ名字無之、）
雜掌着狩衣使を勤、女院（二條舍子、青綺門院）・親王（英仁親王）・准后（一條富子）に鮮肴一折充献上之、
攝政殿（近衞内前）・大典侍（柳原忠子）・長橋（梅溪直子）・大御乳人（鴨脚茂子）に干鯛一箱充進上之、

攝政ヨリ祝儀ヲ賜ハル

自攝政殿、依享保例爲御祝儀賜末廣・肴朩、此返禮として太刀馬（代白銀壹枚、）進上之、

一、巳剋參　内、

攝家有栖川宮兩傳奏等御禮

一、攝家中巳剋、・一品宮（有栖川宮職仁親王）巳半剋、御礼、於御學問所兩人・議奏・三卿（石山基名・綾小路有美・難波宗城）御礼如例、

卽位ニツキ輕罪ノ者赦免サル

一、御卽位ニ付輕罪之者九人赦除今日、之由、伊豫守（阿部正右）より申來書狀、攝政殿へ申入、如例御挨拶可申遣、更以議奏不及言上之由被命、植松（賞雅）へ爲心得申入置了、

廿九日、

一、巳半剋參　內、

三宮家以下御禮ヲ申上グ

一、式卩卿（京極宮家仁親王）・帥（閑院宮典仁親王）・上總宮（京極宮公仁親王）巳剋、・淸華・大臣巳半剋、・近習・親王伺候・小番御免御礼、」

御祝儀ヲ賜ハル

（104ウ）

一、御卽位無滯被爲濟ニ付、爲御祝儀賜黄金一枚・御肴一折、大御乳人（鴨脚茂子）被渡之、畏申、

議奏等へ賜物アリ

議奏（石山基名・綾小路有美・難波宗城）・三卿・近習・御詰・非藏人有賜物、先例也、

十二月

朔日、

朔日祝

一、辰剋過參　內、賀申當日、於御學問所拜　天顏、

卽位祝儀關東使施藥院迄參集ス

一、關東使施藥院迄參集之由、御附(長田元鋪・田付景林)示之、飛鳥井前大納言(雅香)に申、可召之由被示之、以雜掌申遣、御附にも爲心得申了、

關東使所司代參內ス

一、(未剋許)酒井雅樂頭(忠恭)・畠山飛驒守(義紀)・六角越前守(廣孝)ゟ阿部伊豫守(正右)同伴參　內、鶴間着座、兩人出會、

關東使口上ヲ申述ブ

各述御口上、

將軍ヨリノ口上

雅樂頭・飛驒守進出、雅樂頭申述云、

益御機嫌能被爲成、目出被思召候、此度御卽位無御滯被爲濟ニ付、爲御祝儀御目錄之通御進獻被成候、此段宜申上之由、

世子ヨリノ口上

越前守申述云、

若□〔君〕(ノチ徳川家基)御方より被仰上、――同上、仍略之、」

(105オ)

御臺所ヨリノ口上

飛驒守進出、申述云、

御臺(閑院宮倫子)御方より被仰上、――同上、仍略之、

對面所ヲ內見サス

兩人每度示可申上之由、御臺より之口上ハ差副之飛驒守相勤、若君よりハ別人被差登儀故、右之通ニ次第申述、無差障□〔哉〕兼ゐ伊豫守内ゝ尋合ニ付、無差障由答了、退入、議奏・昵近被出會、更兩人出、御對面所令致內見了、

將軍等ヨリノ口上ヲ言上ス

一、大樹(徳川家治)・御臺・若君之口上、附飛鳥井前大納言言上、追付可有御對面被　仰出、兩人還出

出御
将軍ヨリノ進獻物ヲ披露ス
關東使天顏ヲ拜ス
世子ヨリノ進獻物ヲ披露ス
關東使天顏ヲ拜ス
御臺所ノ進獻物ハ披露ナシ
關東使所司代自分ノ御禮
天顏ヲ拜ス
入御
關東使ヘ天盃ヲ賜ハル
關東使攝政ニ謁ス
三家三卿ノ使者參内ス
關東使ニ清涼殿晝御座等ヲ拜見サス

鶴間、告追付御對面可有之由、候下段、中段御簾被懸之後、參下段、出御之後執（近衞内前）攝政氣色、出鶴間、東使誘引、令候布障子前、
一、大樹より進獻之眞御太刀折紙予披露、如例、役送極﨟（慈光寺澄仲）、雅樂頭・飛驒守並進昇中段、居一□（疊）目、二疊目へ手ヲ突、中〻（拜）天顏、御禮了退、予退、
一、若君より進獻之眞御太刀折紙姉小路前（公文）大納言披露、如例、役送差次（錦小路賴尚）、越前守昇中段、拜　天顏、退、
御臺御方より進獻物兼ゐ下段ニ並置、更使節披露之儀無之如例、
一、雅樂頭・飛驒守・越前守・伊豫守一人充自分之御礼、中次頭辨（日野資枝）、於庇拜　龍顏、如例、了各鶴間ニ退去、」
（105ウ）
一、入　御之後垂上段之御簾、賜　天盃、〻〻四杯乗三方、置中段、手長伊光（廣橋）、取銚子候、次雅樂頭已下誘引、布障子前ニ令候、兩人候庇西方、一人充氣色、參進頂戴、一献也、各退鶴間、次又雅樂頭已下誘引、於議定所攝政殿被謁、各退鶴間、兩人出席申御礼、次令移着虎間、依參（マヽ）三家・三（宗武・宗尹・重好）德川家使者也（德川宗睦・同宗將・同宗翰）、
一、予誘引、清涼殿晝御座・南殿・高御座令致拜見、了高遣戸より下、御鳳輦拜見、御附案内（長田元鋪・田付景林）、自御庭直ニ參　親（英仁親王）王・准后（一條富子）御方、兩人經御庭、先達ゐ參　親王・准后御方、

三家三卿ノ使者勤方
三家使者鶴間ヘ參上ス
三家ヨリノ獻上物ヲ披露ス
使者口上ヲ述ブ
（106オ）
櫻間ニ退ク
御返答ヲ公文申述ブ
使者退出ス
三卿使者ハ京都町奉行勤ム
鶴間ニテ獻上物ヲ披露ス
三卿ヨリノ口上ヲ述ブ

三家・三德川使者勤方

三家使者紀伊中納言(徳川重倫)使息中將使相兼、久野丹波守(俊純)、尾張中納言使成瀬隼人正(正泰)、水戸宰相使山野邊兵庫頭(義胤)、各衣冠、參上、關東使　天盃之間、雜掌より參集□〔所〕に令案內、三家使同伴參　內、直ニ勤場所內見、了雜掌以非藏人申具由、獻上之太刀目錄臺ニ乘、組付、並置鶴間閾外際、雜掌並置之、姉小路前大納言出席鶴間、自閾四尺許東ノ方ニ座ス、予誘引東使、御殿・高御座拜見之間也、仍予三家使・三德川使ニ不出會、雜掌誘引紀伊中納言使者、獻上物之前ニ平伏、雜掌名披露、次尾張中納言使者同前、次水戸宰相使者同前、次紀伊中將使者、雜掌名披露、丹波守依相兼、無誘引之儀、」使者次第ニ述口上、姉小路被示可及披露之由、非藏人引獻上物、使者各退櫻間、北之方ニ列座、姉小路退入、附議奏申入、御返答相心得可申之由申入、更出席、使者一人充雜掌誘引、名披露、如前使者閾際ニ平伏、姉小路被申述云、御卽位之御祝儀目錄之通獻上、御機嫌ニ被　思召、此段宜申達被　仰出、此段宜ウ、使者承之、一人充退出、但紀伊家使丹波守依兼息中將使、不退、隼人正承之退、兵庫頭承之退、丹波守ハ中將に之御返答承之後退出、三德河〔川〕家右衞門督(徳川宗武)・刑刀卿(徳川宗尹)・宮內卿(徳川重好)、使者町奉行小林阿波守(春鄉)一人三卿之使相兼、參上、內見、了雜掌以非藏人申具由、姉小路被出會、鶴間、如初、雜掌置獻上之太刀目錄、鶴間閾外際、臺ニ乘、組付、使者獻上物之前ニ平伏、雜掌披露、使者述右衞門督口上、姉小路被示可及披露之由、非藏人引獻上物、使者退、櫻間ノ北方ニ扣居、次刑刀卿使者同前了、次宮內卿使者同前了、櫻間ノ北方ニ扣居、姉小路退入、如初、更

御返答ヲ公文申述ブ

使者退出ス

親王准后へ關東使參上ス

關東使親王へノ口上ヲ述ブ

親王三卿出逢フ

准后ノ上﨟出逢フ

關東使准后へノ口上ヲ述ブ

關東使退出ス

親王准后へ三家三卿使者參上ノ次第

三家使者參上ス

親王へノ獻上物ヲ披露ス

准后へノ獻上物ヲ披露ス

親王准后ヨリノ御返答ヲ申述ブ

三卿使者獻上ハ晩ニ迫ル故

出席、雜掌誘引、不及披露、使者閾際ニ平伏、姉小路被述御返答、如三家、但三卿ニ之御返答一度ニ被申述、御返答述了、此段三卿ニ宜ウト被述之、使者承之退出、」

(106ウ)

一、雅樂頭已下參　親王・准后御方、兩人出迎、請御客間、對座、次相互進寄、雅樂頭已下述ニ親王ニ之御口上、如　禁中、兩人示可申上之由、退入、三卿(石山基名・綾小路有美・難波宗城)被出會、暫還出、御返答追ゐ可被　仰出之由申述、前殿下(一條道香)御來合之間、御出席、有挨拶、次准后上﨟おとへ(坊城俊子)出會、御乳人(永見)・年寄(梅田)相添、先有口祝、雅樂頭已下述口上、如初、上﨟退入、還出、御返答追ゐ可被　仰入之由申述、退出、次雅樂頭已下退出、但示伊豫守、爲待置、自取次宜時分可案内申置、予廻御庭、自　禁裡御所退出、參女院(二條舍子、青綺門院)御所、此後取次伊豫守ニ令案内、令退出、

三家・三德川使參上之儀、關東使退出後、雜掌案内申遣、

三家使者自車寄參上、於溜間ニ親王ニ之獻上物、姉小路前大納言出會、予ハ關東使之誘引依參女院御所、不出會、雜掌名披露、諸事如　禁裡御所、了姉小路退入、使者溜間之外ニ扣居、

准后ニ之▨獻上物、御肝煎愛宕前大納□〔言〕(通貫)・大原三位(重度)被出會、取次名披露、諸□〔事〕如　親王御方、略□〔之〕、但御返答　親王・准后共ニ御滿悅ニ思召ト申述、

使者退出、

三德川家使參上、自車寄□〔昇〕、如三家、▨　親王ニ之献上物、於溜間姉小路被出會、諸事如初、但及」

晩景差急之〔間〕、於　禁裏ハ献上物一人充雖相勤、三卿一度ニ並置、使者一度相勤相濟云々、

（107オ）

准后江之献上物、於同所御肝煎出會、諸事如初、献上物引、　親王・准后共使番役之、

一、雅樂頭已下參　女院御所、予出迎、請御客間對座、兩局（小督局・石井局、西洞院範子・綾小路有子）被出会、有口祝、雅樂頭已下述口上、如　禁中、兩局退入、更出席、御返答追ゐ可被　仰出之由被申述、退入、雅樂頭已下退出、予廊下迄送出、姉小路、於　親王三家・三徳川使不相濟之間、東使退出之間姉小路（衍）不被參、

三家・三徳川家使者參上、自車寄昇、勤方諸事如　親王・准后、御肝煎綾小路前大納言（俊宗）・石井宰相（行忠）、出會、北面名披露、關東使退出之後、雜掌より案内、參上、三家相濟之後、三徳川使參上、御返答如　禁中、但御満悦ニ被　思召ト被述之、

女院御所ニおゐて御肝煎出會、北面披露、宝永八年二月承秋門院（幸子女王）御所例也、依之、於　准后も可爲御肝煎此度治定了、　親王ハ諸事如　禁中取計之事故、兩人出逢了、昇車寄事、在去月十三日之記、

今日御所々々献上物

大樹より

禁裏（後櫻町天皇）江　眞御太刀信國、　綿五百把　御馬代白銀五百枚」

（107ウ）

女院江　白銀百枚　綿二百把

一度ニ勤ム
准后ヘノ献上物ヲ披露ス
關東使女院ヘ參上ス
上﨟出逢フ
關東使口上ヲ述ブ
關東使退出ス
三家三卿使者女院ヘ參上ス
肝煎出逢ヒ北面披露ス
寶永八年承秋門院御所ノ例ニヨル
准后ニテモ同様ニ治定サル
親王ハ禁中同様ニ取計フ
各御所ヘノ献上物
將軍ヨリノ品

親王に　作御太刀　綿二百把　御馬代白銀百枚
准后に　白銀百枚　綿二百把

御臺所ヨリノ品

御臺より
禁裏に　白銀百枚　三種二荷
女院に　白銀丗枚　一種一荷
親王に　同斷
准后に　同斷

世子ヨリノ品

若君より
禁裏に　眞御太刀朝次、　綿二百把　御馬代白銀三百枚
女院に　白銀五十枚　綿百把
親王に　作御太刀　綿百把　御馬代白銀五十枚
准后に　□〔白〕□〔銀〕五十枚　綿百把」

将軍ヨリ摂政両傳奏長橋局大御乳人ヘノ品
（108オ）

大□〔樹〕□〔よ〕□〔り〕
（近衞内前）攝政殿に　太刀　馬代銀百枚、

世子ヨリ攝政兩傳奏長橋局大御乳人ヘノ品

傳奏兩人江　太刀　馬代銀五十枚、宛
長橋（梅溪直子）江　銀五十枚
大御乳人（鴨脚茂子）江　銀三十枚

若君
攝政殿江　太刀　馬代銀五十枚、
傳奏兩人江　太刀　馬代銀二十枚、
長橋江　銀廿枚
大御乳人江　銀十枚

上使並ニ世子ノ使者入來ス即位祝儀ヲ頂戴ス

一、爲上使畠山飛驒守、長上下、爲若君御使六角越前守、同、戌刻入來、予出迎、着直垂、請客亭、飛驒守渡太刀目錄、予取之、平伏、述御即位御祝儀太刀馬被遣候由、頂戴、置床上、次頂銀付臺、床狭少之間、床前南ノ方ニ置之、次越前守同斷、予頂戴同斷、付臺床之前北之方ニ置之、次申述忝由、田付筑後守（景林）爲案内先達而來、候末廣之間、同述忝由、次引渡持出、居茶・多葉粉盆、挨拶了、」各起（108ウ）座、使者溜間迄送出、

關東使旅宅ヘ赴キ拜領物ノ禮ヲ申置ク

一、姉小路入來、兩人同伴狩衣・指袴、向伊豫守・飛驒守・越前守宅、以上使拜領物忝由申置、

三家簾中前田家越前家即位祝儀ヲ獻上ス

溜詰老中側用人大坂城代祝儀ヲ獻上ス

今度ハ使者ハ一人宛勤ム

三家廉中等ハ親王竝ニ女院ヘモ祝儀ヲ獻上ス

(109オ)

二日、

一、辰剋參　內、

一、三家簾中(一條重子・近衞周子・一條郁子)・松平加賀守(前田重敎)・松平越前守(重富)ホ　御卽位御祝儀以使者献上、參奏者所、御附(長田元鋪・田付景林)受取之後表使申出、予廻奏者所、姉小路(公文)ハ　親王(英仁親王)御所ニゐ爲出會參上、予一人出逢、御附も越中守(長田元鋪)出會、筑後守(田付景林)ハ參　親王御方、使者壹人充出、越中守名披露、紀伊中納言殿(德川宗將)簾中(一條重子)使者ト披露、已下俲之、加州・越州ハ殿ナシ、予每度示可及披露由、了退入、引續役人使者相勤、越中守出會、予不出會、先例也、

溜詰 松平讃岐守(賴恭)使　同 井伊掃部頭(直幸)使　老中 酒井左衞門尉(忠寄)
老中 松平右近將監(武元)　老中 秋元但馬守(凉朝)　老中 松平右京大夫(輝高)
老中 松平周防守(康福)　側用人 板倉佐渡守(勝淸)　大坂城代 阿部飛驒守(正允)

(小書)「右使者、享保度ハ壹人充獨礼、延享度ハ兩人充出、此度四品已上之使者一人充獨礼ニ相□(勤)□(候)□(樣)致度由、伊豫守(阿部正右)より申越ニ付、壹人充獨礼ニ相勤させ了、依之、來四日四品已上之使も」悉壹人□(充)□(獨)礼ニ治定了、」

親王御方ハ、如　禁中三家・加賀・越前使者姉小路出逢、溜詰已下無出會、御附出會ニゐ相濟、女院(二條舍子、靑綺門院)御所にハ御附參、三家簾中已下悉御附出會、准后(一條富子)御方も同樣也、

延享度ノ例ニヨリ女院ヘノ獻上物ハ禁裏附ガ受取ル

准后ヘノ獻上物モ同様トス

「(小書)延享度　大宮(二条舎子、青綺門院)江之献上物、於　院(櫻町上皇)御所御一緒ニ院之御附(山口直倫・鈴木利祐)出會受取之云々、因之、宝永八年承秋門院(幸子女王)江之献上物取次受取之由雖在日記、延享右之通故、此度御附出會受取ニ治定了、如此之間、　准后も宝永八年大准后(松木宗子)取次出會ニて雖相濟、此度御附出會ニ治定了、」

三家簾中等ノ使者ヲ兼胤邸ヘ召寄セ御返答ヲ傳達ス

一、申剋於里亭同役(姉小路公文)立會、着直垂、三家簾中・加州・越州・溜詰・老中・側用人・大坂城代使者召寄、壹人充召出、各今朝使者相勤之節之通ノ衣躰也、侍從已上布衣、四品素襖、兩家雜掌替□(〻)誘引、名披露、兩人列坐、予述御返答、

御即位御祝儀目錄之通被献上、　御機嫌被　思召、

女院親王准后ヨリノ御返答モ傳達ス

女院・　親王・　准后よりも御同様ニ被　仰出、

三日、

一、巳剋參　内、

内々ノ公卿殿上人即位後ノ御禮

一、今日内々公卿・殿上人　即位後御礼、於小御所御對面、

(109ウ)

即位祝儀關東使等施藥院ヘ

一、酒井雅樂頭(忠恭)・畠山飛驒守(義紀)・六角越前守(廣孝)・伊豫守(阿部正右)ホ施藥院迄參集之由、御附(長田元鋪・田付景林)告之、平松中(時

參集ス
關東使等參內ス
酒餞ヲ賜フ
關東使等退出ス
所司代へ申談ズル條々
女院ニテ三家三卿ノ使者車寄ヨリ昇降セルハ即位祝儀ノ例ニテ他ノ例ニハナラズ
賜暇ノ日ハ神事中故忌服ノ者ハ供ヲ避クルベシ
(110オ)
即位後代參ノ勅使石清水八幡宮へ參向ス
重輕服ノ者出仕ヲ止メラル
石清水八幡宮社家ヨリ代參神前ノ作法無事濟ムト注進サル

〔行〕納言に申入、以雜掌示可有參　內之由、頃之雅樂頭已下參　內、候鶴間、兩人出逢、雅樂頭已下今日被召忝由申之、兩人退入、議奏出會、參上之段以平松言上、可賜酒饌被仰出、兩人出鶴間、示其旨、令移着虎間、兩人相伴、御料理出、三汁十一菜、二献之後出盃臺、押臺出之、三献了湯後附後段、賜茶菓、終退鶴間、各申御礼、退出、

伊豫守へ申談条〻、

去一日三家（徳川宗睦・同宗將・同宗翰）・三〻徳川（宗武・宗尹・重好）使於女院（二條舍子、靑綺門院）昇降車寄之事、是ハ卽位御祝儀之□〔例〕ニ而右之通被仰付、且各着衣冠之故ニ候、他之例ニハ不相成候、此旨可被心得示之、伊豫守承諾、

來六日御□〔暇〕□〔之〕□〔御〕沙汰ニ候、件日　內侍所三个夜御神樂ニ付、御神事中ニ候、其心得」ニ而可有參　□〔內〕、供廻可被避服者之由示之、伊豫守承諾、

○今日御卽位後　石淸水八幡宮に御代參　勅使葉室大納言（賴要）參向、爲予代官河端安藝守（謙益）令向、今日　宮中被止重輕服參入、非御神事、

申半剋田中權僧正（正淸）より以書狀、　御代參　神前之作法無事相濟之由注進、卽剋參殿下（近衞內〔前〕）申此旨、參　內、附平松中納言言上、以表使申御悅了、

今日於田中家饗應如例、任例盃臺一面送遣之了、

四日、

一、巳半剋參　内、

四品以上ノ武家ヨリ献上物アリ

使者ハ今度ヨリ一人宛勤ム

一、今日四品以上使者參奏者所、捧献上物、御附（長田元鋪・田付景林）狩衣、出會、兩人無出會之儀、自此度使者一人宛相勤、
子細見二日記、

少將ノ面々

少將　松平左京大夫（賴淳）　松平中務大輔（義敏）　藤堂和泉守（高豊）　松平筑前守（黒田繼高）　松平出羽守（宗衍）　松平陸奥守（伊達重村）
松平薩摩守（嶋津重豪）

侍從ノ面々

侍從　松平土佐守（山内豊敷）　有馬中務大輔（賴徸）　上杉大炊頭（重定）　細川越中守（重賢）　松平伊豫守（池田宗政）　松平大膳大夫（毛利重就）
伊達遠江守（村候）」（110ウ）　松平阿波守（蜂須賀重喜）　松平相模守（池田重寛）　松平左兵衛佐（信有）　松平信濃守（鍋嶋宗教）　宗對馬守（義暢）
井上大□（和）守（利客）　本多伯耆守（正珍）

四品ノ面々

四品　松平左兵衛督（直純）　松平大和守（朝矩）　立花左近將監（鑑通）　丹羽若狭守（高庸）　松平備後守（前田利道）　松平安藝守（淺野重晟）
佐竹次郎（義敦）　松平光丸（康哉）　松平美濃守（柳澤信鴻）　松平下總守（忠刻）　松平越中守（定賢）　稲葉丹後守（正益）　小笠原
伊豫守（忠總）　榊原式ア大輔（政永）

親王准后女院ヘモ參上ス

右相濟、參　親王（英仁親王）・准后（一條富子）、御附出會、次參　女院御所（二條舎子、青綺門院）、御附出會、兩御所内玄關ニ而相勤、」

清華大臣家外様ノ公卿殿上人

一、西園寺前内大臣（公晃）并外様公卿・殿上人御礼、清涼殿　出御、攝政（近衞内前）・大典侍（柳原忠子）被候御側、兩人・議奏下段ニ

人即位後ノ御禮
大覺寺參内シ加持ヲ行フ
關東使所司代ヘノ下サレ物ヲ御覽ニ入ル
五位諸大夫ノ武家ヨリ獻上物アリ使者ハ二人宛勤ム

相詰、於小御所内〻昨日不參御礼、更　出御于清涼殿、大覚寺（寛深）御對面、有御加持、兩人如例議定所ニ相詰、於御學問所更大覺寺御對面、了入御、秉燭也、

一、關東使・所司代（阿部正右）へ被下物、兩人見分之後、附植松（賞雅）入御覽了、
（補書）「使者衣躰
侍從已上布衣、四品素襖、佐竹次郎・松平光丸ハ無位故着布衣、家柄□（故）□（歟）、」

五日、

一、巳半剋參　内

一、五位諸大夫使者參奏者所、御附（長田元鋪・田付景林）出會、如昨日、今日二人充相務、兩人無出會、

(111オ)

五位諸大夫
松平和泉守（乘佑）　□□（松）（平）直次郎（定功）　大久保大藏大輔（忠興）　堀田相模守（正順）　眞田伊豆守（幸弘）　奧平大膳大夫（昌鹿）」
牧野駿河守（忠寛）　□（内）藤能登守（政陽）　戸沢上總介（正謙）　松平主殿頭（忠恕）　相馬彈正少弼（尊胤）　小笠原佐渡守（長恭）
本多隱岐守（康桓）　松平丹波守（戸田光和）　岡ア内膳正（長住）　脇坂淡路守（安親）　内藤富丸（信凭）　有馬外吉（允純）　秋田東太郎（倩季）　本多中務大輔（忠盈）　南部大膳大夫（利雄）　中川修理大夫（久貞）　松浦肥前守（誠信）　加藤遠江守（泰武）　仙石越前守（政辰）　京極榮吉（高中）　伊東豐後守（祐福）　稲葉能登守（泰通）　溝口主膳正（直範）　黑田豐□（松）（長惠）　酒井藤太郎（忠貫）　戸田采女正（氏英）　土屋能登守（篤直）　牧野越中守（貞長）　戸田因幡守（忠寛）　松平伊豆守（信復）　土井大炊頭（利里）　松平大隅守（資尹）　石川主殿頭（總慶）　水野和泉守（忠任）　久世出雲守（廣明）　太田攝津守（資俊）　松平伊賀守（忠順）　板倉美濃守（勝武）

安藤(信成)對馬守　青山(忠高)下野守　間部(詮央)主膳正

右相濟、參　親王(英仁親王)・准后(一條富子)、御附出會、次參　女院(二條舎子、青綺門院)御所、御附出會、各內玄關ニ而相勤、

親王准后女院ヘモ參上ス

一、大乘院(隆遍)・圓滿院(祐常)參　內、卽位後御礼、於清涼殿　御對馬(面)、了於御學問所更　御對面、入御之後賜　天盃、退出後更　出御、東本願寺(光遍)轉大御礼、・永源寺住持職御礼、各於清涼殿拜天顏、于時入夜、供燭、

大乘院圓滿院卽位後ノ御禮

天盃ヲ賜ハル

東本願寺轉大僧正永源寺住持職ノ御禮

(補書)「一、明日關東使へ相達女房奉書二通被出、受取了、」

關東使ヘノ女房奉書出來ス

六日、

一巳剋前參　內、

一、關東使〻・伊豫守(阿部正右)施藥院迄參緝之由、御附(長田元鋪・田付景林)告之、中葉室前大納言(賴要)、以雜掌召寄、」

關東使所司代施藥院迄參集ス

(111ウ)

一、雅樂頭(酒井忠恭)・飛驒守(畠山義紀)・越前守(六角廣孝)等伊豫守同伴參　內、候鶴間、兩人出逢、各申參　內忝由、示可言上之由、兩人退入、議奏・昵近被出逢、其後令內見、　附葉室前大納□(言)申上、追付可有　御對面之由被仰出、還出鶴間、示其旨、兩人候下段、

關東使所司代參內ス

鶴間ニ候ス

一、出御、御座定之後依攝政殿(近衞內前)御氣色兩人出鶴間、各誘引令候布障子前、兼胤申次、雅樂頭・

出御

關東使所司代

天顔ヲ拜ス
攝政ニ謁ス
御返答ヲ演達ス
將軍ヘ御返答ノ趣
關東使謹ンデ奉ズ
世子ヘノ御返答
關東使奉ズ
御臺所ヘノ御返答
關東使奉ズ
若君御臺所ノ順トセル意味ヲ所司代ニ問合ハス
御臺所ノ使者ハ兼任ナレドモ若君ノ使者ハ別人故ト所司代返答ス

（112オ）

飛驒守拜　龍顔、次越前守拜　龍顔、各昇中段拜天顔、次頭中將〔櫛笥隆望〕申次、雅樂頭・飛驒守・越前守・
伊豫守壹人充拜　龍顔、各退鶴間、更誘引、於議定所攝政殿被謁、次退鶴間、兩人出席、
示御返答被　仰出之由、誘引虎間、兼胤演達、
　嚴寒之節御安全被成御座、目出被　思召候、御卽位御祝儀御使被差登、御目錄之通
　被遊御進獻、目出　御感悅□〔被〕思召候、此段宜被申入之由、被　仰出候、
雅樂頭・飛驒守謹奉、〔示脱カ〕歸府候ゟ可申上之由、退、
若君〔徳川家基〕に之御返答
　御口上右同樣、
越前守奉之、
御臺〔閑院宮倫子〕に之御返答
　御口上右同樣、」
飛驒守奉之、
御順、大樹〔徳川家治〕、御臺、若君といへとも、此度一口ニ若君・御臺と申逑故、伊
豫守に懸合之処、若君よりハ別人之御使、御臺よりハ差副飛驒守相兼ニ付、
先申若君御口上之由、御順ハ御臺・若君ニ無相違といへとも、右之通演說
之由也、□□□〔御〕〔返〕〔答〕ハ如何樣ニゟも不苦由といへとも、御口上□〔之〕次第ニ御返答

も申述了、

關東使ヘ御推任敍ノ事ヲ申渡ス

次雅樂頭少將御推任、飛驒守從四位上御推敍、越前守從四位下御推敍之事、壹人充召出申渡、其詞、此度御祝儀之御使被相勤ニ付、少將御推任被　仰出、各謹奉畏入、尙歸府候ゐ達上聞之上可申御請之由也、

賜暇拜領物ノ事ヲ申渡ス

次歸府之御暇拜領物之事申渡、次伊豫守拜領物之事申渡、次六位藏人眞御太刀持出、予取之、賜雅樂頭、次飛驒守、同上、次越前守、同上、御太刀、吉光雅樂頭、長光飛驒守、祐光越前守ニ賜之、次賜伊豫守縹珍二卷、模様二卷共同、六位藏人持出、置座上、伊豫守進寄、頂戴、了非藏人引之、

關東使御禮ヲ申述ブ

次各退鶴間、申御礼退出、兩人先達ゐ參　女院・(二條舍子、青綺門院)親王之間、(英仁親王)非藏人可案內之由示之、退入、兩人迴御庭、參　親王御所、

關東使所司代親王准后ヘ參上ス

一、雅樂頭已下各參　親王・准后(二條富子)御方、兩人出迎、請御客間、對座、示可申上之由、退入、

親王ヨリノ御返答ヲ申述ブ
(112ウ)

次(石山基名・綾小路有美・難波宗城)三卿被出逢、兩人出席、親王より御返答兼胤申述如　禁中、但御進覽・御滿悅ト□(述)□(之)、自餘　禁中之通也、各歸府候ゐ可言上之由申、

拜領物ノ事ヲ申渡ス

次[illegible]拜領物之事申渡、六位藏人持出、置座上、各進寄、頂戴、了非藏人引之、

准后ヨリノ御返答ヲ上臈申述ブ

次おとヽ(坊城俊子)被出會、先有口祝、准后より之御返答被申述、

拜領物ノ事ヲ申渡ス

次女房拜領物持出、並置座前、おとヽ被申渡、各頂戴、了女房引之、おとヽ退入、次賜菓酒、三献、各盃、陪膳女房、各申御礼、兩人參　女院、追付可有參入之由示之、退入、迴御庭、還　內、退　朝、參　女院御所、

關東使所司代女院へ參上ス
女院ヨリノ御返答ヲ女房申述ブ
拜領物ノ事ヲ申渡ス

一、雅樂頭已下參　女院御所、兩人出迎、請御客間、對座、兩局（小督局・石井局、西洞院範子・綾小路有子）被出逢、有口祝、次御返答被申述、女房拜領物持出、置座前、兩局被申渡、各頂戴、了女房引之、兩局退入、次賜菓酒、三献、各盃、陪膳北面、茶出、了申御礼退出、兩人廊下に送出、述賀詞、後刻可持參女房奉書示之、

拜領物

拜領物

禁裏ヨリノ品

禁裏より

眞御太刀吉光、　雅樂頭　眞御太刀長光、　飛驒守　眞御太刀祐光、　越前守」

繻珍二巻　伊豫守

(113オ)

女院ヨリノ品

女院より

十二月花鳥巻物・紗綾紅白、十巻、　雅樂頭　九十賀記一冊・紗綾紅白、五巻、　飛驒守　自讃哥一冊・同、　越前守

純子二巻　伊豫守

親王ヨリノ品

親王より

九十賀和哥巻物・紗綾十巻、　雅樂頭　詠哥大概一冊・紗綾五巻、　飛驒守　百人一首一冊・同、　越前守

純子二巻　伊豫守

准后ヨリノ品

准后より

十躰和哥巻物・紗綾紅白、十巻、　雅樂頭　　自讃哥一冊・紗綾紅白、五巻、　飛驒守　　詠哥大概一冊・同、　越前守

純子二巻　伊豫守

關東使旅宅へ赴ク
暇乞ス
将軍ヘノ女房奉書等ヲ渡ス
(113ウ)

一、酉半剋兩人同伴狩衣・指貫、向關東使〻亭、渡女房奉書・書狀ホ、暇乞申、了歸家、」

大樹に女房奉書一通　添翰一通　親王より御挨拶狀一通　女院・准后より一通

右、雅樂頭に相渡、

御臺所ヘノ御挨拶狀等ヲ渡ス

四御所より御臺に御挨拶狀一通　兩人自分之礼狀老中に一通充・板倉(勝清)に一通充、四通

右、飛驒守に相渡、

世子ヘノ女房奉書等ヲ渡ス

若君に女房奉書一通　添翰一通　親王より御挨拶狀一通　女院・准后より一通

兩傳奏ノ自分禮狀ヲ渡ス

兩人自分礼狀周防守(松平康福)宛、一通充、二通

右、越前守に相渡、

七日、

少將以下四品以上ノ使者ヲ兼胤邸へ召寄ス

一、巳剋少將已下四品已上之使〻里亭ニ召寄、同役(姉小路公文)立合、着直垂、出席、使者一人宛衣躰使者勤日之」通也、雜掌四人替〻誘引、名披露、松平(頼淳)左京大夫使者何某ト稱之、予演達云、依月番也、

禁裏ヨリノ御返答ヲ申渡ス

（114オ）

女院親王准后ヨリノ御返答モ申渡ス

兼胤邸門前ノ警固ヲ禁裏附へ申入ル

延享度ノ准例

御即位之御祝儀目録之通被献上、　御機嫌ニ被　思召、
女院（二條舎子、青綺門院）・　親王（英仁親王）・　准后（一條富子）よりも御同様ニ被　仰出、
今日門前群集之間、以土山淡路守（武眞）昨六日御附（長田元鋪・田付景林）に申達云、組与［力］・同心不苦候ハヽ被差出警固頼度旨申入、尤先格ハ慥無覺悟候へ共、延享御即位之節、　院（櫻町天皇）より御返答於八條家（隆英）申渡有之、門前之警固　院御附（山口直倫・鈴木利祐）へ八條被頼、辻番人出候由、以此准例相頼之由申入、御附、不苦儀之間組之者可差出之由領承、今日長田越中守（元鋪）月番、組与力一人・同心三人・辻番人二人、是ハ、臨期人數不足ニ付、与力之沙汰ニて召寄云々、自門前之使者溜是迄無之、此度御附へ申談令建之、使者以次与力呼出、昇玄關、」

内侍所へ參賀ス

一、申剋參　內、奉無　出御之由、退出、内侍所に參賀、賜祝酒、

内侍所臨時神樂出御ナシ

一、今夜より三个夜　内侍所臨時御神樂被行之、御即位後例也、無　出御、

（114ウ）

八日、

一、申剋參　內、奉無　出御之由、退出、内侍所より雖招不參、

内侍所臨時神樂中夜出御ナシ

一、御神樂中夜也、無　出御、祕曲本俊宗卿（綾小路）・末宗時卿（持明院）奉仕、

九日、

五位諸大夫ノ使者へ御返答ヲ申渡ス

一、五位諸大夫使者〻〻召里亭、同役(姉小路公文)立合、御返答申渡、事〻如七日、

一、申剋參　內、奉無　出御之由、退出、内侍所より雖招不參、

內侍所臨時神樂竟夜出御ナシ

一、御神樂竟夜也、無　出御、

德川家光御臺所等へ贈位御禮關東使ハ十五日ニ上京ス

一、關東贈位御礼使前田伊豆守(長泰)、道中□(無)滯候ハヽ來十五日上京由、攝政(近衞內前)へ申入、植松(賞雅)へも申入置了、

卽位萬歳旗銘書ノ御褒美ヲ下北面藤木司直へ下サルル樣御內儀へ申入ル

一、御卽位萬歳旗藤木甲斐守(司直)書候爲御褒美、任享保廿年白銀拾□(枚)□(可)□(被)□(下)□(候)、被出候樣ニ大御乳人(鴨脚茂子)を以御內儀へ申入了、

十日、

一、巳半剋參　內、

松平容頌忌明ニツキ十三日ニ卽位祝儀ヲ獻上ス

「(補書)一、松平肥後守(容頌)去二日忌中之処、此節忌明ニ付、來十三日使相勤候樣可取計、長橋(梅溪直子)へ申入、巳剋と申入了、」

贈位御禮關東使へノ下サレ

(115オ)

一、前田伊豆守(長泰)に被下物、附葉室前大納言(頼要)伺之、翌十一日、伺之通被仰出由飛鳥井(雅香)被示、田村圖書允へ用意之事申渡了、

物ニツキ伺フ

禁裏（後櫻町天皇）より　白銀拾五枚　女院（二條舎子、青綺門院）より　縮緬紅白、三巻　親王（英仁親王）より　縮緬白、三巻
准后（一條富子）より　縮緬紅白、三巻　享保十八年十二月十九日證明院（伏見宮培子女王）贈位御礼使へ被下物之趣を以伺之了、

即位後ノ天曹地府祭ハ思召ノ通リタルベシト關東ヨリ申來ル

當月下旬ニ五箇夜執行スベシト土御門泰邦へ申渡ス

御口切ヘ所司代ヲ召サル

出迎及ビ掃除ノ事ヲ非藏人ニ申付ク

十一日、
一、巳半剋參　内、
一、御卽位後天曺地府祭、　思召之通被　仰出候樣ニ關東ゟ申來候趣伊豫守（阿部正右）書付、攝政殿（近衞内前）へ申入、附飛鳥井前大納言（雅香）申入了、且申云、當月下旬五个夜可被行、土御門三位（泰邦）可申渡、攝政殿被命候、此後伺ォ之儀ハ如先例議奏衆へ可被申入候由、同申入了、土御門三位召寄申渡、此後伺ォ可被附議奏示了、
一、飛鳥井前大納言被示、來十五日午剋關東ゟ進獻之御茶御口切伊豫守被□〔召〕□〔可〕申達由、兩人も被召之由、畏奉了、出迎非藏人・掃除ォ之事遠江（藤野井成允）へ申付了、
十二日、
一、巳半剋參　内、

徳川重好ト伏見宮貞子女王トノ婚姻濟ム
各御所ヨリ御悅ヲ仰遣ハスベキヤ所司代へ内談ス
御前無人故近習ヲ加フル樣攝政仰ス
兩傳奏議奏ニテ人選ヲ命ゼラル
息男着袴ニツキ攝政不出仕
攝政息男着袴ノ取持ヲ勤ム
關東ヨリノ入寒御機嫌伺ヲ言上ス
即位無事濟ム事ヲ賀ス老中奉書ヲ披露ス
松平容頌即位祝儀ヲ献上ス
女院親王准后へモ献上ス

(115ウ)
一、徳川宮内卿(重好)ゟ田鶴宮(伏見宮貞子女王)去四日婚姻相濟候由、伊豫守(阿部正右)ゟ申越候、享保廿年右衞門督(徳川宗武)節ハ自御所〻〻以書狀御悅被仰遣候、寛保元年刑部卿(徳川宗尹)節ハ所司代(土岐頼稔)よりも不申來、勿論何之御會釈無之候故、此度之儀伊豫守迄及内談候由、攝政殿(近衞内前)へ申入了、

一、攝政殿被仰、兩人・帥卿(山科頼言)當時近習御無人ニ付、官位御沙汰之節可被加候、四辻中納言(公亨)其外殿上人五人可被加候、兩人・議奏衆申談撰人物、十九日朝書付可申入之由也、

十三日、攝政殿(近衞内前)御不參、篤君(ノチ近衞經熈カ)依着袴也、

一、巳剋參　内、今日攝政殿御息篤君着袴ニ付、爲取持早出相願、帥(山科頼言)へ申、詣近衞殿了、

一、關東より入寒ニ付鹽鮭十尺、進獻老中奉書、附帥卿言上、女房奉書來十六日可被出哉之由申入、

一、御即位無滯相濟候段關東へ申遣候処、及上聞、賀詞被申上、老中奉書附帥卿了、翌十四日、披露□(相)濟返賜了、

一、松平肥後守(容頌)使者　御即位御祝儀献上參奏者所、去二日忌中ニ付使者不相勤、忌明ニ付今日相務、事〻如去二日、次參女院(二條舍子、青綺門院)・親王(英仁親王)・准后(一條富子)御方、御所〻〻御附出會如二日、引物非藏人橋本飛驒(勝長)、

十四日、

一、巳刻參　内、

(116オ)

十五日、

松平容頌使者ヲ兼胤邸へ召シ御挨拶ヲ申述ブ

一、松平肥後守(容頌)使者召寄、同役(姉小路公文)立合、着直垂、御卽位御祝儀献上御挨拶申述、予演說、如□(去)二日、

一、巳刻參　内、

伏見宮御色直准后へ參賀ス

一、伏見宮(貞行親王)御色直也、參　准后(一條富子)賀申、二宮(伏見宮貞行親王)へ樽代・干鯛進上、御所方無献上物、

徳川家光御臺所等へ贈位ノ御禮使上京ス參內ノ日取等ノ事ヲ伺フ

一、本理院(鷹司孝子)從一位、・浄圓院(巨勢紋子)・深徳院(大久保須磨)・至心院(梅溪幸)從二位、贈位御礼關東使前田伊豆守(長泰)今朝上京候、來十八日巳刻、伊豫守(阿部正右)同伴參　内被　仰出、　御對面可賜　天盃哉、同日　親王(英仁親王)御方へも參上可被　仰出哉、卽日召長橋奏者所御返答被　仰出歸府御暇拜領物可被　仰付哉、

親王へ參上ノ事等モ伺フ

親王よりも御返答被仰出拜領物可被　仰付哉、女房奉書も同日可被出哉、附植松前宰相(賞雅)伺之、以享保十八年十二月十九日證明院(伏見宮培子女王)贈位御礼使織田對馬守(信榮)上京之節例伺之、事〻伺之通被　仰出、先申殿下(近衞内前)、次附植松伺之了、

准后竝ニ女院へ參上ノ事モ

一、准后に參上、御返答・拜領物之事、取次長門守(鳥山吉記)、召寄おとハ(坊城俊子)へ申入、被　仰出、

伺フ

女院に兼胤參上、以茂寄(藤木竹顯女)・兩局(小督局・石井局、西洞院範子・綾小路有子)へ申入、被仰出了、」

御口切ニ所司代參上ス

(116ウ)

一、關東より進獻之御茶口切ニ付伊豫守參上、於小御所御對面、於休息所攝政殿被謁、其後候所へ誘引、大御乳人(鴨脚茂子)被出逢後賜酒饌・御茶、兩人相伴、初献ニ献酬如例、

卽位萬歳旗銘書ノ御褒美ヲ下北面藤木司直へ遣ハス

「一、(補書)藤本(木)(司直)甲斐守万歳旗銘書之御褒美白銀十枚大御乳人被渡之、田村圖書へ相渡、明後十七日甲斐守へ可渡命了、」

十六日、

贈位御禮關東使ノ旅宅へ赴キ關東ノ静謐ヲ賀ス

一、巳刻兩人同伴向前田伊豆守(長泰)旅宅、昨日可行向之処、御用有之、入夜退朝故、今日行向、賀關東之静謐、挨拶了起座、

一、巳半刻參　内、

關東使參内ノ用意ヲ申付ク

一、明後日關東使參　内ニ付、申次今城頭中將(定興)、役送二人極﨟(慈光寺澄仲)へ觸遣、出向(迎)之非藏人二人・掃除之事遠江(藤野井成允)へ申付了、

女院准后肝煎へ關東使參上ノ事ヲ申入ル

一、女院(二條舍子、青綺門院)・准后(一條富子)へ參上之事、御肝煎參候故直ニ申了、綾小路(俊宗)・愛宕(通貫)兩卿へ申了、

御暇拜領物等ノ事ヲ賄頭へ申付ク

一、十八日卽日於長橋御暇・賜菓酒之事ホ、飯室伊賀守(義矩)へ申付了、

次第書ヲ禁裏附へ渡ス

一、十八日關東使次第書、以高屋遠江守(康昆)御附(長田元鋪・田付景林)へ相渡、落手之由示了、

寒氣伺鹽鮭進獻ニツキ女房奉書出サル

一、鹽鮭進獻ニ付女房奉書被出之、飛鳥井前大納言(雅香)被渡了、翌十七日相達候由、御文匣附平松(時行)返上、御封不相見之由斷申了、

拳ノ鶴進獻ノ老中奉書ヲ披露ス

(117オ)

一、拳鶴進獻老中奉書附飛鳥井言上、女房奉書來十九日可被出哉之由申入、被遂披露候、」女房奉書十九日可被出之由也、

贈位御禮ヘノ女房奉書ハ一通出サル

一、贈位御礼ニ付被出女房奉書ハ一通ニ候哉、二通ニ候哉、附飛鳥井伺之了、翌十七日、一通被出之由、大御乳人被示了、

稻荷社家松本爲勝倅等非藏人出勤ヲ願フ

切米ハ差支ナキヤ吟味スベシト攝政命ズ

一、稻荷社家松本筑後守(爲勝)願倅內藏(松本爲房)十一才、・同松本備後守(爲從カ)抔非藏人出勤之願書、四辻中納言(公亨)被附之、攝政殿ヘ申入、被抑留了、暫可令沙汰被命、右於被召出者御切米無差支哉、御臺所可吟味被仰了、兩人願書附飛鳥井前大納言了、

關東ヨリ進獻セル即位祝儀ノ御配アリ

歳暮御祝儀ヲ拜領ス

一、御卽位御祝儀關東より進獻之品、諸臣ニ配給、大御乳人を以白銀五枚・綿三把拜領之、女院にも被召、同御配金五百匹拜領之、歳暮之御祝儀も如例銀三枚拜領之、

十七日、

一、巳半剋參　內、

非藏人出勤ニツキ切米差支ナキヤ禁裏附ヘ申談ズ

近例ノ書附ヲ

一、松本筑後守(爲勝)倅內藏(松本爲房)・松本備後守(爲從カ)抔非藏人出勤相願候、可被召出候ハヽ、御切米拾石充可被下候、於御臺所無指支哉之由、御附(長田元鋪・田付景林)に申談、近例を尋候間、寛延四年九月松室肥後(重任)非

渡ス

藏人出勤相願ニ付、御切米拾石ニ而被召出例書付遣之了、

十八日、

一、巳半剋參　內、

知恩院任大僧正ノ老中奉書ヲ披露ス

一、知恩院澤眞（曹譽）、事大僧正被申付之由老中奉書、十一月廿一日之日付、附帥（山科頼言）言上、如例可沙汰被仰出了、

（117ウ）

西丸老中松平康福本丸勤兼任ヲ申付ケラル

一、本丸老中人少ニ付、左衛門尉（酒井忠寄）・但馬守（秋元凉朝）所勞、松平周防守（康福）本丸相兼可相勤被申付之由伊豫守（阿部正右）より申越之段、攝政殿（近衛内前）へ申入、帥へも申入置了、奉書日付廿一日故、十一月廿二日ノ日付ニ口　宣・〻旨令調了、殿□〔下〕へ□□〔申入〕了、

贈位御禮關東使所司代施藥院迄參居ス

一、關東使前田伊豆守（長泰）・阿部伊豫守施藥院迄參居候由御附（長田元鋪・田付景林）申、帥へ申、可召之由被示、以雜掌可有參　內示了、

關東使所司代參內ス
關東使口上ヲ申述ブ

一、伊豆守・伊豫守參　內、候鶴間、兩人出會、伊豆守口上申述、

本理院殿（鷹司孝子）・淨圓院殿（巨勢紋子）・深德院殿（大久保須磨）・至心院殿（梅溪幸）御贈位　勅許被遊候ニ付、目錄之通御進獻被遊候由也、

口上ノ趣ヲ言上ス

出御
徳川家光御臺所等ヘ贈位ノ御禮ヲ披露ス
關東使天顔ヲ拜ス
關東使所司代自分御禮
關東使所司代天顔ヲ拜ス
入御
天盃ヲ賜フ
關東使所司代攝政ニ謁ス
關東使所司代親王准后ヘ參上ス
親王ヘノ口上ヲ述ブ
一條道香出逢フ
關東使准后ヘノ口上ヲ述ブ
關東使所司代女院ヘ參上ス
關東使女院ヘノ口上ヲ述ブ

可言上之由申述、兩人退入、議奏・昵〔近〕被出逢、御對面所依所望爲致内見、了附帥口上之趣言上、暫追付可有御對面之由被示、兩人出鶴間、示追付御對面之由、候下段、

一、出御之後、兩人出鶴間、伊豆守・伊豫守誘引、令候布障子邊、先本理院贈位從一位、御礼進獻之目録兼胤披露、（錦小路賴尚）差次役送、伊豆守昇中段、拜　天顔、次淨圓院、同上、（姉小路公文）同役披露、江藏人役送、（北小路俊名）」次深德院、同上、兼胤披露、役送差次、次至心院、同上、同役披露、役送江藏人、毎度伊豆守昇中段、拜　天顔、次自分之御礼、今城頭中（定興）將申次、伊豆守持參御太刀折紙、置中段、於庇拜　天顔、次伊豫守於庇拜　天顔、無献上物、各退鶴間、次入　御、此後更誘引、於中段賜　天盃、手長俊臣、（中御門）次於議定所攝政殿被謁、

（118オ）

兩州退鶴間、申御礼、兩人承之、退入、參　親王・准后御方、（英仁親王）（一條富子）

一、伊豆守・伊豫守參　親王・准后御方、兩人〻出迎、請客間、對座、親王に之口上兩人承之、退入、三卿（石山基名・綾小路有美・難波宗城）出會、兩人還出、御返答追ゐ可被　仰出之由示之、前殿下御參合ニ付、（一條道香）有御出逢、おとヽ（坊城俊子）被出逢、准后に之口上伊豆守申述、無口祝、おとヽ退入、還出、御返答追ゐ可被仰入之由申述、退入、兩人參　女院、（二條舍子、青綺門院）

一、兩州參　女院、兩人出迎、請御客間、兩局（石井局・小督局、綾小路有子・西洞院範子）被出逢、小督一人被出、石井所勞、伊豆守申口上、小督退入、還出、御返答追ゐ可被仰出之由被示、退入、兩州退出、兩人廊下迄送出如例、

進獻物

進獻物（徳川家治）大樹計也、

徳川家光御臺所へ贈位御禮ノ品

本理院從一位之御礼

禁裏（後櫻町天皇）に　白銀五百枚　女院に　百枚　親王に　二百枚　准后に　百枚」

徳川吉宗生母へ贈位御禮ノ品

（118ウ）

淨圓院從二位之御礼

禁裏に　白銀三百枚　女院に　五十枚　親王に　百枚　准后に　五十枚

徳川家重生母同家治生母へ贈位御禮ノ品

深徳院・至心院ホ從二位之御礼、同淨圓院、

關東使參内ス

一、兩人還參　内、申半剋許、奏者所具之由、御附より伊豆守へ令案内、伊豆守參奏者所之由表使申出、兩人出逢、述御口上、兼胤演達、

主上ヨリノ御返答ヲ演達ス

本理院殿・淨圓院殿・深徳院殿・至心院殿御贈位被爲濟候ニ付、御使被差登、御目録之通被遊御進獻、御感被　思召候、此旨宜被申入之候、

女院親王准后ヨリノ御返答モ演達ス

女院・　親王・　准后よりも御同樣ニ被　仰入候、

關東使謹テ奉ズ

御暇拜領物ノ事ヲ申渡ス

伊豆守謹奉之、歸府候ゐ可及言□（上）之由述之、次歸府之御暇・拜領物之事申渡、其詞、歸府之御暇・拜領物被仰付マ寸、女房持出置座前、禁裏より白銀十五枚、親王より白縮緬三卷、女院より紅白縮緬三卷、准后より紅白縮緬三卷、頂戴、了引之、賜菓酒、三獻、各盃、茶

關東使退出ス

出、了豆州申御礼、退出、兩人襖口迄送出、後剋女房奉書可持參候由示之、入夜參　内、

關東使旅宅ヘ赴ク女房奉書等ヲ渡ス

一、兩人同伴狩衣・指袴、向伊豆守旅宅、面会、渡女房奉書、添翰之外書狀□（渡）之、

（119オ）

親王女院准后ヨリノ挨拶狀モ渡ス

女房奉書一通四人之御礼被籠一通、・添翰一通

親王より御挨拶兩人より老中に書狀一通、女院・准后より同御挨拶　一通

暇乞ス

伊豆守落手、了兩人申暇乞、立歸、明日當地發足之由也、

出勤ヲ願フ非藏人ヘノ宛行ニツキ禁裏附ヘ書附ヲ遣ハス

一、松本內藏（爲房）・松本備後守（爲從カ）非藏人出仕願ニ付御充行之事、昨日申談之趣書付呉候樣ニ賴ニ付、書付遣之、御附へ之書付也、在御用帳、翌十九日、御臺所向何之指支無之由御附申、攝政殿へ申入了、

十九日、

親王ヨリ御配ヲ拜領ス

一、巳半剋參　內、先參（英仁親王）親王御方、依招也、御配白銀二枚・綿二把、以御乳人（永見）拜領之、

女房奉書ノ文箱等ヲ返上ス

一、昨日被出贈位女房奉書相達候由、御文匣・御封返上、附葉室前大納言（賴要）申入了、

尊勝院來春ヨリノ諸禮參勤ヲ願フ

一、尊勝院明春より諸礼參勤之願書、攝政殿（近衞內前）へ申入、附葉室伺之、願之通被　仰出了、

兒玉正伯大津賀丈安來春ヨリノ諸禮參勤ヲ願フ

一、法眼正伯（兒玉）・法橋丈安（大津賀）明春より諸礼參勤之事書付、附葉室伺（×伺）之、先申攝政殿了、兩醫依致　親王拜診也、伺之通被　仰出了、於里亭召寄申渡之了、

拳ノ鶴進獻ニツキ女房奉書出サル

一、拳鶴進獻ニ付女房奉書被出之、葉室被渡了、

四辻公亨等六人ヲ近習ニ加ヘラル

稲荷社家松本為勝倅等ヘ非蔵人出勤ヲ申渡ス

切米十石ヲ下サル

非蔵人中西久敏ノ扶持米願ヲ差返ス

非蔵人藤野井四家ヲ近衛家諸大夫齋藤家ノ庶流トシ改号改姓ヲ仰付ケラル

社家ノ庶流ニアラザル非蔵人ハ三家ノミニテ差支アルニ故右ノ通リ仰出サル

齋藤敍昌ヲ召シ申渡ス

(119ウ)

一、四辻中納言(公亨)・千種少将(有政)・富小路左兵衛権佐(與直)・錦織修理権大夫(従房)・岩倉治刀権大輔(廣雅)・勧修寺侍従(經逸)以上六人、被加近習、両役列坐、葉室被申渡了、

一、葉室被示、松本内蔵(為房)・松本備後守(為従カ)両人非蔵人出勤之願、両人共被召出、御充行ハ宜取計之由也、寶寛延四年松室肥後(重任)被召出候例を以、拾石充被下候様ニ可申渡申入了、四辻中納言に、右被召出御切米拾石充被下候段申渡了、

一、中西武蔵(久敏)御扶持米之願、議奏衆申談難及沙汰由書付、四辻に差返了、

一、攝政殿被仰、両人・葉室前大納言奉之、

藤野井遠江(成允)　同但馬(藤野井具成)　同石見(藤野井忠韶)遠江男　同相模(藤野井是成)　同越前(藤野井成章)但馬男　同長門(藤野井祐業)

右四家之輩、依有　思召、為近衛家諸大夫齋藤家庶流、稱号藤嶋・姓藤原改候様被仰付候事、右之趣書付賜之、

非蔵人惣ゐ社家或社司之庶流、北小路両家・細川ホ三家計非社家、御差支之儀も有之ニ付、右之通被　仰出之由也、是ハ両役為心得被　仰聞、承置了、此趣ハ何方にも不及申渡、

一、齋藤若狭守(敍昌)召非蔵人口、両人・師(山科頼言)立合、遠江已下庶流被　仰付候事申渡、書付相渡了、

非藏人奉行ヘモ申渡ス

一、遠江已下へ申渡之事、四辻中納言に申渡、書付相渡了、」

敍昌竝ニ藤野井成允等御請ス

（120オ）

一、若狭守幷遠江已下六人申渡、御請申、御礼之段、両人・帥・攝政殿へ申入了、

即位ノ日南殿棟上ヘ白鳥飛來ス

一、御即位之日白鳥飛來居南殿棟上之由、京極宮（家仁親王）諸大夫生嶋出羽守（儀重）見付之、高橋若狭守（宗直）御内儀へ告之、御吟味ニ付告之、依爲吉瑞、両人に加賜位階、若狭守従四位下、出羽守従五位下、

廿日、

一、巳半剋參　內、

年號ノ字七號竝ニ訓付ヲ關東ヘ達スル樣仰出サル

一、年号字七號一紙（平松）時行卿筆、・同訓付一紙同卿筆、（近衞内前）攝政殿御渡、如例關東へ宜申達、尤昨□（夜）被仰出承候分ニ可取計候、右七号之中明和・天明可然、別而明和宜被　思召之段可申達被命、

明和ヲ別シテ宜シク思召ス

廿一日、

一、巳半剋參　內、

石山寺等御代始ノ開帳ヲ願フ

一、石山寺・宇治三室戸寺・北野清和院御代始ニ付來春開帳相願、於武邊無指支哉聞合可被申聞、（長田元鋪・田付景林）御附へ心覺之書付渡了、廿三日、（阿部正右）伊豫守へ申達之処武邊無指支由申之由、（長田元鋪）越中守示了、

泉涌寺開帳ヲ願フ
靈元院ヨリ以前ノ御寄付物モ拝觀サス
(120ウ)

一、泉涌寺願、傳來厄除正觀音・牙佛〔佛脱〕舎利并諸堂・靈仏・靈宝、來〔從脱〕申三月十日四月廿日迄五十日之間諸人へ爲拝度由之願書并別紙　靈元院ゟ以前之御寄附物計爲拝之由」書付ホ、附大御乳人(鴨脚茂子)申入、　御所表無御指支候ハヽ、夫より武邊へ申立候様可致由申入了、

薙髪セル桃園院元女中ヘノ合力米ハ御臺所ニテ差支ナシト禁裏附申ス

一、御附申、薙髪之衆ニ御合力米、別紙之通被下於▨御臺所差支無之由也、

圓眞院(松木親子)　八石　　松樹院(梅園久子)　拾六石　　淨明院(鷲尾良子)　拾壹石　　桂輪院(松室重子)　三石

澤泉院(若松盛貞女)　三石

長橋局へ申入ル
實ハ當年取高米不足ノ補ナレドモ合力米ト稱ス
過不及出ル故員數ヲ示サズ申渡ス
手形ニテハナク勘使取計ヒテ渡ス

右之趣、以大御乳人長橋(梅溪直子)へ申入、右員數ハ、當年取米高在勤中之取高ニ不足之補ニ實ハ被下候事なから、不足補被下候と有之候而ハ御差支有之候間、御合力米と有之被下候様ニ致度候、併御合力米と有之候而ハ、其身之格式も有之、過・不及も可致出來候間、長橋ゟ被申渡候ハヽ、御合力被下候計被申渡、員數無之候様致度候、右之員數渡方ハ、手形を長橋へ不上、勘使共取計候而渡候様ニ可致候由、申入了、翌廿二日、彌右之通治定、可取計長橋ゟ以大御乳人被示了、御附へ治定之段申渡了、

即位ニツキ非藏人へ裝束料ヲ下サルベシト仰出サル

一、大御乳人被申、先達而非藏人相願　御即位ニ付装束料、九十六人ニ銀三枚充可被下候、五枚と相願候へ共三枚充可被下候、尤明日可被下候由也、四辻中納言(公亨)伺候之間、兩奉行(四辻公亨・橋本實理)・非藏人番頭(松室重義・藤嶋成允)明日午剋可有參集示了、

廿二日、

所司代役宅へ赴キ年號ノ事ヲ申達ス

(121オ)

一、巳剋兩人同伴向伊豫守(阿部正右)役宅、面謁、年号之事以書付申達、

七號ノ内明和カ天明然ルベシト思召ス

明和ヲ別シテ宜シク思召ス

將軍ノ思召ヲ聞召シ御治定アルベシ

年號字、七号之中明和・天明可然被　思召候、兩号之中明和別而宜被　思食候、尤丞相衆中ゟ　勅問有之候處、明和之号多被擧奏候、關東　思食被　聞召、兩号之中御治定可有之候、此旨關東ゟ宜被申入候事、

「(小書)右切紙(兼胤)書之、」

年號候補ノ書附

「(小書)備中檀紙、横四ツ折、以同帋包之、時行(平松)卿筆、」

明和

明和

尚書曰、百姓照(昭)明、協和萬邦、

大應

大應

周易曰、大有、柔得尊位、大中而上下應之、

萬保

萬保

毛詩曰、君子萬年、保其家邦、

天明

天明

(121ウ)

孝經曰、天地明察、神明彰矣、

嘉享

嘉享

晉書曰、神祇嘉享、祖孝是皇克昌厥、後保祚無疆、

天龜

天龜

爾雅註疏曰、天龜俯、地龜仰、東龜前、南龜郤、西龜左、北龜右、各從其耦也、

文化

文化

文選曰、文化內輯、武功外悠、

年號ノ訓付

「(小書)奉書四ツ折、表包美濃紙、時行卿筆、」

明和《メイワ》　大應《ダイオウ》　萬保《バンホウ》　天明《テンメイ》　嘉享《カキヤウ》　天龜《テンキ》　文化《ブンクワ》

「(小書)切紙右筆、」　」

(約一行分空キ)

(122オ)

所司代謹テ奉ズ

代始ノ改元ニハ赦ナシト所司代ヘ申ス

伊豫守謹奉、早速關東へ可申遣由也、且申云、代始之改元赦無之と存候、彌其通ニ候哉之由申、赦無之由答了、

一、巳半剋參　內、

知恩院ニ大僧正御禮參内ノ日取仰出サル准后女院ヘモ參上ス

非藏人九十六人ヘ裝束料ヲ下サル

土山武匡ヘ取次役見習ヲ仰付ケラル

町尻兼久更雀寺ヘ菊桐紋幕等ヲ寄付ス

入道ニテ寄付セルハ穩便ナラザル事故差留ムルベシト攝政命ズ

(122ウ)

一、知恩院(曹譽澤眞)大僧正御礼參　内、以書付附帥(山科頼言)相伺、來廿四日巳剋被　仰出了、申次頭中將(今城定興)へ申了、准后(一條富子)に參上之事大原三位(重度)へ申、女院(二條舍子、青綺門院)へ參上以書狀御肝煎(綾小路俊宗・石井行忠)へ申遣了、御門之事大判事(町口是彬)へ申付了、

一、非藏人本番・番代・見習、都合九十六人に裝束料として白銀三枚充被下之、大御乳人(鴨脚茂子)ゟ受取、於廊下兩人・帥卿・奉行四辻(公亨)・橋本(實理)、立合、番頭播磨(松室重義)・遠江(藤嶋成允)に申渡、白銀相渡了、伊豆(吉見正名)依所勞不參、願之通被下之由兼胤申渡了、尤十九日被召出松本兩人(爲房・爲従カ)にハ不被下候由、四辻へ申渡了、

一、土山淡路守(武眞)倅左近將曹(土山武匡)今日取次役見習被　仰付忝由、淡路守申居了、此趣昨日御附(長田元鋪・田付景林)有談合、尤之由示了、

一、町尻大夫(兼久)入道より四條通大宮西へ入町更雀寺へ、菊桐紋幕三張、・高挑灯五張、・菊紋付」唐扉一口寄附候由、入道身分ニゐ不穩便儀、其上寄附狀・添狀ホも有之、甚不可然儀ニ候、如何可取計哉、攝政殿(近衞内前)申入之処、差留可然之由被命了、

廿三日、

一、巳半剋參　内、

石山寺等ノ開帳願ヲ攝政へ申入ル
武邊ニテハ差支ナシ
伺ノ通リ仰出サル
志明院等御代始ニツキ來春ノ開帳ヲ願フ
(123オ)
關東ヨリノ贈位御禮進獻銀ノ御配アリ
女院ヨリモ賜ハル
知恩院入院任大僧正ノ御禮ニ參内ス
出御ナシ

廿四日、
一、巳半剋參　内、
一、石山寺・宇治三室戸寺・北野清和院來春開帳願書、攝政殿(近衞内前)へ入御覽、石山寺ハ御内意伺候、無　思召候へハ、附長橋局(梅溪直子)被申上候先格ニ候、三室戸寺ハ毎度　院御所へ被願候へ共、當時之事故、石山寺同樣ニ被願候、清和院ハ尓兩人伺候而申付候先格ニ候、尤三个寺共武邊承合候処無差支之由申入、附葉室前大納言(頼要)伺之、三个寺共伺之通被　仰出了、
一、岩屋山志明院・竹田不動院、御代始ニ付來春開帳之事願候、武邊無差支哉書付、御附(長田元鋪・田付景林)へ相渡、聞合可被申聞示了、」
一、贈位御礼關東ゟ進獻銀御配也、大御乳人(鴨脚茂子)を以賜之、白銀十枚、小配也、
女院(二條舍子、青綺門院)よりも被召同賜之、金五百疋、
一、知恩院大僧正(曹譽澤眞)之御礼參　内、附葉室申上、御用被爲在ニ付無　出御之由被示、兩人出虎間申渡了、入院・大僧正兩事之御礼也、大僧正之御礼ハ當役令沙汰之、入院之御礼ハ大典侍(柳原忠子)之沙汰也、
廿五日、

一、巳半剋參　内、

關東ヨリ京都藥園ノ藥種進獻サル

一、關東ゟ當地藥園之藥種一箱進獻、如例伊豫守(阿部正右)書狀附植松前宰相(賞雅)披露、御挨拶如例可相達哉伺之、宜申達被　仰出了、

廿六日、

一、申剋參　内、

内侍所臨時神樂出御ナシ

一、今夜　内侍所臨時御神樂也、無　出御、

廿七日、

御配アリ

「(補書)一、午斜參　内、(衍)參内、召　親王(英仁親王)、賜御配、白銀貳枚、」

次將鉾修復ノ下行米ハ新嘗祭殘米ノ内ニテ申付ク

(123ウ)

一、次將鉾十二本修復出來ニ付下行米三石八斗、大藏省より注進、頭中將(今城定興)被差出、新学(嘗)祭殘米之内ニゐ可相渡、賄頭へ申付了、

關東ヨリ進獻ノ藥種ヲ浦野玄泰ヘ下サル

一、關東より進獻之藥種浦野玄泰に被下之、帥卿(山科頼言)被申渡、兩人立會、

即位無事ニ濟

一、御即位無爲被爲濟ニ付、御内々有御祝、依之、兩人・議奏衆被申合、御盃臺高砂、以表使

ム故内々ノ御祝アリ

附長橋(梅溪直子)獻之、(近衛内前)殿下より草紙・破子被獻之、

御學問所ニ出御
御前ニ召サレ吸物等ヲ賜ハル

一、申剋許　出御于御學問所、攝政殿・兩人・議奏・三卿(石山基名・綾小路有美・難波宗城)・近習・同小番御免召　御前、賜吸物・酒・肴、御宴子剋許事終、有發聲、以大御乳人(鴨脚茂子)爲御祝賜絹一匹・綿ホ、

廿八日、

一、巳半剋參　内、

煤拂

一、常御所御煤掃也、如例、

志明院等ノ開帳ハ差支ナシト武邊ヨリ申來ル

一、岩屋・竹田不動院來春開帳、於武邊無差支由也、御附以遠江守(長田元鋪・田付景林)(衍)(藤嶋成允)示之、

一、岩屋・竹田開帳之願書附平松中納言(時行)、」

(124オ)

廿九日、

一、巳半剋參　内、

正月ノ式ヲ議奏ヨリ渡サル

一、正月式葉室前大納言(頼要)被渡了、

石清水八幡宮祠官諸禮參内

○田中權僧正(正清)來春諸礼參　内之節、如例御師職之訳を以御太刀馬拜領之事願書、攝(近

ノ節太刀馬拜領ヲ願フ

政殿（衞内前）へ申入、附葉室前大納言伺之、

廿日、

歲暮御禮

一、巳半剋參　內、賀申歲末、

長樂寺御代始ノ開帳ハ武邊ニ差支ナキヤ禁裏附へ示ス

一、東山長樂寺御代始ニ付來春開帳之事令沙汰武邊無差支哉、聞合可被申聞御附（長田元鋪・田付景林）へ示了、兩士退出故、大判事（町口是彬）へ申達、以手紙可申遣示了、

（124ウ）

（約二行分空白）

（空白）

公武御用日記

十八　明和元年自正月至十二月

兼胤本年五十歳、正二位、權大納言、武家傳奏、

是歳

天皇　後櫻町天皇

攝政　近衞内前

武家傳奏　廣橋兼胤

姉小路公文

議奏　葉室頼要

山科頼言

平松時行

飛鳥井雅香

植松賞雅

將軍　德川家治

京都所司代　阿部正右（五月朔日免）

阿部正允（六月二十一日任）

禁裏附　長田元鋪

田付景林

（表紙外題）

「八槐御記　公武御用部　爲明和元寶暦十四自正至十二　十八」

（原表紙）

明和元寶暦十四甲申歳

公武御用日記

兼胤

（原寸縦二四糎、横十六・六糎）

（小口書）

寶暦十四正ヨリ十二迄明和元

(1オ)

寶暦十四甲申年　六月二日改元、爲明和元年、

正月　御用番姉(公文)小路家

月番公文

元日、

一、丑剋過參　內、

四方拜出御ナシ

一、今曉四方拜、設御座、無　出御、

參賀
近衞家へ赴キ拜禮ス

一、巳剋參　內、申年賀、於御學問所御對面如例、其後改束帶、參近(內前)衞家拜礼、

禁裏附ヨリ年賀

一、御附(長田元鋪・田付景林)以取次示年賀、兩人出候所、述賀辞、

小朝拜簾中へ出御

一、小朝拜、簾中　出御、拜禮如例、

節會出御ナシ

一、節會、無　出御、

二日、

親王准后ヘ参賀

一、親王(英仁親王)・准后(一條富子)御方江参上、申年賀、

参賀

一、巳斜参　内、賀申、於御學問所御對面如例、

所司代施薬院迄参居ス

一、伊豫守(阿部正右)施薬院迄參之由御附(長田元鋪・田付景林)申、飛鳥井前大納言(雅香)江申、可召之由被示、可召遣之由御附へ示了、

所司代参内シ年賀ヲ申入ル

一、伊豫守参　内、昇車寄、候鶴間、兩人出逢、伊豫守申年賀、〔示脱カ〕可申上之由退入、議奏被出逢、兩人」附飛鳥井言上、御挨拶相心得可申述之由申入、還出、及言上目出被　思召之由示之、誘引于候所、大御乳人(鴨脚茂子)・大和(松波資邑女)被出逢、有口祝、右京大夫述長橋(梅溪直子)之口上、次賜菱葩・雉子燒・溫酒三獻、巡流如例、

祝盃

三獻了後伊豫守乞予盃、擬之、轉同役(姉小路公文)、返盃之後予挨拶、御附へ有盃事、返杯之後予江返納盃、御礼申伊豫守退出、

所司代ト申談ズル條々

於虎間申談条〻

所司代ヘ年禮日取ノ事

一、兩人・議奏・三卿(石山基名・綾小路有美・難波宗城)來四日巳剋爲年礼可參、以切紙問合、無指支可行向之□(由)也、

關東ヘノ年頭竝ニ即位御祝儀勅使等参向時節ノ事
改元ノ日限治定ナキ故着府ノ日取ヲ尋ネ合ハサズ

一、關東江年頭・　御卽位ホ之御祝儀　勅使其外參向時節、毎春三月一日可致着府哉之事今日雖尋合、今年未改元定日限無御治定候、仍今日不尋合候、尤改元之節兩人必不致在京候而ハ御差支ニ相成候と申儀ニ而も無之候へ共、天下之重事ニ候得者、

天下ノ重事ナレバ改元後參向スベシト攝政命ズ

關東ノ様子ヲ聞合ハス様所司代ニ示ス

新年号御治定關東江被仰進候も兩人より豫州江相達可然之間、改元後參向候様攝（近衞内前）政殿被命候、公武御祝儀御使御往來も有之事ニ候へハ勿論ニ候へ共、」（2オ）改元後御使之儀にも無之候へハ、兩人參向候而も御指支有之間敷於兩人ハ存知候へ共、重事ニ候得者、孰共於兩人者難申候、尚又關東之御様子をも被聞合、例之比參向可然哉、宜被加了簡示之、

老中へ懸合フベシト所司代答フ

伊豫守委曲承知、一存ニ左右難申候、年寄共へ懸合追而可及挨拶之由也、

女院へ參賀

一、女院（二條舍子、青綺門院）御所江參賀、賜祝酒、

節分

三日、　今夜節分也、

參賀

一、巳半剋參　內、賀申、於御學問所御對面如例、

四日、

所司代へ年賀

一、巳剋兩人同件（狩衣・差貫）、向伊豫守（阿部正右）役宅、面謁、賀關東之靜謐、述年賀、次兩人持參之太刀折紙用人持出、豫州取之頂、了有會釈、兩家之雜掌目見、了移小書院、蓬萊・茶・多波古

所司代ヨリ示サルル趣
改元ハ正月廿八日ニテ差支ナキヤ關東ヘ尋合ハス
（2ウ）
朝鮮通信使來朝セル故延引アル様申來ル
來朝ノ時節ハ知レ次第關東ヨリ申越ス
町奉行ヘ年賀
改元延引ニツキ攝政ヘ申入ル
餘儀ナキ事故延引スベシト攝政命ズ
卽位祝儀關東使ヘノ御推任

出、伊豫守示云、」

改元定正月廿八日御治定在之、於關東無差支哉尋合之趣申遣候処、朝鮮人來朝其比不相知之間、正月下旬御延引有之候様ニ兩人ニ可申談申來□〔候〕、尚來朝之比相知次第可申越之由、當月下旬御延引有之候様ニ宜取計之由、書付を以示之、

兩人申云、攝政殿〔近衛内前〕ヘ申入可及返答之由、示了、

次起座、向兩町奉行〔小林春郷・松前順廣〕亭、述年賀、歸宅、

一、午斜參　內、

一、改元定當月下旬御延引之事伊豫守示之趣、攝政殿ニ申入、書付入御覽、無余儀事ニ候間御延引有之候様御取計可被成候、來朝之比相知次第早々申來候様ニ尚又老中可相達候、其上又改元定御日取可被及內談之由、伊豫守ヘ可申達被命、以書付申遣了、

五日、

一、巳半剋參　內、

一、御卽位御祝儀□〔使〕々推任敍可任　叡慮被申付之由老中之奉書、攝□〔政〕□〔殿〕〔近衛内前〕ヘ申入、附平□〔松〕□〔中〕〔時行〕」

納言言上、聞召之由、奉書返賜了、

敍ハ叡慮ノ通リタルベシト申來ル（3オ）

一、千秋万歳・狙曲如例、

千秋萬歳狙曲

一、平松中納言被申、御卽位後御祝儀御能、來月四日・五日如先格可被　仰付、無御差支哉致吟味可申上之由也、翌六日、此趣示御附、（長田元鋪・田付景林）伊豫守ニ申達明日可返答之由、（阿部正右）御附申了、七日、無差支之由御附申、飛鳥井前大納言へ申入了、（雅香）殿下へも申入了、

卽位後祝儀能ノ日取ニツキ所司代ヘ尋合ハス

六日、

一、巳半剋參　內、

一、明日白馬（節）□會白晝被行ニ付、非役之衆高遣戸階昇降有之間敷、幷無名門之西方ニ警固仕切有之、夫より東ニ下部被入間敷之由、心覺之書付を以近習花山院、（兼濟）・內々鷲尾、（隆熙）・外樣西園寺、（賞季）・御兒葉室一位、（賴胤）息より傳達、（葉室賴要）申達、未勤之親族へも可被傳示了、

明日白馬節會行ハル

通行ニツキ堂上中へ申達ス

七日、

一、辰剋過參　內、於御學問所御對面如例、

一、白馬節會、白晝被行之、無　出御、未剋過被始、申半剋宴終、

白馬節會出御ナシ

□(八)日、

□(二)巳半剋參　内、

(3ウ)

太元帥法初日

一、太元帥法依初日、理性院大僧正(道雅)參　内、持參鏡、奉移(映)　宸影、御陪膳松木前大納言(宗長)、修御加持、」

卽位後祝儀能ハ來月四日五日ト仰出サル

一、御卽位後御祝儀御能來月四日・五日被　仰出之由、植松前宰相(賞雅)被示了、

九日、

一、巳半剋參　内、

御幸始延引

一、今日御幸始御延引、

伏見宮貞子女王ト徳川重好トノ婚姻ニツキ御悅ヲ仰遣ハスベキヤ所司代ヘ内談ス

書狀ニテ仰遣ハス樣申來ル

攝政ヘ申入ル

親王ヨリモ仰遣ハス

女院竝ニ准后ヘモ申入ル

一、去年十二月四日田鶴宮(伏見宮貞子女王)徳川宮内卿(重好)へ婚姻相濟候由、伊豫守(阿部正右)より申來候、仍先格致吟味候処、右衞門督(徳川宗武)享保廿年十二月婚姻相濟候節、關東へ以書狀御悅被　仰遣候、刑部卿(徳川宗尹)節ハ不申來候故、不及御悅之沙汰候、仍伊豫守へ及内談候処、以書狀御悅被　仰遣可然候、御祝儀被遣物ニハ不及候由申來候由、攝政殿(近衞内前)へ申入、附帥(山科頼言)言上、御悅如先格可取計候哉、親王(英仁親王)御方よりも可被　仰遣哉、伺之、宜取計被　仰出了、

「(補書)右之趣、女院(二條舎子、青綺門院)ニ同役(姉小路公文)參上被申上、召　准后(一條富子)取次、西市正(鳥山吉記)、宜取計之由被仰出了、」

佐竹義敦四品侍従成ノ老中奉書等ヲ攝政ヘ申入レ言上ス

（4オ）

十日、

一、巳□〔半〕剋參　内、

一、佐竹□〔右〕京大夫□□〔源〕〔義〕敦、從四位下・侍従被申付之由老中奉書宝暦十三十二月九日、・姓名書ホ、攝政殿〔近衛内前〕へ
□〔申〕、附平松中納言〔時行〕言上、

即位後祝儀能ノ太夫ノ事等ニツキ能奉行示ス

一、能奉行石井宰相〔行忠〕・伏原三位〔宣條〕、被示、來月四日・五日能太夫左之通被　仰付候、今度ハいつれをおも太夫ニ被仰付候と申儀無之、五人同等ニ被　仰付之由也、

片山九郎右衛門〔豊慶〕　山本善十郎　野村八郎兵衛　川勝權之進　竹内平七

九郎右衛門頭取、善十郎乱、八郎兵衛初日之三番目、權之進道成寺、且依有家例御末廣被下候由御沙汰ニ候由、被示了、

延享度ハ主太夫へ下行米四十石ヲ他ノ太夫ヘハ金三兩宛ヲ下サル

今度ハ四十石ヲ五人ニテ配分シ更ニ金三兩宛下サル

四十石ノ下行ニテハ賄不足セル故今度ハ補ヲ御臺所ヨリ出サル

延享度迄ハおも太夫壹人被仰付、爲下行米四拾石被下、以此下行兩日樂屋之賄を致候、次ノ太夫金三兩宛□〔被〕下候へ共、此度五人同様ニ被　仰付候間、右四拾石を五人に被下致配分、且又五人に金三兩宛被下候様ニ御附〔長田元鋪・田付景林〕へ□□〔可〕〔申〕立下奉行申候由、被示、尤ニ存候、其通ニ彌被取計可然由示之、又被示云、四拾石ニてハ兩日之賄甚不足候、是迄自分ニ補候事ニ候へ共、此度不足之補御臺所より取賄候様ニ可致候由被示、是又尤之由答了、初日ニ杉

折・樽ホ被下候も、此度ハ五人に被下候様こ可取計之由也、」

御前ニ召サレ多葉古入ヲ賜ハル

(4ウ)

一、入夜兩人・議奏衆召　御前、賜御多葉古入、貳、

神宮奏事始

十一日、神宮奏事始如例、不相詰、

所司代役宅ヘ赴ク

徳川重好婚姻ニツキ御悦ノ書狀ヲ渡ス

一、巳剋兩人狩衣・差貫、同件向伊豫守(阿部正右)役宅、面謁、旧臘四日德川宮內卿(重好)婚姻相濟、禁裏(後櫻町天皇)・女(二條舍子、青綺門院)院・親王(英仁親王)・准后(一條富子)被　聞召目出被　思召候由、宜有沙汰候由兩人より伊豫守宛之書狀持參、渡之、伊豫守落手、早速關東へ可申遣之由也、

兩傳奏自分ノ賀詞ヲ申述ブ

次兩人自分之賀詞申述了、享保廿(年)□十二月廿六日德川右衞門督(宗武)婚姻相濟之節、御歡被仰進、先役自分之御悅申入例之通取計了、(葉室賴胤・冷泉爲久)

新年號ニツキ關東ヨリ返答中來ル

伊豫守示云、新年号之事關東より返答有之由、任先格書狀并新年号書付渡之、

新年號ハ明和

明和　奉書三横折、以同帋爲表包、

兩號ノ中明和ノ方然ルベシト將軍思召ス

別紙ニ明和ノ文字書カレ到來ス

書狀之趣、明和・天明兩号之中別ゐ明和可然と被　思召候、別紙明和之文字書付到來之由也、

兩人承知、可令沙汰之由申了、」

(5オ)

一、午□(剋)前參　內、

關東ヨリ返答ノ趣ヲ攝政ヘ申入ル

一、新年号關東より返答有之趣書狀・別紙ホ、攝政殿(近衞内前)へ申入、宜及返答被命、□□(書)(狀)・別紙共
兩人方ニ可預置被命了、

所司代ヘ返書ヲ遣ハス

一、伊豫守江之返書遣之、此度書狀ニ而差越ニ付、書狀躰ニ而返翰差遣之、同役(姉小路公文)自筆ニ被認之、毎度此通也、改寛延四年爲宝暦之時ハ切紙ニ而越ニ付、切紙ニ而及返答了、

返書ノ趣

(封狀)年号改元之儀ニ付旧臘廿二日申入候趣、委細關東江被及言上候処、
明和・天明兩号之內、別而明和可然と被　思召候、則別紙明和之
文字書付到來ニ付、被差越、則令沙汰候、以上、

正月十一日　姉小路前大納言(公文)
廣橋大納言(兼胤、以下略ス)

阿部伊豫守殿

伊豫守承知之由、□(再)答有之、

太元帥法中日

一、太元帥法依中日、阿闍梨(道雅)參上、有御加持、清涼殿　出御如例、

賀茂奏事始

□□(十)(二)日、　賀茂奏事始如例、不相詰、

(5ウ)

□(一)巳半剋參　內、」

即位ノ節ニ用フル几帳ヲ御用後ハ御常用ニ用フル三基ニテハ手支故更ニ一基ノ調進ヲ御手沙汰ニテ仰付ケラル

一、去年　御卽位ニ付御几帳三基武邊之沙汰ニ而出來候、御卽位之節御用後御常用ニ被用候処、三基□〔二〕□〔而〕ハ御手支有之ニ付、今一基調進之事、山科家へ被仰付候由、爲祿物之下帳山科前(賴言)中納言被差出候、此度ハ御手沙汰□〔二〕而出來有之候樣ニ宜□〔被〕取計之段、御附(長田元鋪・田付景林)へ申渡、右之下帳相渡了、御附兩士承知之由答了、

十三日、

一、巳半剋參　內、

圓滿院年禮

御加持ノ事仰出サル

一、圓滿院(祐常)前大僧正參　內、兩人出逢、被申年賀、御加持之事被伺、附植松前宰相(賞雅)申入、四横折書付附之、御加持之儀被仰出、則申達了、

院家年禮

常住金剛院眞乘院ヘ御加持ノ事仰出サル

一、院家輩兩人出逢、各申年賀、附植松言上、台宗第一常住金剛院前大僧正(實恕)・密宗第一眞乘(有證)院僧正兩僧書付、御加持之事伺之、則被仰出、兩僧へ申渡了、

天脈拜診ノ醫師ヲ伺フ

(6オ)

一、天□〔脈〕拜診之□〔醫〕□〔師〕藤木土佐守(成敬)・中山玄亭(永貞)・中村靜安(和恒)・生駒元珉(光長)・浦野玄泰・古野周德、書付附同卿伺之、則被□〔仰〕□〔出〕、□〔右〕六人ニ申渡了、

東照宮奉幣使ヲ池尻榮房ニ仰出サル

一、東照宮奉幣使順番書付可被越之由、頭中將(今城定興)へ申之、則書付被差越、池尻宰相(榮房)、(姉小路公文)同役書改、附同卿伺之、則被　仰出、池尻伺候之間、於御詰廊下兩人・植松列坐、同役被申渡、御請

順番ハ阿野公縄ナレドモ榮房トセル子細公縄ノ行狀ヲ鑑ミ攝政ノ命アリ

諸禮
圓滿院
院家
諸寺
非藏人
八幡宮社務等
醫師

御代始故八幡社務田中正清ヘ太刀馬ヲ賜フ

（6ウ）

前田利與四品成ノ老中奉書等ヲ内覽ニ入レ言上ス

也、
頭中將被示云、雖非順番、池尻を書付可被差越内ゝ殿下（近衞内前）御命ニ付、被書付候由被示、仍聞其子細、被示云、則内ゝ攝政殿へ被伺申候処、順番阿野宰相中將（公繩）所勞之由ニゐ、關東代替自分之下向斷ニゐ年ゝ不被參向之間、次之順を被書付候様被命候、此外ニも少ゝ子細も有之候由被仰之由也、

一、未半剋過　出御于清涼殿、圓滿院・院家・□（諸）寺・非藏人御對面、次於御學問所更圓滿院御對面、入　御之後賜　天盃、次　出御于小御所、八幡社務檢校（新善法寺祐清）・□（前）檢校（善法寺統清）・別當（田中正清）・清水成就院（清巓）・聞名寺・小森典藥助（量亮）・醫師ホ　御對面、土佐守已下六人診天脈、事ゝ如例、

○田中權僧正（正清）於小御所御礼相濟之後、於虎間以頭中將定興朝臣賜御太□（刀）御馬、注三横折、定興（今城）朝臣持出賜之、馬代黄金一枚、乘臺、非藏人持出、田中□（權）僧正謹頂戴、伊光（廣橋）列坐、予可列之処、醫師之御礼未相濟ニ付、伊光令列坐、右之趣攝政殿へ伺定了、田中畏存之段、攝政殿・植松前宰相に予申入了、

右、御代始ニ付御師職ニ依テ賜之、御礼献□（上）物有之、其品ハ奏者所に差上了、

一、松平出雲守藤原利與（前田）、從四位下被申付之由老中奉書宝暦十三年十二月十八日、・姓名書ホ、殿下□（へ）申入、附植松言上之、如例可取計被　仰出了、

十四日、

一、巳半剋參　内、

太元帥法竟日

一、太元帥法、阿闍梨理性院大僧正(道雅)・同弟子宝光院少僧都□(參)上、拜　天顏、阿闍梨持參御鏡、如例修御加持、

十五日、

徳川治保ノ口宣等ヲ使者ヘ渡ス

一、水戸少將口(徳川治保)　宣・〻旨・位記等、於同役亭使者ヘ被渡如例、(姉小路公文)予不立合、

人日祝

一、巳剋參　内、賀申人日、於御學問所拜　天顏、

水戸家使者奏者所ニテ御禮ヲ申ス
親王御所ヘモ參上ス

(7オ)

一、水□(戸)□(少)將使者□(宇)□(都)宮彌三郎、（宰相(徳川宗翰)よりも御礼使、大森彌□(三)左衞門、」參奏者所之由、表使申出、兩人廻奏者所、謁使者、□(御)□(附)□(名)□(披)□(露)□(如)例、示可及披露之由、退入、以右京大夫長橋(梅溪直子)へ申入了、次兩人參　親王(英仁親王)御所、面謁、如奏者所、

長樂寺ノ御代始開帳ハ武邊ニ差支ナシ

一、東山長樂寺御代始ニ付開帳之事武邊無指支由、御附(長田元鋪・田付景林)申聞了、

十六日、

一、申□(剋)前參　内、

關東ヘノ年頭勅使等ノ事ヲ伺フ

一、關東ゟ年頭之　勅使兼　女院(二條舍子、青綺門院)・　親王(英仁親王)・　准后(二條富子)御使參向可被　仰出候哉、且又　御即位

即位御祝儀勅使等ノ事モ伺フ
正親町實連關東代替ノ禮ニ參向ノ事モ伺フ
伺ノ通リ仰付ケラル
女院使ハ石井行忠ニ准后使ハ大原重度ニ仰付ケラル
女院親王准后へ御禮

御祝儀勅使兼　親王使可被　仰出哉、　女院使石井前宰相(行忠)、准后使大原三位(重度)可被　仰出哉、御即位御使ハ四折ニ書付、攝政殿(近衞内前)ニ申入、附葉室前大納言(頼要)伺之、將又關東代替之礼、正親町前大納言(實連)無御用候ハヽ參□(向)可被　仰出候哉、攝政殿へ申、附同卿伺之、頃之伺之通被　仰出、年頭之御使・卽位御使兼　親王使兩人可參向被　仰出候□(由)被申渡、申御請、石井・大原召設之間、兩卿へ申渡、御請也、附葉室申上了、於便所賜祝酒、參　女院・　親王・准后、申御礼、攝政殿にも參上、申御礼了、昨日依爲御德日、今日伺定之了、

(補書)「一、正親町前大納言家來召姉小路家(公文)、參向之事申渡了、」

踏歌節會出御ナシ

一、節會、無　出御、

(7ウ)

十□(七)日、

一、巳剋過參　內、

關東年頭使ハ十五日ニ發足シ廿八日ニ上京ノ豫定

一、御附(長田元鋪・田付景林)以渡邊出雲守(珍亮)示云、由良播磨守(貞整)儀十五日關東致發足、道中無滯候ハ□(ヽ)、經木曾路來廿八日可致上京之段申越候由也、攝政殿(近衞内前)・議奏へ申入了、

舞御覽

一、舞御覽、午半剋過被始、中半剋過事終、事々如例、左右各五曲、

十八日、

一、巳半剋参　内

大乘院年始御禮ヲ願フ

一、大□(乗)院門跡(隆遍)上京ニ付年始之御礼被願、攝政殿(近衛内前)へ申、口上書附植松前宰相(賞雅)伺之、明十九日巳剋、参　内被仰出了、四足門可開之□(由)、以取次御附(長田元鋪・田付景林)へ示了、

長樂寺開帳ノ願書ヲ披露ス

一、御代始ニ付東山長樂寺開帳之願書、攝政殿ニ申入、附植松前宰相了、

三毬打

一、三毬打如例、

十九日、

一、巳□(半)□(剋)参　内、

大乘院年始御禮

（8オ）

一、大□(乗)□(院)門跡(隆遍)参　内、兩人出逢、被申年賀、此序謁五山、附帥卿(山科頼言)申上了、其後於清涼殿御對面、次南禪寺(蒼溟元方)・五山・養源院・法淨院ホ拜天顏、

南禪寺等年始御禮

廿日、

一、巳半剋参　内、

一、黑田大和守丹治直純、従四位下被申付之由老中奉書宝暦十三 十二 十八、・姓名書、攝政殿(近衛内前)へ入御覽、附平松(時行)中納言言上、如例可沙汰被仰出了、

黑田直純ノ四品成老中奉書等ヲ內覽ニ入レ披露ス

一、同役(姉小路公文)旧冬內〻被相願八十宮(吉子内親王)之旧地拜領之事、御所表無御入用候、於武邊差支有之間敷歟、先伊豫守(阿部正右)へ遂內談、無指支候ハヽ表向願出候様ニ可取計、攝政殿被命了、

公文拜領ヲ願フ八十宮舊地ハ御所表ノ入用ナシ所司代ヘノ內談ヲ攝政命ズ

一、四辻中納言(公亨)別當也、頃日被□(差)出勢多左衞門尉(章純)書付、火長是迄三人有之、御用之節ハ毎度語を加御手支ニも相成候間、兩人被加增、看督長之通□五人ニ而相勤候様致度由、尤判官仲个間何之所存も無之、火長仲个間よりも右之段相願候由、尤無祿之者ニ候間、被加子細在之間敷候由申入、願之通兩人加增可申付被命了、四辻へ申渡了、

火長ヲ二人增ヤシ看督長同様ニ五人トシタシト検非違使願出ル

(8ウ)

一、去〻年（空白マヽ）　關東へ御內慮被　仰遣妙顯寺(日唱)願紫衣之事、年齡も[抹消]（も有之、）」二祖(妙實)之遠忌を申立候間、勅許被遊候様ニ申來候由伊豫守より申越書付、攝政殿へ申入、附平松中納言上、御挨拶如例可申達之由申入了、願書翌廿一日附葉室(頼要)返上了、

去々年御內慮ヲ仰遣ハス妙顯寺ノ紫衣願ハ勅許アル様關東ヨリ申來ル

右ニ付伊豫守より別紙至(到)來、妙顯寺願書被差戻、其上　勅許有之候様ニ年寄共より申來候由書付、攝政殿へ申入之処、願書被差戻其上　勅許被　仰出候而ハ、願ニ付　勅許ニ而ハ無之、依　思召　勅許被遊候趣ニ相成、(御推任敍同様ニ而、御沙汰重く相成候、)右之通ニ而彌於關東御差支有之間敷哉、寺

願書ハ差戻シ勅許セル様老中ヨリ申越ス差戻サバ思召ニテ勅許セル事トナリ重キ御沙汰トナル

差支ナキヤ所司代へ内談セル様攝政命ズ

例ニも相成候事故、今一往爲念伊豫守迄可及内談被命了、

廿一日、

一、巳半剋參　内、

廿二日、

一、巳半剋參　内、

即位祝儀能ノ節ニ所司代へ下サル物ニツキ伺フ

一、御能之日阿部伊豫守（正右）へ被下物、先格之通享保・延享、書付附飛鳥井前大納言（雅香）、伺之通被　仰出、

翌廿三日、伊賀守（飯室義矩）へ同役（姉小路公文）被申付了、

眞御太刀　一腰□□〔是〕〔ハ〕於御表以兩人被下候由演達之、

別段
御盃臺　一面　杉重一組　御樽□〔一〕荷是ハ於候所以大御乳人（鴨脚茂子）被下候由演□〔達〕被下、」

（9オ）

廿三日、

一、巳半剋參　内、

廿四日、

所司代役宅へ招カル
年頭勅使等ハ改元濟ミ朝鮮通信使京都通過後ニ參向セル様老中ヨリ申來ル

一、申剋前両人同伴向伊豫守（阿部正右）役宅、依招也、去二日申談年頭幷御即位御祝儀　勅使已下參向之事、改元定以後可參向、朝鮮人京を通過大坂に出立之後可致參向之段、自老中申來之由也、承知之由答了、此趣攝政殿（近衞内前）に委細申入了、

一、參　内、

和歌御會始

一、和哥御會始也、亥半剋過　出御、披講如例、丑剋事終、

即位祝儀能ニ所司代攝家門跡ヲ召サル
宿直ノ北面ヲ申付ク

（補書）「一、來月四日御能卯剋被始、五日卯半剋被始、兩日共伊豫守被召、五日大乘院門跡（隆遍）・圓滿院（祐常）門跡被召之段可申達、幷宿直之北面如例可申付之由、帥卿（山科頼言）被示了、」

廿五日、

一、巳半剋參　内、

泉涌寺願フ開帳ノ事ハ勝手次第タルベシ
辻々ノ立札ニ勅許ト書付ケタシト泉涌寺願フ

（9ウ）

一、此度泉涌寺相願厄除觀音其外靈佛・靈宝諸人に爲拜之儀相願（衍）、勝手次第と御沙汰有之候、尤武邊にも相願是又相濟候由に候、依之、辻々之立札に　勅許と申儀書付度」由願候ゐ、寺門傳奏勸修寺（經逸）ゟ被指出候、未令沙汰候、若及沙汰　勅許字書付候事被差免候ゐも、武

武邊ニ差支ナキヤ町奉行ヘ内々懸合フ様禁裏附ヘ示ス

邊ニおゐて差支有之間敷哉、兩人心得迄ニ念之爲承置度候、町奉行（小林春郷・松前順廣）に内々急度なく被懸合可被申聞之由、長田越中守（元鋪）へ示含了、卅日、於武邊無差支之由、筑後守（田付景林）申聞了、

廿六日、

一、巳半剋參　内、

和歌御當座始簾中ニ出御

一、御當座始也、小御所吟場如例、但簾中　出御也、

廿七日、

一、巳半剋參　内、

年頭御禮關東使上京ス
攝政ニ申入レ言上ス
明後日參内ノ事等ハ伺ノ通リ仰出サル
親王ヘ參上ノ事モ仰出サル

一、年頭之關東使今朝上京ニ付參　内ホ之儀宜沙汰之由、伊豫守（阿部正右）書狀到來、攝政殿（近衛内前）御退出ニ付、以書狀右之趣申入、可令沙汰被命、附飛鳥井前大納言（雅香）言上、明後廿九日巳剋伊豫守同伴參　内被　仰出、　御對面・　天盃可被下候哉、　親王（英仁親王）□（御）方にも參上可被　仰□（出）哉、伺之、伺之通被　仰出、

女院准后ヘ參上ノ事モ仰出 (10オ)

一、女院（二條舎子、青綺門院）□（に）參上之事、同役（姉小路公文）參上被伺之、被　仰出、准后（一條富子）に參上之事取次（鳥山吉記）長門守、召寄□□申入、

サル

關東使參內ノ用意ヲ申付ク

關東使旅宅へ赴キ關東ノ靜謐ヲ賀ス

諸大夫成ノ老中奉書等ヲ攝政ニ申入レ披露ス

可參上之由也、

一、申次頭中將（今城定興）・役送極﨟（慈光寺澄仲）□（ヘ）觸遣、出向（迎）之非藏人・掃除、播磨（鴨脚能光）に申付了、

一、申半剋兩人狩衣差袴・同伴向由良播磨守（貞整）役宅、面謁、賀關東之靜謐、播磨守伺當地之御機嫌、挨拶如例、了歸宅、於播州亭秉燭、

廿八日、

一、巳半剋參　內、

一、旧冬諸大夫成老中奉書・姓名書、攝政殿（近衞内前）へ申入、附植松前宰相（賞雅）言上、如例可沙汰被　仰出了、

十二月九日

従五位下　酒井修理大夫源忠貫、　有馬遠江守□（藤）原允純、　永井伊賀守大江尚備、

伊達和泉守藤原村賢、　井伊兵刀少輔藤原直朗、　佐竹壹岐守源義陂、

大關因幡守丹治增備、　下伊東伊豆守藤原長詮、　上酒井大和守源忠鄰、

織田筑前守平長恆、　松平内膳正源直泰、　松平駿河守源忠啓、」

(10ウ)

神保備前守惟宗茂清、　紀伊中納言陪臣(徳川宗將) 水野土佐守源忠寛、

十二月十八日

從五位下　鍋嶌和泉守藤原直煕、(從五位下侍從)大澤相模守藤原基典、

右老中奉書一通充相添、

廿九日、

長橋局ヨリ使來ル

一、卯剋前　御所より御使町口大判事(是彬)來、爲長橋局(梅溪直子)(奉脱)、今日關東使招ニ付鮮鯛二尾拜領之、應對如例、

年頭御禮關東使上使トシテ入來ス

一、辰剋爲上使由良播磨守(貞整)來、以內書賜太刀馬代黃金壹枚、同役(姉小路公文)入來、田□(付)筑後守(景林)爲執持入來、設二獻、獻酬ホ如例、次羞朝饌、

一、巳剋參　內、今朝御肴拜領之御礼申入、

關東使所司代施藥院迄參居ス

一、由良播磨守・阿部伊豫守(正右)施藥院迄參□(之)由、田付筑後守示之、長田依所(元鋪)□(勞)不參、可召寄哉之由談帥(山科頼言)卿、可召之由被示、以雜掌示之、」

(11オ)

關東使所司代參内ス

一、播磨守・伊豫守同伴參　內、候鶴間、兩人出逢、播磨守述大樹(徳川家治)・若□(君)(ノチ徳川家基)之口上、渡內書、

将軍及ビ世子ノ口上ヲ關東使申述ブ
三家ノ口上ヲ關東使述ブ

所司代へ申談ズル趣

改元ハ朝鮮通信使京都通過後ノ三月下旬トナルヤ
四月ハ櫻町院忌月
三月下旬モ測リ難キ故五月ニ行フベシ

年頭竝ニ即位御祝儀ノ勅使參向ハ四月タルベキヤ五月タルベキヤ

(11ウ)

追テ挨拶スベシト所司代答フ

公文願フ八十宮舊地拜領ニツキ内談ノ書附等ヲ所司代ニ渡ス

兩人承之、內書披見如例、姉小路（公文）入懷、述可申上之由、次播磨守述紀伊中納言（徳川宗將）・尾張中
納言（徳川宗睦）・水戸宰相（徳川宗翰）等之口上、兩人答可申上之由、退入、議奏・〔昵〕〔近〕□□被出逢、
於▨〔虎〕間伊豫守江申談、
一、改元定之儀、朝鮮人歸國之節京都を經過候後被行候樣、先達而老中より申來候、
三月中旬迄ニハ經過候而、下旬ニハ改元被行候樣ニ可相成候哉、四月ハ　櫻町院御
忌月故、改元被行候儀難相成候、三月下旬も難測候ヘハ、五月ニ可被行候、㝡早
今朝京都を通行〔候〕□間、大概之積ハ可致出來欤、尚被相考、改元之時節早老中より
被申越之樣ニ致度候、且又年頭・御即位等之　勅使已下參向、改元定相濟候後と
先達而申來有之候へ共、改元五月ニ可相成候ハヽ、是ハ御忌月之御構無之候間、」
四月中ニも參向被仰出可然欤、夫共五月改元定已後彌參向被　仰出可然欤、關東表
被聞合可被申聞之由、示之、伊豫守承諾、尚追而可及挨拶之由也、
次予一人申談、姉小路予迄內談之書付幷申達心覺之書付渡之、
姉小路前大納言儀、是迄拜領屋敷地無之ニ付、別紙之通兼胤迄及內談候、仍攝〔近
衛内前〕政殿江申入候処、八十宮（吉子内親王）之旧地於　御所表御入用之御沙汰無之候、於關東御指

屋敷地拜領ヲ願ヒ仰付ケラルル例ヲ書付ク

支無之候ハヽ表向相願候樣可申達、先其元迄可及御內談被命候、屋敷地無之依
(願)□拜領被　仰付候例、別紙書付爲御心得令進達候事、

例書

別帋

「庭田(重熙)前大納言
石山(基名)三位
藪(保季)中將

(12オ)

右、拜領屋敷無之ニ付、願之通屋敷地拜領被(平出)　仰付候事、

公文ノ願書

別紙
是迄拜領屋敷地無之ニ付、只今二條(重良)家明地致借用住居候得共、御役中之儀別而
難澁も有之候間、八十宮旧地無御用候者、拜領之儀願申度存候事、
十月　　　　　　公文(姉小路)

公文屋敷ノ門前挾少不便ナル事ヲ物語ス

右伊豫守承諾、關東江懸合追而可及挨拶之由也、姉小路門前至而行積り往來行違ホ難
澁、令物語了、

關東使參內ス
御前ニテ口上

一、播磨守參　內候、口上參　御前可申上候哉、且播磨守儀來月一日巳剋長橋へ被召御返」

申上グル事竝ニ御返答ノ事等ハ伺ノ通リ仰出サル
親王ヨリ御返答ノ事等モ仰出サル

(12ウ)

答被　仰出歸府之御暇拜領物可被　仰付候哉、親王(英仁親王)よりも御返答被　仰出拜領物可被
仰付哉、附帥卿伺之、口上參　御前可申上、其外伺之通被　仰出、將又追付可有　御對
面之由也、兩人出鶴間、追付可有御對面之由告之、

内書ヲ天覧ニ備ヘ口上ヲ申上グ
三家ノ口上モ申上グ

一、兩人召　御學問所、攝政殿御伺候、内書備　天覽、口上申上、幷三家(德川宗睦・同宗將・同宗翰)之口上ホ申上、退、
候清涼殿下段、

出御
關東使所司代布障子前ニ候ス

一、西面御座ニ　出御、ゝ座定後兩人出鶴間、告　出御之由、播磨守・伊豫守誘引、令候□〔布〕
障子前、

將軍ヨリ進獻ノ太刀折紙ヲ披露ス
世子ヨリ進獻ノ太刀折紙ヲ披露ス
關東使所司代自分御禮

一、大樹より進獻之御太刀折紙予披露、(錦小路頼尚)差次役送、播磨守昇中段、拜　龍顏、□〔退〕、次若君より進獻
之御太刀折紙姉小路披露、(北小路俊名)江藏人役送、播磨守昇中段、拜　龍顏、退、次□〔自〕分之御礼、申次頭中(今城定興)
將、先播磨守持參太□〔刀〕折紙、置中段、於庇拜　龍顏、退、次伊豫守同上、□〔了〕退鶴□〔間〕、

入御
天盃ヲ賜フ

(13オ)

一、入　御之後更誘引、令候布障子前、於中段□〔賜〕天盃、(柳原)手長光房、□〔先〕播磨守、次伊□〔豫〕守頂」戴、

攝政ニ關東使所司代謁ス

了退鶴間、次□〔又〕誘引於議定所、攝政殿被謁、次兩州退鶴間、兩人出席、兩州申御礼、兩
人先參　親王・准后(一條富子)御廬、

關東使所司代親王准后ニ參

一、兩州參　親王御方・准后御方、兩人出迎、請御客間、對坐、播磨守□□〔親王〕に之御□□〔口上〕申

上ス
親王ヘノ口上ヲ關東使述ブ
准后ヘノ口上ヲ關東使述ブ
關東使所司代女院ヘ參上ス
女院ヘノ口上ヲ關東使述ブ
御暇拜領物ノ事ヲ女院及ビ准后ヘ伺フ
上使トシテ公文邸ニ關東使入來ス
關東使旅宅所司代役宅ヘ禮ニ赴ク
今年ヨリ年頭祝儀ヲ世子進獻ス
進獻ノ品

述、兩人承之、退、還出、御返答追ゐ可被　仰出之由示之、次准后之上﨟おさえ（五辻盛仲女）被出逢、宮内（鴨脚相光女）・梅田相添、□〔有〕口□〔祝〕、播磨守口上申述、大樹・若君幷三家、如親王に之口上、おさえ退入、還出、御返答追□〔ゐ〕可被　仰入之由申述、退入、次兩人先參　女院（二條舍子、青綺門院）御所、

一、兩州參　女院御所、兩人出迎、請御客間、對坐、兩局（石井局・小督局、綾小路有子・西洞院範子）被出逢、有口祝、播磨守述口上、兩局退入、還出、御返答追ゐ可被　仰出之由申述、退入、兩州退出、兩人廊下迄送出如例、

來月一日御暇拜領物之事、於　女院・准后伺定了、

一、向姉小路亭、改着直垂、爲上使播磨守來、以內書賜太□〔刀〕馬、有二献如例、

一、兩人同伴爲上使之礼向播磨守旅宅・伊豫守役宅、」（13ウ）

廿日一、若君より年頭御祝儀今年始ゐ進獻、

禁裏（後櫻町天皇）に　御太刀一腰・白銀百枚　女院に　白銀廿枚　親王に　御太刀一腰・白銀廿枚　准后に　白銀廿枚

廿日、

一、巳半剋參　內、

高辻俊丸ノ養子相續ヲ桑原為彬願フ

一、桑原大學頭為彬、病氣危急之処依無相續之人躰、高辻前中納言（家長）末子俊丸（ノチ桑原忠長）十二才、相續之儀一家（東坊城）綱忠卿・家長卿・（唐橋）在家卿・（五條）為璞朝臣・（清岡）輝忠、才願書、攝政殿（近衛内前）に申入、附平松前中納言（時行）言上、關東に□（御）内慮可申達被　仰出、

泉涌寺開帳ノ立札ヘ勅許ト書加フル事ハ勝手次第タルベシト御内儀ヨリ仰出サル

□（一）泉涌寺開帳之立札、辻〻に之立札、　勅許之二字書加度由願書、攝政殿□（へ）□（申）入、以大御乳人（鴨脚茂子）御内儀へ窺之処、　勅許之二字御免被　仰出、勸修寺（經逸）へ可為勝手次第可被申付□（申）渡了、」

月番兼胤

（14オ）

□（二）月　　御用番兼胤

朔日祝

朔日、

公文邸ニテ關東使ヲ饗應ス

一、卯半剋向姉小路（公文）家、着直垂、播磨守（由良貞整）依饗□（應）也、事〻如例、

一、巳剋參　內、賀申當日、於御學問所拜　天顔、

關東使參內ス御返答ヲ演達ス

一、由良播磨守參奏者所之由、表使江坂、申出、兩人廻奏者所出會、先御返答申述、兼胤演之、
年頭御祝儀御使被差登、御目錄之通被遊御進獻、目出　御滿悅ニ　思召候、餘寒之節御安全被成御座、目出被　思召候、此旨宜被申入候、

若君(ノチ徳川家基)御方にも御同様ニ被　仰進候、
女院(二條舍子、青綺門院)・　親王(英仁親王)・　准后(一條富子)よりも　大樹公(徳川家治)・若君御方に御同様ニ被　仰入候、
紀伊中納言(徳川宗將)・尾張中納言(徳川宗睦)・水戸宰相(徳川宗翰)より年頭之御祝儀被献上、　御機□(嫌)□(之)□(御)事ニ候、
宜被申達候、　女院・　親王・　准后よりも御同様ニ被　仰出候、

御暇拝領物ノ事ヲ申渡ス

播磨守謹奉之、歸府候ゟ可及言上之由申、次歸府之御暇拝領物被　仰付候由申渡、女

女院親王准后ヨリノ拝領物ノ事モ申渡ス

院・　親王・　准后よりも拝領物被　仰付候由申渡、播磨守事ゝ畏申、女房拝領□(物)□(持)」

(14ウ)

獻酬

出、□(置)座前、頂戴、了引之、次菓子居、銚子出、獻酬如例、予□(飲)始、擬播磨守、轉(姉小路公文)同役、返盃、予に返盃、納之、次吸

關東使退出ス

物・溫酒三巡、毎度上使飲始、茶了申御礼退出、兩人襖口迄送出、後剋女房奉書可持向示之、

關東ヘ遣ハス即位御祝儀ノ品ヲ伺定ム

一、御即位御祝儀關東へ被遣物、附葉室前大納言(賴要)伺定之、田村圖書允に申付了、

御即位御祝儀

主上ヨリノ品

禁裏より　大樹に　眞御太刀一腰　御馬代黄金貳枚、一疋　『銀裝野太刀 眞御太刀延壽國資、』
御臺(閑院宮倫子)に　御絹紅白、十疋　二種一荷『二種昆布・干鯛』
竹千代(ノチ徳川家基)に眞御太刀一腰　御馬代黄金壹枚、一疋　『同 眞御太刀來國俊、』

女院ヨリノ品

女院より　大樹に　黄金一枚

御臺に　紗綾紅白、三巻　干鯛一箱
竹千代に黄金一枚

親王ヨリノ品

親王より　大樹に　御太刀一腰　御馬代黄金壹枚、一匹
御臺に　紗綾紅白、三巻　干鯛一箱
竹千代に御太刀一腰　御馬代黄金壹枚、一疋」

准后ヨリノ品

准后より　大樹に　黄金一枚
御臺に　紗綾紅白、三巻　干鯛一箱
竹千代に黄金一枚

(15オ)

所司代ヘ下サル眞太刀ヲ御覧ニ入ル

一、能御覧之初日伊豫守(阿部正右)へ被下眞御太刀鞘巻、一腰入御覽、相濟被返出、圖書(田村)允へ預置了、

關東ヘノ女房奉書出サル

一、女房奉書被出之、竹千代に之御挨拶も被書籠、當大樹(徳川家重)大納言之節、別ニ女房奉書不被出、大樹に之奉書ニ被書籠、仍此度其通也、

松平康年諸大夫成ノ老中奉書等ヲ内覽ニ入レ披露ス

一、松平河内守源康平(年)、従五位下諸大夫被申付之由老中奉書宝暦十四正月十五日、・姓名書、攝政殿(近衛内前)に申入、附葉室(前脱)大納言言上、如例可令沙汰被　仰出、

卽位ニツキ輕罪ノ者赦免ストノ所司代書狀ヲ内覽ニ入レ披露ス

一、御卽位ニ付於關東輕罪之者赦被申付之由伊豫□(守)書狀、攝政殿へ申入、附葉室言上、如例宜申達被仰出、

御能ノ節宿直ノ北面交名ヲ議奏へ附ス

所司代參內ノ用意ヲ申付ク

關東使旅宅へ赴キ女房奉書等ヲ渡ス

御能ノ節役送ノ事ヲ觸遣ハス

女房奉書ノ文箱ト封ヲ返納ス

一、四日・五日御能宿直北面交名、附葉室了、

一、四日・五日伊豫守召ニ付出向〔迎〕之非藏人・掃除之事、出雲(松室重義)□〔に〕申付了、鴨脚播磨(能光)依退出也、

(15ウ)

一、申半剋兩人同伴狩衣・指袴、向播磨守旅宅、渡女房奉書、添翰・挨拶狀ホ渡、

女房奉書竹千代より進獻物之御挨拶被書籠、親王に自大樹・竹千代進覽物之御挨拶、是又被書籠、

添簡一通　竹千代に御挨拶狀松平周防守(康福)充、一通

親王より大樹に之御挨拶狀一通老中充、　同竹千代に之御挨拶狀周防守充、一通

兩人內書之返答、老中充、予一通、姉小路一通

二日、

一、巳半剋參　內、

一、四日伊豫守(阿部正右)拜領物役送之六位、極﨟(慈光寺澄仲)へ觸遣了、

一、女房奉書之文匣・封、附飛鳥井(雅香)返納了、

三日、

所司代役宅ヘ赴ク
桑原爲彬ノ相續願ニツキ申入ル
（16オ）
桑原家ハ後西院取立ニテ靈元院ヨリ本家並ト仰出サル
新家ナレド斷絶セザル樣ニト思召サル
關東ヘ申遣ハス樣申入ル
例書等ヲ渡ス

一、巳半剋兩人同伴向阿部（正右）伊豫守役宅、面謁、桑原（爲彬）大學頭病氣及危急（×之儀）之処□（依）□（無）相續之人躰、高辻前中（家長）納□（言）末子俊丸（ノチ桑原忠長）十二才、家督相續之儀一家一統願□（之）□（趣）、及言上候処、桑□（原）家ハ」後西院思召ニ而新家御取立、　靈元院より可爲本家並被　仰出候間、乍新家之儀不及斷絶候被（樣脱）遊度被　思召候、俊丸儀大學頭實弟之儀ニ候間、一家輩願之通被　仰出度被　思召候、　御內慮之趣關東へ宜被申入之旨申入、　例書勸修寺（經逸）・日野（資枝）・西大路（隆要）、・實□（弟）之例東園（基楨）・七條（隆房）・水無瀨（友信）、・大學頭高辻三男之事ホ書付三通・　御內慮書一通・一家之願書、已上五通相渡、伊豫守謹奉之、關東へ可申遣由也、

攝政ヨリ內談ヲ命ゼラルル趣
慈光寺家ハ先祖ノ中一代ノミ堂上ニ列スルアレドモ代々六位藏人ヲ勤ム

次談云、（近衞內前）攝政殿可及內談被命候趣演達、且左之書付二通渡之、

慈光寺澄仲ハ奉公四十年ニ及ビ年齡モ五十二歳トナル
堂上ニ加ヘ禁裏御藏ヨリ扶持ヲ下サレタシトノ御沙汰
（16ウ）

慈光寺極﨟源澄仲、事、庭田家庶流ニ而、同家・綾小路・五辻・大原等者各列堂上候、別ニ而五辻・大原ホよりハ慈光寺者家も旧く候得共、是迄堂上ニ不被仰付候、尤慈光寺家□（ニ）□（も）先祖之中一代列堂上、其後又代々六位藏人を相勤候、堂上ニ被　仰付候程之勤勞之者無之故ニ候、當極﨟儀者御奉公之勞も至今年及四十年、且又年齡も五十二才候間、御取立被加堂上之列敍爵被　仰付、　禁裏御藏より廿石三人扶持被下候樣被遊度　御沙汰候、尤子孫永々□（先）」六位藏人相勤、其上敍爵候樣ニ可有御沙汰候、

關東ニ差支ナクバ表向御内慮ヲ仰遣ハスベシ

右之通被　仰出、於關東　思召不被爲在候ハヽ、表立　御内慮可被　仰進候、先其元迄可及御内談、攝政殿被命候、六位藏人堂上ニ御取立之例、別紙書付之通令進達候事、

二月

堂上ニ取立テラルル六位藏人ノ例

（17オ）

別帋

東山院御取立
山井（藏人）左近將監藤原兼仍　十九才、
元祿二年十二月十六日被加堂上之列、
「（小書）六位藏人之勞　三年、」

東山院御取立
入江藏人式部大丞藤原相尚　四十四才、
元祿十一年十二月廿八日被加堂上之列、
「（小書）六位藏人之勞　十二年、」

東山院御取立
澤藏人大學助清原忠量　卅六才、
宝永五年正月廿九日被加堂上之列、
「（小書）六位藏人之勞　廿年、」

寶暦十四年二月

東山院御取立
藤井藏人式部大丞卜部兼充　五十才、
宝永六年六月十八日被加堂上之列、
（小書）「六位藏人之勞　卌七年、」
中御門院御取立
（錦）（小）□□路藏人式部大丞丹波尚秀　卌一才、
享保廿年三月十八日被加堂上之列、
（小書）「六位藏人之勞　十三年、」
伊豫守承諾、尚關東にも申遣、追ゐ可及挨拶之由也、」

關東へ申遣ハスベシト所司代示ス

（17ウ）
一、午剋參　內、

四日、
一、寅半剋參　內、

即位後祝儀能

一、今日　御即位後御祝儀御能也、卯剋被始、戌刻事終、依入夜、節分・鞍馬天狗臨期被止之、

番組

翁（豊慶）片山九郎右衛門、大黑風流梶貞五郎、高砂九郎右衛門、厤生三宅惣三郎、箙竹内平七、（文相撲貞五郎、）野宮野村八郎兵衛、
鉤狐三宅藤九郎、道成寺川勝權之進、八幡前白井官治、立田山本善十郎、若菜三宅三平、阿漕九郎右衛門、

所司代參內ス

所司代へ眞御太刀ヲ下サル

大御乳人ヨリ御祝儀拜領物ノ事ヲ申渡ス

能御覽ニツキ兩傳奏祝儀ヲ獻上ス

(18オ)

千鳥梶吉藏、小鹽平七、醂杮森川榮介、橋弁慶八郎兵衛、祝言養老、廣瀬四□〔郎〕三郎、
阿部（正右）伊豫守依召卯剋參　內、候鶴間、兩人出逢、伊豫守召之御礼申述、直ニ虎間に誘引、
去年御卽位無御滯被爲濟　御滿悅被　思召候、今日御祝儀御能被　仰付候ニ付、拜領物
被　仰付候由申渡、江藏人（北小路俊名）持來眞御太刀、鞘卷、盛光、予取之、賜之、伊豫守頂戴、了非藏人引
之、於諸大夫緣雜掌に渡之、次渡能組、直ニ見物所に誘引、麻生了候所に誘引、大御乳人（鴨脚茂子）
被出逢、御祝儀拜領物□〔之〕事被申渡、御盃臺一面・杉折御菓子・御樽、以目錄被申渡、伊豫守畏申、大御乳〔人脱〕退入、次兩人
寛〻可有休息挨拶、了退入、次賜菓□〔子〕、野宮之間又出見物所、兩人自臺所口□〔誘〕引、道成□〔寺〕了」又誘
引候所、賜御料理、小鹽之間出見物所、橋弁慶了候所に退、兩人誘引、直ニ候、伊豫守
申御礼、自御臺所門退出、

一、御能　御覽ニ付、左之通御祝儀献上、
　嶋臺松、紅梅、鶴五羽、有下草、盛菓子・肴物、委在御用之日記、　御樽一荷
　（姉小路公文）同役も同樣也、人別ニ此通献上、
　延享度久我（通兄）家より□〔献〕上之通仕立、
　献之、同度葉室（頼胤）家より献上之通仕立、
　姉小路より被献之、松竹・鶴龜也、

五日、

一、卯刻參　內、

後日能 能役者川勝權之進へ末廣ヲ賜フ

一、御能後日也、御末廣、妻紅、表彭祖、裏松竹・鶴龜、法橋元陳筆、(吉田守清)小唄了川勝權之進拜領之、先石井前宰相(行忠)能奉行、出階上、御末廣役送極臈、(慈光寺澄仲)宿直□(第)一に石井氣色、岡本伊勢守(清福)昇舞臺階二級、召之、權之進下舞臺前階、着素襖、昇南階二級計、石井取御末廣、賜之、權之進取之、逡巡、跪砂上、頂戴、昇舞臺、於仕手柱許又頂戴、差上ゐ入樂屋、卯剋過被始、亥剋前事終、昨日被止節分・鞍馬天狗、今日又被加之、

番組

(18ウ)

小唄權之進、御囃子▨無舞、老松(竹内)平七、東北(山本)善十郎、

御能　西王母權之進、餅酒原勘五郎、兼平谷口光太郎、二人大名(三宅)藤九郎、羽衣(片山豊慶)九郎右衛門、花子(梶)貞五□(郎)、

羅生門土屋丈右衛門、才宝(三宅)惣三郎、邯鄲權之進、唐人相撲山脇藤左衛門、百万(野村)八郎兵衛、

節分惣三郎、鞍馬天狗善十郎、

瓢の神(三宅)三平、放生僧平七、花盗人貞五郎、安宅九郎右衛門、木六駄惣三郎、

舍利權之進、釣針藤左衛門、猩々乱善十郎、

所司代參內ス

一、伊豫守(阿部正右)依召參　內、候鶴間、西王母之間、兩人出逢、渡能組、直ニ見物所に誘引、兼平了候所に退、賜菓子、羽衣之間又出見物所、邯鄲之間退候所、賜御料理、節分之間又出見物所、鞍馬天狗了候所へ退、兩人直ニ候、申御礼退出、

両傳奏議奏能奉行御祝儀ヲ拝領ス

一、御能了以大御乳人(鴨脚茂子)、御盃臺養老瀧形、一面・饅頭一折□(杉)折、・干鯛一箱・平樽一荷、爲御祝儀拝□(領)之、兩人同様、議奏衆御盃臺・干鯛・御樽拝領之、能奉行兩卿(石井行忠・伏原宣條)同斷、添白銀五枚、

徳川重好婚姻御悦ヘノ御禮ノ老中奉書ヲ披露ス

一、旧冬徳川宮内卿(重好)婚姻相濟御悦被　仰遣御礼伊豫守迄申來老中奉書、附平松(時行)言上、親王(英仁親王)にも言上之、女院(二條舎子、青綺門院)・准后(一條富子)に兼胤參□(上)申入了、

六日、

一、巳半剋參　内、

繪所木村久綱東照宮修復ノ爲參向ヲ願フ

(19オ)

一、繪所了琢(木村久綱)日光宮修復ニ付參向之願、攝政殿(近衛内前)へ申入、願之通可申□(付)□(被)命、」

七日、

一、巳半剋參　内、

岩屋山開帳ノ日取ヲ御内儀ヘ申入ル

一、岩屋山開帳七月十五日より八月廿八日迄開帳之由、大御乳人(鴨脚茂子)に申入了、

八日、

一、巳半剋參　内、

妙顯寺ノ紫衣願ニツキ關東ヨリ申越ス趣

寛保元年ノ例アル故願書ヲ差戻シ勅許アリテ差支ナシ

攝政ヘ申入ル關東ヨリ申越ス通リ沙汰スベシト攝政命ズ

所司代ヘ申達ス

一、妙顯寺(日唱)願紫衣之事、願書ハ被差戻、年齡も有之、二祖(妙實)之年忌を申立候儀無據事ニ候間、勅許有之可然先月老中ゟ申來ニ付、願書被差戻　勅許有之候ハ事も重く相成候、其通ニ而彌關東ニおゐて無差支哉、伊豫守(阿部正右)迄可及内談攝政殿(近衞内前)御命ニ付、其段申達之処、寛保元年先住日寛相願之節、土岐丹後守(賴稔)京都役中願書被差戻　勅許有之候例ニ而申越候由申來之段伊豫守申越書付、攝政殿ヘ申入之処、以寛保例申來上ハ彌於關東無差支趣ニ候間、願書被差戻　勅許有之候樣ニ可被成御沙汰候、其段伊豫守ヘ申達、尚又今一應自伊豫守返答有之上、右之通可被成御取計候、此段可申達被命了、以書付伊豫守ヘ申遣了、

九日、」

(19ウ)

一、巳半剋參　内、

女院御幸

當代初度

一、女院(二條舍子、青綺門院)未剋前　御幸、酉剋前還幸、當代御踐祚初度之　御幸也、兩人・議奏衆御出迎・御見□〔送〕勤之、

御祝儀ヲ賜ハル

一、茂寄(藤木竹顯女)を以御祝儀賜御目六、金五百疋、

御祝宴

一、還幸後、今日初度之　御幸被爲有ニ付有御祝、出御于御學問所、内々儀也、御祝〔宴〕歡、如

御口切發聲、非藏人囃子奉仕、丑半剋過退　朝、

十日、

一、巳半剋參　內、

一、渡邊出雲守〔珍亮〕申、備前岡山松平〔池田宗政〕伊豫守病氣ニ付、前關白〔一條道香〕殿より御頼ニ而中山玄亭〔永貞〕廿日之間御暇ニ而致下向候、仍申屆之由也、

池田宗政病氣ニツキ一條道香ノ頼ニヨリ中山永貞岡山ヘ下向ス

十一日、

一、巳半剋參內、

一、伊豫守〔阿部正右〕より招雜掌〔小泉〕主水、申越云、妙顯寺〔日唱〕紫衣之事、㝡初自兩人伊豫守迄相尋候趣、寛保元年之例乍覺悟、何とそ當時指支も可有之攝〔近衛内前〕□〔政〕殿被命候事哉、老中共存知候趣ニ□〔候〕間、一通り此方帳面ニも有之候趣を達候ハヽ又々懸合□〔可〕有之手間取□〔可〕申之間、何とそ□〔其〕訳相分候様ニ事輕く相濟候様ニ致□〔度〕由申越ニ付、其段攝政殿へ申入、㝡初先役之留帳ホ不相糺攝政殿へ申入、御命之趣〔を以〕申中入候儀、於兩人不吟味不念之儀ニ候段可申遣、仍彌願書被差戻、

妙顯寺紫衣願ニツキ所司代ヨリ申越ス趣

(20オ)

寛保ノ例ヲ覺悟セルモ尋越スハ何ゾ差支アリテノ事ナルヤ

其ノ譯ヲ知リタシ

先役ノ留帳ヲ糺サズ兩傳奏不念ノ故ト申

遣ハス様攝政命ズ

關東ヘ達シ再度申來ル迄勅許ハ見合ハス様所司代申ス

其上　勅許有之候様可有御沙汰之段可申遣哉之由、攝政殿へ申入之処、右之通宜取計之由被命了、以書付伊豫守へ申遣、在二條往來、關東へ申遣今一應申來候迄ハ、勅許御見合有之候様ニ致度段、申越了、

十二日、

一、巳半剋參　内、

泉涌寺塔頭雲龍院ノ開帳願ヲ攝政ヘ申入レ言上ス

一、泉涌寺塔頭雲龍院（智觀）願本尊爲拜并靈宝明正院以使御寄附物、爲拜相願書付、攝政殿（近衞内前）へ申入、附大御乳人（×御）（鴨脚茂子）申入、

近衞府水口成清ノ關東下向願ヲ攝政ヘ申入ル

一、水口伊豆守（成清）願石井前宰相（行忠）關東下向ニ付被相語ニ付御暇之願書、攝政殿へ申入、願之通可申付被命、植松（賞雅）へ爲心得申入置了、

十三日、　巳半剋參　内、

（補書）「十四日、」

内々和歌當座御會

一、巳半剋參　内、有内々御當座、御短尺を役所へ賜之、

」

山井兼敦等ノ水無瀬參詣御内意伺書ヲ内覽ニ入レ披露ス

(20ウ)

一、山井中務少輔(兼敦)・七條左馬權頭(隆房)・櫻井右馬頭(兼文)ホ、來十九日より廿三日迄御暇申請　水無瀬宮に參詣　御内意伺書、攝政殿(近衞内前)へ申入、附平松中納言(時行)言上、勝手ニ可相願御沙汰之由被示了、

泉涌寺塔頭雲龍院ノ開帳ハ願ノ通リ仰付ケラル

一、大御乳人(鴨脚茂子)被申、雲龍院(智觀)本尊・靈宝爲拜之願、願之通被仰付候、尤於武邊無指支候ハヽ可拜之由、御沙汰候由也、平松へ爲心得申、願書・宝物書入披見了、

御代始ノ開帳寺院ト日取ヲ言上ス

一、御代始ニ付開帳之所ミ・日數書、大御乳人(鴨脚茂子)に附之、攝政殿へも進之了、

二月廿四日ゟ三月廿六日迄　清和院　　三月三日ゟ卅日之間　長樂寺

三月六日ゟ百日之間　石山寺　　三月十六日ゟ四月十六日迄　竹田不動院

三月十七日ゟ五十日之間　三室戸寺　　七月十五日ゟ八月廿八日迄　岩屋山

十五日、

一、巳半剋參　内、

泉涌寺厄除觀音ヲ十九日ニ召サル

一、大御乳人(鴨脚茂子)被申、泉涌寺厄除觀音來十九日被召候、爲心得被申聞之由也、

十六日、

一、巳半剋參　内、

十七日、

一、巳半剋參　内、

(21オ)

所司代役宅ヘ招カル

一、申剋依招兩人向伊豫守(阿部正右)役宅、面謁、示左之趣、

所司代示ス趣

享保七年ニ將軍年忌ノ萬部法會御斷ヲ關東ヨリ申來ル

享保七年松平伊賀守(忠周)所司代役中、　東照宮ハ例幣使も有之事故格別、其外代々年忌万部法事　勅會被行候へ共、自今御斷申來、其段申達、自(平出)　御所御沙汰之趣關東ニ書留無之ニ付、老中より尋合、其節　東照宮遠忌之節千部ニ可被行申來由之事、

東照宮遠忌ハ千部供養ト申來ルモ御所表ニハ萬部トノ趣ナルヤ

千部ナラバ堂上門跡減員トナルヤ

御所表御樣子万アニ可有之趣欤、千部ニても堂上・門跡有之事哉、仍て相減候儀も有之哉之事、享保七年於關東被仰出之書付留二通・伊賀守へ老中より申達之書付之寫一通差越之、此一件書付在二條往來、

御取立ノ新家養子相續ノ例ヲ聞キタシ

御取立新家養子相續之例聞度由之事、在二條往來、

攝政ニ申入ル

尚遂吟味可申達示了、參攝政殿(近衛内前)、此旨申入置、尚明日可被命之由也、

東照宮遠忌ニツキ摂政ノ仰
御所表ニテ千部万部何レノ御沙汰モナシ
何レニテモ勅會ニ差支ナシ
治定ナクバ参向ノ人數ハ定メ難シ

十八日、
一、巳半剋参　内、
一、攝政殿(近衛内前)被仰、享保七年　東照宮遠忌も千部ニ而可有之由申達無之哉、於　御所表其段不」(21ウ)
被　聞召事故、分而万部ニ而可有之とも御沙汰ハ無之段可申達、尤千部ニ而も万部ニ而も
被相願候得者　勅會無差支段も可申達、并千部ニ而ハ何そ相減事も有之哉之儀ハ、千部ニ
治定之上法會之次第・僧侶之口數ホ▨(相)定之上ならて□〔ハ〕難被定候由、可申達被命、

所司代役宅へ赴ク
享保七年ノ武家傳奏議奏ヨリ所司代ヘノ返答等ヲ渡ス
東照宮法事ヲ千部トセル様所司代ヨリ達スル事ハ留書ニナシ
御所表ニテハ将軍年忌ハ萬 (22オ)

十九日、
一、兩人同伴向伊豫守(阿部正右)役宅、面謁、
享保七年伊賀守(松平忠周)より先役(中院通躬)中院・(中山兼親)中山、關東下向之留守中議奏ゟ申達返答之趣、先役歸京之上
申達返答之趣ホ、議奏・先役ホ書留之抜書二通渡之、
東照宮▨御法事之節とても千部ニ被仰付ニ而
可有之事と申儀伊賀守ゟ達□〔之〕趣、無書留候、議奏若又先役共□〔へ〕口達ニ而有之哉、其
段ハ只今難相知候、攝政殿(近衛内前)へも申入候処、右之通故、御所表之御様子」毎度御年忌

部トノ積リ願アラバ千部萬部何レニテモ仰出ス
千部ニテモ堂上門跡參向ス
參向ノ人數減ルヤ否ヤハ千部ト治定セル迄定メ難シ
所司代ニ書附ヲ渡ス
千部ニテ勅會ノ例ハ不明
關東ニテ存知アラバ申越サレタシ
御取立ノ新家養子相續ノ近例ヲ書付ケ所司代へ遣ハス
泉涌寺厄除觀音ヲ召サル
明日女院ヘモ召サル

御法事万〻ニ被行候儀ニ候ハヽ、万部之□〔義〕ニ□〔而〕可有□〔之〕とも□〔分〕而御沙汰ハ無之候、万部ニ而も千部ニ而も　御願□〔被〕□〔仰〕上候ハヽ、　勅会ニ被　仰出御差支無之候、是又千部ニ而も堂□〔上〕・門跡參向可有之候、其外何そ相減候哉之儀ハ、千部ニ御治定之上法會次第・僧侶之口數相定候上ならてハ參向之人數可減哉否難被定候由、攝政殿被仰聞候由申達之、書付相渡、在二條往來、

是迄千〻ニ而　勅會之御例相考候ヘ□〔共〕、難相知候、若又於關東其御例相知候□〔ハ〕□〔ヽ〕可被申越候、其上又〻相考可申達之由示了、

御取立新家養子相續之近例享保十年八月、爲範卿〔五條〕二男正丸〔ノチ清岡長香〕清岡養子相續、元文四年二月、範昌卿〔長谷〕二男直丸〔ノチ交野時永〕交野養子相續、書付遣之了、在二條往來、

伊豫守承諾、關東ニ可申達之由也、

一、午剋參　內、

一、泉涌寺厄除觀世音大悲殿本尊、櫻町院御歸依佛、召參　內殿、靈宝少〻入　御覽、攝政殿・兩人・當番議奏・近習拜礼被　仰付了、明日女院〔二條舍子、青綺門院〕へ被召、御內儀之御沙汰兩人無取計之儀、議奏〔經逸〕ゟ勸修寺へ被申渡云〻、

廿日、

（22ウ）

一、巳半剋參　內、

泉涌寺參詣ニツキ公文不出仕

廿一日、　同役（姉小路公文）申請御暇、依泉涌寺參詣不參、

一、巳半剋參　內、

正忌ニツキ公文不出仕

廿二日、　同役（姉小路公文）依正忌不參、

一、巳半剋參　內、

泉涌寺參詣ニツキ不出仕

廿三日、　兼胤申請御暇、依詣泉涌寺不參、

廿四日、

一、巳半剋參　內、

禁裏並ニ御所方ノ臨時御物入近年夥シ

一、御附（長田元鋪・田付景林）申、禁裏（後櫻町天皇）・　御所方年年〔近ゝ〕打續臨時御物入夥有之、於關東も　御代替已來御物入も多有之候得者、此節　禁裏・　御所方御入用隨分被相減候樣ニ可有之候、各ニも此段兼ゐ

近年ハ地拍子ヘノ取替モ年年増ス
今以上ニ省略アル様所司代指圖ス
御臺所ノ役人ヘ禁裏附ヨリ今日申渡ス
奥ヘモ申上グ
（23オ）
禁裏附ヨリ書附ヲ渡サル
表向ヘモ申達スベシト禁裏附ヘ答フ

勘弁も有之、諸向に可被申談と者存□〔候〕得共、地拍子御取替之嵩も何となく年〻相増候様□〔ニ〕相見へ候、尤唯今迄之御入用も御省略之上ニ者可有之候得共、猶又可成たけ□〔御〕入用此上相減候之様可取計候、此段向〻に可被申談候、右之段伊豫守（阿部正右）□〔申〕聞ニ□〔付〕、御内役人共へ今日申渡候ニ付、」大御乳人（鴨脚茂子）を以奥へも申上候、兩人にも心得之爲申置候様ニ伊□〔豫〕守□〔申〕之□〔由〕、□〔仍〕右之趣書付相渡之、兩人承知候、尚於表も其向〻に申達心を□〔付〕候様ニ可取計、示了、翌廿五日、帥卿（山科頼言）に書付入披見了、

非藏人番頭吉見正名ノ番代願等ヲ言上ス
三室戸寺開帳中ニ御撫物等ヲ下サレタシト聖護院宮願フ

廿五日、

一、巳半剋參　内、

一、吉見伊豆（正名）病氣之処急ニ全快難叶ニ付、悴駿河（吉見永敍）別番ニ致出勤居候、番代ニ被　仰付被下候様ニ願書、赤塚丹後（正福）病身ニ付番代肥前（赤塚正輔）に家督相續之願書、中西武藏（久敏）御扶持米拜領之願書三通、帥（山科頼言）に申入置了、伊豆願之通被仰付、駿河是迄之通御詰可相勤、丹後願之通肥前へ家督被　仰付之段、廿八日植松（賞雅）被示、四辻（公亨）へ申渡了、武藏加增之願ハ先兩人方ニ預置了、

一、聖護院宮（增賞入道親王）願、三室戸寺開帳中御撫物・御寄附物幷御代參ホ　四御所より被下候様ニと之書付、攝政殿（近衞内前）へ入御披見、可令沙汰被命、翌廿六日、附飛鳥井前大納言（雅香）申入了、廿八日、正德之通被下、但銀拾枚・御挑灯二張可被下由、植松被示□〔了〕、

伏原宣光等ノ方領願ヲ長橋局ヘ申入ル

泉涌寺ヘ納置ク銀ヲ京都代官ヘ預ケサセタシト長橋局申ス

眞乗院竝ニ善法寺參内

所司代ヨリ御臺所向省略ノ事ヲ申來ル

御獻奉行等ヘ申渡ス

廿六日、

一、巳半剋參　內、

一、伏原民部少輔(宣光)・植松大藏權大輔(雅陳)・入江左馬頭(爲逸)・北小路刑部少輔(光教)ホ方領之願、如例長橋(梅溪直子)ニ申入候様ニ可取計哉、攝政殿(近衞內前)ニ申入、以大御乳人長橋(鴨脚茂子)ヘ申入、明後廿八日各可參奏者所之由申入、」長橋承知之由被示了、

(23ウ)

一、大御乳人被申、先達ゐら段〻泉涌寺ニ被納候御銀貳百枚程有之候、件銀小堀數馬(邦直)ニ預候ゐ、御法会献供後〻迄も無怠様被有之度、長橋局被申之由也、尙宜取計申了、翌廿八日、御附ヘ(長田元鋪・田付景林)談了、

廿七日、

一、巳半剋參　內、

一、於清涼殿眞乗院大僧正(有證)、於小御所善法寺權僧正(統清)御對面如例、

一、御臺所御物入近年夥相成ニ付、是迄御省略之事ニ候ヘ共尙更御物入減少候様ニと、此度自關東申來、伊豫守(阿部正右)より御附(長田元鋪・田付景林)ヘ申渡、御臺所御入用懸り之役所〻〻ニ御附申渡候ニ付、爲心得申聞置之由、御献奉行飛鳥井中納言(雅重)・修理職奉行園池前宰相(房季)・職事頭中將(今城定興)・番頭

代陸奥(大賀宗恵)に申渡了、

元上北面松尾相堅ノ落髪願ヲ攝政へ申入ル

一、松尾(相堅)出雲守近年病身ニ付落□(髪)之願、攝政(近衞内前)殿へ申入、願之通可申付被命了、爲心得植松(賞雅)へ□(申)□(入)置了、

非藏人番頭吉見正名ノ番代ノ事ヲ申付ク

一、吉見(正名)伊豆番代願之通被　仰付ニ付、番頭松室出□(雲)(重義)、番頭代吉田對馬(兼彦)之由、四辻(公亨)書付被差出、植松に申入、右之通可申付之由被示、四辻へ申渡了、出雲番□(頭)料□(銘)〻之通被下段、同可被申渡示了、番頭料之事、徳岡□(内)□(藏)□(允)へ申渡、賄頭へ申達、御附へも可沙汰申合了、

(24オ)

廿八日、

一、巳半剋參　内、

廿九日、

一、巳半剋參　内、

攝津箕面山瀧安寺辯財天ノ參内ヲ願フ

箕面山ニ先例ナシ

准例アル故差支ナキヤ武邊

一、攝政(近衞内前)殿被仰、攝州箕面山岩本坊權少僧都相願、來月十三日より於檀王法林寺弁財天致開帳候、其前參　内被　仰出候様御内儀に願候、於箕面山先例聢と無之、明暦之比參　内有之候様ニ申立候へ共、是以不慥候、他國所在之　神躰・佛像ホ參　内之准例も有之

ヘ聞合ハス様攝政命ズ

間、此度弁才天參　内被　仰出指支有之間敷欤、武邊可聞合被命、

御觀櫻

一、御内儀御庭糸櫻・彼岸櫻滿開ニ付、攝政殿・座主宮(堯恭入道親王)・青蓮院宮(尊眞入道親王)被召、兩人・議奏・近習・小番御免之衆被召、觀給、於渡殿賜菓酒、子半剋宴了、」

(24ウ)

三月

朔日、

朔日祝御對面ナシ

一、巳半剋參　内、賀申當日、無　御對面、

箕面山辯財天參内ノ事ヲ所司代ヘ尋合ハス

一、箕面山弁財天參　内被　仰出差障有之間敷哉、昨日攝政殿(近衞内前)被命候趣御附(長田元鋪・田付景林)ヘ□(示)含、伊豫守(阿部正右)ヘ尋合可申聞示之了、准例書付遣之、

准例ノ書附

攝州四天王寺
聖德太子　延享二年六月十八日參　内、

河州道明寺
天滿天神　延享三年四月廿四日參　内、宝暦八年四月廿八日參　内、

日光山安居院中大僧都ノ輪王寺宮執當狀ヲ内覧ニ入レ披露ス

一、輪門(公啓入道親王)令旨日光山安居院玄勝、中大僧都之事執當狀、攝政殿申入、附葉室前大納言(頼要)御内意伺之、勝手ニ可相願之由被　仰出、

三室戸寺開帳ニツキ御撫物出サレ白銀提燈ヲ下サル

親王ヨリハ撫物モ代参モナシ

女院准后ハ願アラバ撫物及ビ代参アルベシト御内儀ヨリ申出サル

(25オ)

箕面山辯財天ノ参内ハ武邊ニ差障ナシ

准例ノ節ニ懸合アラバ示サレタシト所司代ヨリ申來ル

上巳節句雛飾ヲ拜見ス

一、三室戸寺開帳ニ付、正徳四年之通、御撫物被出節白銀・□〔御〕挑灯可被下、但正徳ハ白銀三十枚、此度ハ拾枚、御挑灯四張之処、此度ハ二張可被下、先達而御沙汰之□〔通〕御樽・御菓子ハ自院中被下候儀故、此度ハ不被下、親王〔英仁親王〕よりハ御□〔撫〕物□〔も〕不被出、御代参も有之間敷候、」女院〔二條舍子、青綺門院〕・准后〔一條富子〕ハ被願候ハヽ御撫物も被出、御代参も可有□〔之〕候、□〔其〕　御所□〔ゝ〕ゝに可被相願候由、御内儀ゟ被申出之由、葉室前大納言被示□〔了〕、

二日、

一、巳半剋参　内、

一、御附中〔長田元鋪・田付景林〕、箕面弁天参　内之事、〔於〕無武邊差障無之由伊豫守〔阿部正右〕申候、併若先例も□〔聢〕と無之、先ハ初而参　内ニ付聞合候事ニ候ハヽ、准例ニミせ候太子・天神初而参　内之節懸合有之儀ニ候ハヽ承度由也、相考追而可申之由示了、

三日、

一、巳半剋参　内、賀申當日、於御學問所　御對面有之、後召御小座敷、雛飾拜見、賜御人形、

闘鶏

一、闘鶏如例、

箕面山辯財天参内ニツキ准例ノ節ハ所司代ヘノ懸合ナシ

武邊ヘ問合ナク仰出サレ差支ナシト禁裏附申ス

一、昨日相尋　太子・　天神御參　內之節所司代へ懸合有之哉否、遂吟味之処其儀不相見候由、御附（長田元鋪・田付景林）へ示之、兩士云、然ハ於武邊何も無指支候、武邊へ問合無之被仰出子細無之由申、攝政殿（近衛内前）へ弁天參　內被　仰出無御差支候由申入了、」

（25ウ）

四日、

一、巳半剋參　內、

五日、

一、巳半剋參　內、

六日、

一、巳半剋參　內、

借口アラバ泉涌寺ヘノ御寄

一、御附（長田元鋪・田付景林）申、泉涌寺御寄附金借付之事、小堀數馬（邦直）に談候処、借口有之候ハヽ御世話可申候、

（付金貸付ノ世話ヲスベシト京都代官申ス）

只今借口無之候、致吟味借口有之候ハヽ、御附迄可致案内候、尤其道筋ハ泉涌寺ゟ申出候様ニ致度由申之由也、七日、大御乳人(鴨脚茂子)に右之旨申入、大典侍(柳原忠子)・長橋(梅溪直子)へ爲申聞了、

七日、

一、巳半剋参　内、

（妙顯寺日唱ノ紫衣勅許ニツキ所司代ノ書附ヲ攝政ニ申入ル）

一、妙顯寺日唱紫衣之事、彌願書被差返其上御免有之候様老中より申來候段、伊豫守(阿部正右)より申越書付、攝政殿(近衞内前)へ申入了、」

（日唱ヘノ紫衣勅許ヲ攝政命ズ）（26オ）

（所司代ヘモ達ス）

一、妙顯寺日唱紫衣願書不及御沙汰被返下、且日唱儀及老年其上去年二祖(妙實)之遠忌も有之ニ付、紫衣　勅許之段清閑寺中納言(益房)□(へ)可申渡、平松中納言(時行)に被命候、此段伊豫守にも可達被仰了、以書状伊豫守へ申遣了、

（堂上ヘ御所地拜領ノ例ヲ吟味サス）

一、堂上之内に　御所地拜領之例有之哉令吟味可申之段、土山淡路守(武眞)に申渡了、

（箕面山辯財天ノ参内ハ十一日ト仰出サル）

一、來十一日巳剋箕面山　弁財天奏者所に参　内被　仰出候由、大御乳人(鴨脚茂子)被示了、

八日、

後七日御修法

所司代役宅へ招カル

所司代演達ス

桑原爲彬ノ養子相續願ハ御內慮ノ通リタルベシ

改元ハ五月ト仰出サルベシ

(26ウ)

世子へ年頭御祝儀ヲ進ラサルベシ

兩傳奏承知ス

勅使以下參向ノ時節ヲ今一度關東へ尋遣ハス樣申談ズ

所司代演達ノ趣ヲ攝政へ申入ル

改元ノ日取ハ勅使參向ノ時節定ル後ニ治定スベシト攝政命ズ

一、巳半剋參　內、
一、今日より於南殿被行後七日御修法、阿闍梨大覺寺門跡(寛深)、
一、申剋兩人同伴向伊豫守(阿部正右)役宅、依招也、左之趣演達、且書付相渡、受取之了、
一、桑原大學頭(爲彬)病氣危急ニ付高辻前中納言(家長)末子俊丸(ノチ桑原忠長)相續之事、可爲　御內慮〔之通脫カ〕申來事、
一、改元定之時節、朝鮮人當月十一日關東發足、廿五日可京着、併途中滯も難測之間、
改元定五月被　仰出候樣ニ申來事、
一、若君(ノチ德川家基)江年頭之御祝儀、先達而及內談之通被進可然申來之事、
兩人承知了、　勅使已下參向之時節內談之返答未申來候間、今一往被懸合可被申越、尙以書付可申達談了、後剋、彌可爲改元定後歟、四月ニ參向有之可然歟、以書付尋遣了、
一、兩人參攝政殿(近衞內前)、桑原事・改元之事書付入御披見、桑原事明日可沙汰被命、改元定之事攝政殿御承知候、彌可被行五月候、尙御日取御治定候ハヽ可及內談可申達□〔被〕命、勅使參向之時節定之上改元定之御日取可有御治定可達置、被命了、

九日、

桑原家養子相續ノ御內慮返答書ヲ言上ス
一家ノ者ヲ召寄セ申渡ス
是迄通リ五條家庶流タルベキ事モ申渡ス
紀州雲蓋院任權僧正ノ老中奉書ヲ攝政ヘ申入レ披露ス
(27オ)
世子ヘノ年頭御祝儀ノ事ヲ伺フ
年頭並ニ即位御祝儀ノ勅使關東參向ノ時期ニツキ老中ノ書附ヲ攝政ヘ申入ル

一、巳半剋參　內、
一、桑原（爲彬）相續之事　御內慮返答書、附飛鳥井前□（大）納言（雅香）言上、今日可被　仰出哉伺之、一家輩可申渡、尤是迄之通可爲五條家庶流□（可）申渡被　仰出了、一家召寄、（東坊城）綱忠卿・（高辻）家長卿・（唐橋）在家卿・（五條）爲璞朝臣・（清岡）輝忠參集、但在家卿依所勞不參ニ付、可被傳示之、申渡、五條家庶□（流）□（之）事も申渡、各畏申、雅香卿列坐、兩人申渡了、」
一、紀州和歌雲蓋院（浦脱カ）貫春、事權僧正被申付之由老中奉書、宝暦十三 十二 十五、攝政殿（近衞內前）へ申入、附飛鳥井言上、如例可□（沙）□（汰）被　仰出了、
一、若君（ノチ德川家基）に年頭之御祝儀書付窺之、（同）翌十日、此通被　仰出、
禁裏（後櫻町天皇）より　御太刀一腰　御馬代黄金三枚、一疋　女院（二條舍子、青綺門院）より　黄金一枚
親王（英仁親王）より　御太刀一腰　御馬代黄金一枚、一疋　准后（一條富子）より　黄金一枚

十日、
一、巳半剋參　內、
一、伊豫守（阿部正右）申越、年頭・御即位　勅使已下關東に參向、改元五月ニ御治定之儀ニ候へハ、改元已前朝鮮人當地出立後參向有之候樣ニ老中より申來候由書付、攝政殿（近衞內前）に申入、承知之

慈光寺澄仲ヲ堂上ニ仰付ケラルル事ニツキ老中ヨリ尋越ス

段可申遣被命、

一、同申越、慈光寺家先祖何代已前列堂上候哉、此度被仰付候ハヽ子孫永々經六位藏人敍爵可被仰付候哉、其人躰ニより候哉之事、老中より尋越之由書付、攝政殿へ申入、御所意承知、返答書相調、同役〔姉小路公文〕被調之、十三日伊豫守へ被達之了、

所司代ヨリノ書附

(27ウ)

慈光寺家ノ堂上ニ列スルハ何代前何頃ノ事ナルヤ

子孫モ代々六位藏人ヲ經テ敍爵ヲ仰付ケラルルヤ若クハ敍爵ハ人體ニヨリ仰付ケラルルヤ

例書ヲ添ヘ申越ス様老中ヨリ申來ル

先達ゐ被仰聞候慈光寺極﨟源澄仲事、御奉公之勞も至今年及四十年、且又年齢も五十貳才ニ候間、御取立、被加堂上之列、敍爵被 仰付、〔平出〕禁裏御藏ゟ三拾石三人扶持被下候様被遊度御沙汰候、於關東 思召も不被爲在候者、表立 御内慮可被 仰進旨、先私迄被及御内談候之段、攝政殿被命候由被仰聞候趣、江戸表ゟ申遣候処、右慈光寺極﨟家ニも先祖之中一〔又御〕代列堂上被加候由、當極﨟より何代已前何之比之儀ニ候哉、且子孫永々先六位藏人相勤、其上敍爵可有御沙汰候由、右者永々代々先六位藏人相勤、其上敍爵被 仰付候儀ニ候哉、又者先六位藏人相勤、其人之様子ニ寄敍爵被 仰付候儀ニ候哉、此處具ニ可申越候、何れ之方ニゐも例書相添申越候様年寄共より申來候間、右例書等御糺之上被仰聞候様致度存候事、

三月

箕面山靈佛靈寶參內ス
參內殿ニテ御覽アリ
攝政以下拜禮
後七日修法中日

世子ヘノ年頭御祝儀ノ書附ヲ賄頭ヘ渡ス
關東下向ノ拜借銀ニツキ禁裏附ヘ申入ル
三室戸寺開帳導師ヲ聖護院宮勤ム
女房奉書ニテ御樽御菓子ノ拜領ヲ願フ

十一日、
一、巳半剋參　內、
一、攝州箕面山瀧安寺靈佛役行者・弁才天・如意輪觀音、・靈宝嵯峨天皇宸筆文殊經、於參內殿有　御覽、（近衛内前）攝政殿・兩人・議奏」(28オ)衆・當番近習拜礼了、右□（參）内之事御内儀之沙汰、兩人より何方にも不申遣、先頃伊豫守（阿部正右）に懸□（合）而已也、
一、御修法依中日有招、兩人向阿闍梨（寛深）休所、有饗饌、

十二日、
一、巳半剋參　內、
一、若君（ノチ德川家基）に年頭御祝儀窺（伺）定之通書付、飯室伊賀守（義矩）に相渡了、
一、兩人東行ニ付拜借銀之儀如例宜頼存之由、御附（長田元鋪・田付景林）へ可傳達伊賀守に示含了、
一、聖護院宮（增賞入道親王）來十七日宇治三室戸寺開帳導師被勤ニ付、正德・元文之例を以、女房奉書ニて御樽・御菓子拜領被成度候、尤右兩度共　院中より被下候へ共、當時　院無之候間、自　內（後櫻町天皇）被下候樣ニ被成度候、尤きと御願と申訳ニてハ無之、兼胤宜取計可進之由被仰聞、大御乳人（鴨脚茂子）に申談之處、此度　內より十七日ニ以女房奉書可被下之由、大御乳人被示了、

慈光寺澄仲ノ堂上取立ニツキ所司代へ返書ヲ遣ハス
返書ノ趣
（28ゥ）

十三代前ノ慈光寺光仲ハ堂上ニ列シ従三位迄昇進ス
六位蔵人ヲ勤メ敍爵仰付ケラル例書ヲ達ス

十三日、
一、巳半剋参　内、
一、伊豫守（阿部正右）尋越極﨟（慈光寺澄仲）事、返書遣之、同役（姉小路公文）染筆、草案摂政殿（近衞内前）へ入御覧、被清書、
「先達ゐ申達候慈光寺極﨟源澄仲事、御奉公之労も至今年及四十年、且又年齢も五十二才ニ候間、御取立、被加堂上之列、敍爵被　仰付、従（平出）禁裏御蔵三拾石三人扶持被下候様被遊度御沙汰候、於關東　思召も不被為在候者、表立　御内慮可被　仰進旨、先其元迄可及御内談摂政殿被命、申達候処、江戸表ゟ被申達候處、右慈光寺極﨟家ニも先祖之中一代被加堂上之列候、當極﨟より何代已前何之比之儀ニ候哉、且子孫永〻先六位蔵人相勤候上敍爵可有御沙汰由、右者永〻代〻先六位蔵人相勤其上敍爵被　仰付候儀ニ□□（候）（哉）、又者先六位蔵人相勤、其人之様子ニ寄敍爵被　仰付候儀ニ候□（哉）、此處具ニ可申入旨、何れ之方ニゐも例書相添可申越候様老中方より申來候ニ付、右例書等相糺候上可申入候様ニ被示□（聞）、令承知候、當極﨟より十三代已前刑部少輔源光仲（慈光寺）應永八年七月被加堂上之列、従三位迄も致昇進候、且□（又）先六位蔵人相勤敍爵被仰付候例、別帋書付致進達候事、」

（29オ）

三月

藤井藏人式部大丞卜部兼充宝永六年六月十八日被加堂上之列敍爵被　仰付□〔候〕節、先六位藏人相勤敍爵被　仰付可被加堂上之列、被　仰出候、依之、當藤井右京（兼矩）権大夫も先六位藏人相勤、其上敍爵被　仰付候、錦小路藏人式刀大丞丹波尚秀享保廿年三月十八日被加堂上之列敍爵被　仰付候節、藤井同様ニ被　仰出候、子息丹波（錦小路）頼尚只今六位藏人相勤候事、

此度慈光寺極﨟被加堂上之列候者、右藤井・錦小路之通ニ先六位藏人相勤、其人之様子ニ不寄▨▨敍爵被　仰付候御沙汰ニ候由、攝政殿被仰聞候事、

例書ノ趣

藤井家ハ六位藏人ヲ勤ムル後人體ニヨラズ永々敍爵ヲ仰付ケラル

錦小路家モ同ジ

慈光寺家モ人體ニヨラズ永敍爵ヲ仰付ケラルベシトノ御沙汰

十四日、

一、午剋參　內、

一、後七日御修法結願ニ付、大覺寺（寛深）門跡參上被申御加持、此序正觀院（智導）僧正轉正御礼・雲蓋院（貫春）權僧正任官御礼・妙顯寺日唱紫衣御礼、拜　天顔、

後七日修法結願

正觀院等御禮ノ爲參內

（29ウ）

一、大御乳人（鴨脚茂子）被申、清和院開帳ニ付如先格昨日御代參被參之処、靈宝之內、靈元院・「東

清和院ノ開帳ニテ靈元院等

ノ御物ヲ拝観サス

寶暦七年ノ仰出ニ背クモノ出度開帳故清和院ニ迷惑ナキ様取計ハレタシト大御乳人申ス

各所ノ開帳ニテ御寄付物拝観アラバ差止ムル様武邊へ達スベシ

寺院一統へノ事ナル故清和院ヲ咎ムル趣ニハナラズ所司代へ申遣ハス

澤宣維ニ方領ノ事ヲ願出ル様仰出サル

御所舊地等ヲ堂上拝領セル例ハ七八十年來ナシト取次申ス

(30オ)

有栖川壽手宮元服ノ御祝儀ニツキ伺フ

山院・中御門院之御物共數〻爲拝候候(〆哉、衍)、依之、宝暦七年正月被仰出之趣も有之ニ付、御差札ハ取置候様ニ被申付候、被見候儀ニ候間、其分ニも難被閣、又急度兩人ニ被申候ゟハ可相咎、さ候へハ此度開帳ハ就 御代始ゟ之儀ニ候へハ、目出度開帳ニも候間、清和院迷惑候も氣毒ニ被存候、尤長橋(梅溪直子)ニも同意ニ被存候、宜取計之由也、兩人申云、就ハ、宝暦七年相觸〔候〕事故、所〻之開帳靈宝ニ 靈元院已來御代〻ハ勿論、女院・女御より御寄附物爲拝申間敷候へ共、若心得違ニゟ爲拝候寺院も有之候ハヽ可差止之旨、武邊へ可申達候、さ候ハヽ一統ニかヽり候趣ニ候間、格別ニ清和院を咎も致間敷哉、右之通可取計欤之由申入、則此趣長橋へも被申談候、彌右之趣ニ可取計被示了、(阿部正右)伊豫守へ右之趣を以申遣了、

一、澤式(宣維)ア權少輔去年出番被仰付、方領願ニ候へ共不及沙汰候、今年出番之面〻と同樣ニ可被仰遣哉、さ候ハヽ明日奏者所へ〔參〕願候様ニ可取計之由、以〔大〕御乳人長橋へ申入、明日被願候様〔可〕取計被示了、

一、土山淡路守(武眞)申、堂上屋敷地ニ 御所旧〔地〕或八十宮(吉子内親王)旧地之類、拝領之例吟味候処、小堀數馬(邦直)・中井主水(正武)ホ之役所帳面、先ハ七八十年已來遂吟味候へ共、難相知候也、

一、有栖川壽手宮(織仁親王)來十八日元服ニ付御祝儀被遣物書付、附帥(山科賴言)伺之、遠久宮(有栖川宮)音仁親王之通也、此度典仁親(閑院宮)王之通鉞品ホ有之ニ付、音仁・典仁

兩度之例を相添伺之了、

西院參町通大路ノ溝ヲ桃園院葬儀ノ際取拂フ
廣橋家等示合ハセ各屋敷前ニ引寄セ溝ヲ掘ル様京都代官ヘ申遣ハス
領諾アルモ未ダ其儘ニテ降雨ノ節ハ通路ニモ差支フ
禁裏附ノ指圖ニヨリ諸家ト示合ハセ屋敷前ヘ溝ヲ掘リ門前ニ石橋ヲ掛クル様願フ

○西院參町通大路之中ニ溝有之処、去ゝ年御凶事御車路□（之）差障ニ付暫取拂了、依之、如元又溝を付候ハヽ、此度ハ何とそ各屋敷前□（に）引寄掘候様ニ致度、予・坊城（俊逸）・平松（時行）・東坊城（綱忠）・中御門（俊臣）・西園寺（公晃）示合、以土山淡路守小堀方へ申遣、領諾之処、于今其分ニ有之、降雨之節如河ニ相成、屋敷ゝゝ難澁ハ勿論、通路も指支候程ニ有之ニ付、段ゝ加催促之処、何も示合願候様ニ致度御附（長田元鋪・田付景林）申之由、淡路守内談ニ付、今日平松中納言示合、以土山淡路守、屋敷前へ溝を掘、門ゝニ石橋を掛候様ニ願存之由申了、外之衆中ハ兼而平松へ宜頼候由故、更今日之儀示合ニ不及之由、平松被示了、

○昨日御附退出ニ付、今十五日申達、御附致承知之由淡路守申了、

十五日、」

（30ウ）

一、巳半剋參　内、

慈光寺澄仲堂上取立ニツキ所司代ヨリ書附差越サル

一、伊豫守（阿部正右）より一封差越、

慈光寺極﨟（澄仲）家ニも先祖之中一代列（マヽ）堂上被加候由、當極﨟より何代以前何之比儀ニ候

先祖慈光寺光仲取立ノ後ハ勤労ノ功アル者ナキ故堂上ヲ仰付ケラレズ

澄仲以後ハ人體ニヨラズ永ク敍爵ヲ仰付ケラルル様ニ聞コユ

勤労ノ有無ト人體ニヨラズトノ兩様アル譯ヲ承知シタシ

（31オ）

澤宣維方領ヲ願フ

哉、且子孫永〻先六位藏人相勤、其上敍爵御沙汰可有候由、右者永〻代〻先六位藏人相勤、其上敍爵被　仰付候儀ニ候哉、又者先六位藏人相勤、其人之様子ニ寄敍爵被　仰付候儀ニ候哉之旨、年寄共より申越候趣申進候処、昨日被遣候例書之内ニ藤井・錦小路之通ニ先六位藏人相勤、其人之様子ニ不寄敍爵被　仰付御沙汰ニ候由、攝政殿（近衛内前）被仰聞候旨被仰聞候、㝡初慈光寺家ニも先祖之中一代列堂上、其後代〻六位藏人を相勤候、堂上ニ被　仰付候程之勤労之者無之故ニ候由、被仰聞候、此度被仰聞候趣ニ而ハ、一代列堂上被　仰付候得者、其子孫先六位藏人相勤、其人之様子ニ不寄敍爵被　仰付候儀ニ相聞候、慈光寺先祖光仲（慈光寺）列堂上、其上従三□（位）迄□（昇）進候由候処、又〻代〻六位藏人相勤候儀、訳も有之事ニ候哉、依勤労列堂上被　仰付候得者、其子孫者勤労無之共六位藏人相勤候上敍爵被　仰付候事候哉、勤労と」其人ニ不寄被　仰付候との兩様之訳、委細致承知度存候事、

三月

一、澤式（宣維）刀權少輔方領之願、依所労不參、父（澤宣成）三位壹人被參、參奏者所被申入了如例、

十六日、
一、巳半剋參　內、

丹波法常寺寺領ヲ拜領ヲ願フ

一、丹波法常寺（高峯文亮）寺領丹州（桑田郡）千个畑村、拜領之願書、攝政殿（近衞内前）へ申入了、

昨日ノ所司代書附ヲ攝政ノ披見ニ入ル

一、昨日伊豫守（阿部正右）より示越書付、攝政殿へ入御披見、藤井・錦小路家傳ホ御吟味之上可被仰聞之由也、

山門西塔勸學會へ勅使登山ノ事ヲ長橋局ニ附シ伺ヒタシト妙法院宮願フ

一、妙法院宮（堯恭入道親王）被伺、來八月山門西塔勸學會　勅使登山之儀、如例附長橋（梅溪直子）被伺度由之書付、攝政殿に申入、如例可被伺可申達被命、

十七日、
一、巳半剋參　內、

慈光寺澄仲取立ニツキ所司代へノ返書ノ草案ヲ攝政へ示ス

一、藤井・錦小路家傳書拔一紙攝政殿（近衞内前）賜之、一昨日伊豫守（阿部正右）より差越一封之返事草案、攝政殿へ入御披見、治定了、藤井・錦小路家傳之趣ハ申達間敷由申了、」

所司代へ返書ヲ遣ハス

(31ウ)

一、伊豫守に一昨日之返書遣之、（姉小路公文）同役自筆被認之、
慈光寺極﨟（澄仲）家ニも先祖之中一代被加堂上之列候、當極﨟より何代以前何之比之儀ニ

慈光寺光仲堂上ニ列スル後子孫六位藏人ヲ勤ムル譯ハ知レズ

藤井家錦小路家ハ堂上取立後ハ六位藏人勤メ勤勞ノ有無ニヨラズ敍爵サル

(32オ)

候哉、且子孫永〻先六位藏人相勤、其上敍爵御沙汰可有之候、右者永〻代〻先六位藏人相勤其上敍爵被　仰付候儀ニ候哉、又者先六位藏人相勤、其人之様子ニ寄敍爵被　仰付候儀ニ候哉之旨、老中方より申來候趣被示聞、則令進達候例書之内ニ、藤井・錦小路之通ニ先六位藏人相勤、其人之様子ニ不寄敍爵被　仰付御沙汰ニ候由、攝政殿被仰聞候ニ付、申達候事ニ候、寂初慈光寺家ニも先祖之中一代列堂上、其後代〻六位藏人を相勤候、堂上ニ被　仰付候程之勤勞之者無之故ニ候由、申達候、此度申達候趣ニ而ハ、一代列堂上被　仰付候得者、其子孫先六位藏人相勤、其人之様子ニ不寄敍爵被　仰付候儀ニ相聞候、慈光寺先祖光仲〔慈光寺〕列堂上、其上從三位迄昇進候由候処、又〻六位藏人相勤候儀、訳も有之事ニ候□〔哉〕、依勤勞列堂上被　仰付候得者、其子孫者勤勞無之候共、六位藏人相勤候上敍爵被　仰付候事候哉、勤勞と其人ニ不寄被　仰付候との兩様之訳、委細可申達候□〔由〕、□〔致〕承知、則攝政殿江申入候処、光仲列堂上其已後六位藏人相勤候訳者難相知由ニ候、勤勞と其人ニ不寄被　仰付候との兩様之訳者、藤井・錦小路御取立、被加堂上之列候已後、子孫先六位藏人相勤、不寄勤勞之有無敍爵被　仰付列堂上候事故、右之並も有之候事候間、於當時者右同様ニ

無之候□〔ゐ〕□〔ハ〕□〔御〕指支も有之候ニ付、當極﨟儀依勤勞被加堂上之列候得者、子孫者勤勞無之候共藤井・錦小路同様ニ被　仰付候御沙汰候由、攝政殿被　仰聞候事、

慈光寺家モ同様ニアラザレバ差支アリ

三月

十八日、

一、巳半剋參　內、

十九日、

一、巳半剋參　內、

御樂始

一、於小御所御樂始有之如例、

廿日、

(32ウ)

一、巳半剋參　內、

廿一日、

一、巳半刻参　内、

廿二日、

一、巳半剋参　内、

一、藤木駿河守（成適）所労之処及大切ニ付、従弟藤木土佐守（成敬）男佐渡守成棟（藤木）爲養子相續之願、駿河守・土佐守ホ願書二通、攝政殿（近衛内前）へ申入、可附議奏被命、附平松中納言（時行）言上、願之通可申付之段被　仰出了、

醫師藤木成適所労大切ニ及ブ故養子相續ヲ願フ

廿三日、

一、巳半剋参　内、

一、伊豫守（阿部正右）より御附（長田元鋪・田付景林）を以申越、箕面山役行者其外開帳ニ付、結願之日富法事□〔致〕執行、自御所御檀料被下御祈禱之御守札上候様ニ御沙汰有之候間、右御守札致献上度由申出□〔候〕□〔へ〕□〔共〕、□〔右〕富法事夜分被執行之儀、名目もあしく、其上元祿度於長樂寺開帳之節□〔も〕□〔富〕法事執」行

箕面山ノ富法事ニツキ所司代ヨリ申越ス御檀料ヲ下サレ守札ヲ上グル様御所ヨリ御沙汰アリ

（33オ）

富法事ヲ夜分ニ執行セル故名目悪シ
先例ヲ申立ツルモ町奉行所ノ留ニナシ
富法事ハ差止メ守札ノミ申付ケタシ
明日ノ御月次御懐紙ノ詠草ヲ妙法院宮ヘ持参ス
老中奉書到來ス
來年四月東照宮百五十回忌ニ勅會法事ヲ執行ス

候由申立候へ共、町奉行所之留ニも不相見候間、旁富法事ハ差止、御守札□〔八〕致献上候様ニ
可申付存候、右之通申付於　御所表無御差支哉、聞合之由也、尚遂吟味可及返答示了、
此趣大御乳人(鴨脚茂子)へ相尋、尚得と遂吟味可被申聞候由被示了、
○明日御月次御懐紙御草、妙法院宮(堯恭入道親王)被召之処依所労不參ニ付、兼胤□〔持〕□〔向〕、尚又御字配
ホ可被上御下書、可傳仰、以大典侍(柳原忠子)被仰出、即持向、本坊申入、御下書被上、還
參　內、以大典侍言上了、

廿四日、
一、巳半剋參　內、
一、老中奉書至〔到〕來、伊豫守(阿部正右)服中ニ付、町奉行(小林春郷・松前順廣)・御附(長田元鋪・田付景林)迄到來、相達了、
來年四月　東照宮百五十回御忌付而、於日光山　勅會之御法事被成御執行度被　思
召候、此ホ之趣可被達　叡聞候、猶期後音之時候、恐惶謹言、
三月十九日　松平周防守　康福判
松平右京大夫　輝高判

松平右近將監　武元判

廣橋大納言殿

姉小路(公文)前大納言殿

」

萬部ニテ執行フ

(33ウ)

別ニ町奉行・御附迄老中奉書來、如先例萬部被執行候、此段兩人迄無急度可達之由申來之由、右奉書之寫差越之、承知之段答遣了、

攝政へ申入レ言上ス

老中へ返簡ヲ差遣ハス

右老中奉書攝政(近衛内前)殿江申入、万部之事も申入了、附帥卿(山科頼言)言上、則被　仰出之間、如先格可申達被　仰出了、老中江返簡差遣了、

廿五日、

一、巳半剋参　内、

箕面山富法事ニツキ守札献上ノ願等ハナシト御内儀ヨリ示サル

一、大御乳人(鴨脚茂子)被示、身〔箕〕面山富法事之儀、曾御内儀筋江願候儀も無之、御檀料被下候儀も無之、御守札ホ致献上度由願而も無之、先達而参　内之儀願より候外開帳ニ付願之筋ハ何事も無之由候、被示了、此趣御附(長田元鋪・田付景林)申達、伊豫守(阿部正右)へ可申之由示了、以書付答遣了、

所司代へ申達ス

廿六日、

一、巳半剋參　內、

關東下向ニツキ近衞府官人村田利恭ノ召連ヲ公文願フ

一、村田左近將曹（利恭）相願、同役近々（姉小路公文）關東ニ下向ニ付被召連度由ニ付御暇之□（願）、攝政殿（近衞内前）ニ申入、願之通可申付之由被命、爲心得葉室前大納言（頼要）ニ申入了、

廿七日、

一、巳半剋參　內、

關東下向ニツキ主殿寮官人小野重威ノ召連ヲ正親町實連願フ

（34オ）一、小野主殿助（重威）依正親町前大納言（實連）語合關東下向之御暇願書、攝政殿（近衞内前）へ申入、願之□（通）可申付被命、爲心得植松前宰相（賞雅）へ申入了、

所司代ノ弟二人死去ス

關東ニテハ忌服半減ニテ明日迄ニ濟ム

御所表ハ廿日ノ忌懸リ故十日殘ル

所司代トノ往來ハ松平輝高伯父死去ノ例ノ通リ取計フ

一、阿部伊豫守（正右）事、弟阿部因幡守（正興）去十一日死去、弟酒井下總守（忠雄）去十九日死去、兩弟共他家相續之儀故、忌服半減ニ被申付候、因之、因幡守忌ハ去廿日迄ニ而〔〆ニ而〕相濟、下總守忌ハ明廿八日迄ニ而相濟候由申越候、關東之儀ハ此通ニ而相濟候得共、於　御所表廿日之忌懸りニ候、半減相濟之後殘十日之間ハ、宝暦七年九月松平右京大夫（輝高）伯父（松平信望）死去之節忌服半減ニ而有之候間、其節之趣ニ往來取計方ホ可致之由、攝政殿ニ申入之処、其通尤之由被命、植

松前宰相ニ右之段申入置了、

輝高ノ例

忌服ノ間ハ禁裏附ト往來ス

差懸ル御用ノ際ハ輝高ト直ニ往來面談ス

御幸ノ際ハ組ノ者ヲ常ノ通リ差出ス

宝暦七年九月四日松平右京大夫伯父長恵(松平信望)死去之段、十三日申來、忌服半減ニ被申付、於 御所表ハ廿日之忌懸り故、殘ル十日之間御附(長田元鋪・田付景林)より傳達ニ而相濟候、御用ハ御附ニ可達、差懸り候御用、直往來無之而不叶儀ハ直往來可致候、且又面談も其品ニより無差障候、 御幸風廻組之者常之通可差出事、」

開帳ノ日延ヲ長樂寺願フ

一、長樂寺開帳廿日之処今廿日日延之願書、附植松了、願之通被仰付了、

(34ウ)

女院御幸

一、女院(二條舎子、青綺門院)未剋過 御幸、戌剋過還幸、

廿八日、

一、巳半剋參 内、

佛殿客殿等ノ修復料拜領ヲ般舟院願フ

一、般舟院(本空慈達)願佛殿・客殿其外及大破ニ付修復料拜領之願書・例書、御附(長田元鋪・田付景林)ニ相渡、先格御臺所より御銀出候趣ニ候間、猶遂吟味可被申聞示了、

來月朔日朝鮮通信使守山宿ニ泊ス

日光例幣使ト通信使ト同宿ハナリ難シ

一、朝鮮人來月一日守山宿(近江野洲郡)ニ泊候由相聞候、日光例幣使亦朔日發足、毎例朔日守山ニ止宿定儀ニ候、雖然、幣使・韓人同宿ハ相成間敷候間、彌朔日韓人止宿于守山候ハヽ、幣使ハ

草津（近江栗太郡）ニ止宿、翌日韓人經過▨草津駅候後草津を被出發候様ニ可取計候間、彌右之通無相違哉、伊豫守（阿部正右）方ニ而吟味之上明日可被申聞候、且又朔日守山宿ニ而ハ無之於街道行逢之積ニ候ハヽ、幣使□〔被〕避路候様可示含候、▨左候ハヽ韓人□〔御〕馳□〔走〕方行逢ニも可□〔成〕、宿ゝ之役人にも兼而無差支様ニ可取計伊豫守より被加下知置候様ニ致度、此段宜可被申達示了、□〔廿〕日、

伊豫守承知、馳走役人・宿ゝ役□〔人〕・對馬□〔守〕（宗義暢）留守居へも無滯取計候様申達□〔之〕由、□〔被〕示了、」

（35オ）

一、秋元但馬守（凉朝）事病氣ニ付願之通老中役辞退首尾好被免之由、伊豫守よ□〔り〕□〔申〕聞之□〔由〕、御附示之、攝政殿御退出故以書状申入、師卿（山科頼言）へも申入了、

一、兩人關東に十六日着府之積ニ□〔而〕致出立、若韓人川支ニ而京着幷京都出立延引ニ而、十六日着府難相成候ハヽ可申越之由、老中より申來之由、伊豫守より御附を以示之、且又用人共より雜掌共迄内ゝ示越、韓人廿日大垣泊、來月朔日彦根泊之由、名古屋七里飛脚申之由、大津驛（近江滋賀郡）ゟ屆候、仍示越之由也、右之日積ニ而ハ三日可爲京着欤、是以馳走方人より申來ニ而も無之由申來、依之、四日出立十六日着府ハ可被難相成之由申遣了、

廿九日、

例幣使ハ草津ニ止宿シ通信使通過ノ後出發スベシ

所司代ヘ路程ヲ尋ヌ

街道ニテ行逢フナラバ道ヲ避クル様例幣使ニ示含マレタシ

秋元凉朝老中ヲ辭任ス

兩傳奏ハ來月十六日着府ノ豫定ニテ出立アル様老中ヨリ申來ル

通信使ノ路程ヲ所司代用人ヨリ内々示越ス

通信使ハ三日ニ京着カ

四日ニ出立シ十六日ノ着府ハナリ難シト申遣ハス

支配ノ鑄物師亂雜トナル故關東ヘノ下向ヲ眞繼親弘願フ

武邊ノ指圖アリテ願ハバ御暇下サルベシト攝政仰ス

人形細工師紀伊國屋孫八甘露寺家出入ヲ申シ受領ヲ願フ

出入ノ故ニテハナク傍例ニテ願フ樣攝政命ズ

兩傳奏下向ノ日取ニツキ今一度關東ヘ懸合フ要アルヤ所司代ヘ禁裏附申談ズ

一、巳半剋參　内、
一、眞繼（親弘）若狹守支配鑄物師之儀近來乱雜ニ相成、　公武之文書之趣難相立歎存之□（間）、□□（此度）關東表に下向相願度段、所司代（阿部正右）に相願候、致下向候樣ニ指圖有之候ハヽ御暇可願候、仍先內々御暇可被下哉否伺出、出納（平田職方）迄差出書付、攝政殿（近衞内前）へ申入候処、於武邊指圖有之候ハヽ御暇可相願、可被下之由被仰了、
一、人形細工師紀伊國屋孫八（扇谷貞重カ）、宮川筋壹町□（目）、甘露寺家（規長）へ出入仕ニ付此度受領願度由、無指支哉旨」町奉（小林春郷・松前順廣）行尋越ニ付、攝政殿へ申□（入）之処、甘露寺家に出入故願候ふハ難相濟、傍例を以願候ハヽ可相濟段可答遣、被命、

（35ウ）

卅日、
一、巳半剋參　内、
一、御附（長田元鋪・田付景林）申、兩人關東に出立十六日着府之事申來候処、韓人京着未定ニ付、所詮四日出立十六日着府難相成ニ付、他日出立・着府之儀關東に今一往可懸合事歟、不及其儀於此方相定可申達哉之事、伊豫守（阿部正右）に申談之処、韓人京都出立之後兩人發京之事治定有之事ニ候間、

京都ニテ日取ヲ定メ關東へ申達スル様所司代申ス

何日出立何日着府□〔と〕相定申達、少も不苦候由申之由也、仍彌右之通差定可申達之旨今日伊豫守へ可被達置之由、示了、

善光寺大本願參內

一、信濃國善光寺大本願の尼知（智）觀上人參　內、於小御所拜　天顏、

（約三行分空白）」

月番兼胤

(36オ)

四月　御用番兼胤

朔日祝御對面ナシ

朔日、

一、巳半剋參　內、當日賀申、無御對面、

石清水八幡宮東竹延清病氣大切ニ及ブ延清沒サバ將軍忌懸トナルヤ

年頭勅使等ノ出立ハ如何セルヤ所司代へ尋合ハス

構ナク參向セル樣所司代指圖ス

一、八幡東竹（延清）病氣之処、及大切之由相聞候、死去候ハヽ、大樹（德川家治）公御忌懸候哉、さ候へハ、□（勅）使已下出立も又可被見合事歟、伊豫守（阿部正右）へ內々被尋合可被申聞、御附（長田元鋪・田付景林）へ示含、二條へ行向、越中守（長田元鋪）還參、示告云、伊豫守へ相尋之処、少も差障無之候、大樹公御忌服も被爲在間敷候、無差構　勅使已下參向有之候樣ニと存候由也、白川故二位（雅富王）・千種故宰相（有補）死去之時御忌懸無之、此度も可爲右之節之通由也、此旨則攝政殿（近衞內前）に申入了、

朝鮮通信使ハ明日京着四日出立ト所司代ヨリ示越ス
年頭勅使ハ六日ニ出立スベシト攝政ニ申入レ言上ス
明日關東下向御暇乞ニ參内ス
（36ウ）
女院准后へ明日暇乞ノ事ヲ申入ル
廿三日ノ般舟院御經供養ハ御臺所ニ差支ナシ
改元ハ五月廿七日ニテ差支ナキヤ關東ニ聞合ハス様攝政命ズ

二日、

一、巳半剋參　内、

一、朝鮮人明日京着、明後四日出立候由、伊豫守（阿部正右）より示越候、依之、兩人・石井（行忠）・大原（重度）來六日發向于關東可致候、正親町前大納言（實連）ハ五日出立可致候由、攝政殿（近衞内前）へ申入、附植松前宰（賞雅）相言上、彌六日可發足被　仰出、明日可賜御暇被　仰出、石井・大原も同日參候様可傳之由也、」石井・大原伺候故申達了、

一、正親町前大納言爲御暇乞明日午剋可被參示了、

一、明日爲御暇　女院（二條舍子、青綺門院）・准后（一條富子）に可參候由、御肝煎に示告了、

一、植松前宰相被示、當月廿三日於般舟院御經供養可被行、御臺所向無差支哉可申上之由也、越中守（長田元鋪）申談之處無差支由故、其段植松に申達了、

一、年号改元定五月廿七日被行於關東無差支哉可承合、攝政殿被命了、

三日、

一、巳半剋參　内、

東行御暇乞天顔ヲ拜ス
天盃ヲ賜フ
關東ヘノ御口上等ニツキ伺フ
手ズカラ末廣ヲ賜フ
女院親王准后ヘ御暇乞參上
(37オ)

一、今日東行御暇被下畏存之旨、以表使御礼申入、於　御學問所拜　□(天)顔、此序石井(行忠)・大原(重度)被拝▨□□(天顔)、入御之後賜　天盃、手長伊光(廣橋)、次召御小座敷、攝政殿(近衞内前)御伺候、於關東年頭・　御即位御祝儀御口上相心得可申入哉、三家(徳川宗睦・同宗將・同宗翰)輩に御使可相勤哉、輪門(公啓入道親王)に御口上・賜物可達□(哉)、□(伺)之、事ゝ可存例攝政殿被命、御手親賜御末廣、以大御乳人(鴨脚茂子)賜黄金、申御礼□(退)去、□(於)鈴口」賜菓子十袋、大御乳人被傳之、女院(二條舍子、青綺門院)・親王(英仁親王)・准后(一條富子)にも參上、□(御)暇如例、

方領願ノ事仰出サル

一、方領願之面ゝ宜申達、以大御乳人被　仰出、

三室戸寺開帳ニツキ拜領物ノ事ヲ聖護院宮再度願フ

一、聖護院宮(增賞入道親王)再ゝ願三室戸寺開帳ニ付一山に拜領物再應之願書、攝政殿へ申入、附帥卿(山科頼言)申入、

四日、

一、巳半剋參　內、

所司代役宅ヘ關東下向ノ暇乞ニ赴ク
方領書附ヲ所司代ヘ渡ス
禁裏御藏ヨリ下サル分モ心得ニ達ス

一、申剋兩人同伴狩衣・差袴、爲暇乞向伊豫守(阿部正右)役宅、面會、伊豫守忌半減相濟、殘十日之内といへとも、關東右之通相濟有之間、行向不苦候由、殿下(近衞内前)命給、
　一、方領書付渡之、伏原民(宣光)部少輔・植松大藏權大輔(雅陳)、一紙、是ハ例之通於關東老中に可相達候、仍爲心得申達置候、又一帋、入江左馬頭(爲逸)・北小路刑部少輔(光教)・澤式部權少輔(宣維)、是ハ自　禁裏御庫被下候家ゝニ候、仍於關東ハ不令沙汰候、如例伊豫守にハ爲心得相達候由示之、

留守中御用ハ議奏へ申送ル

一、両人留守中御用、例之通議奏へ申送置候、可被懸合之由示之、

慈光寺澄仲取立並ニ公文屋敷地拝領ノ事ハ申送ラズ

一、極﨟(慈光寺澄仲)御取立之事ハ不申送候、是ハ両人帰京之上可被申聞候、同役(姉小路公文)□〔屋〕敷地願、是又」

兼胤上京之□〔上〕可被申聞候、

兼胤在府中親族訪問ノ事

(37ウ)

一、兼胤在府中松平伊賀守(忠順)宅へ行向度候、於關東高家に可申入候、

公文雑掌柳川一學初テ下向セル故目見ノ事

一、同役雑掌柳川一學初ゟ被召連候、御目見之儀於關東高家へ可相願候、

右、何も伊豫守承諾了、

五日、

參内シ暇乞ス

女院親王准后ヘモ暇乞ス

一、巳半剋參　内、以表使伺　御機嫌、參女院(二條舎子、青綺門院)・親王(英仁親王)・准后(一條富子)、伺御機嫌了、

留守中御用ヲ議奏へ申送ル事

一、両人留守中御用向書付并雑掌へ渡書付、議奏五卿へ入披見了、

改元ノ日取ノ事

改元定來五月廿七日被行於關東無差支哉、伊豫守(阿部正右)へ尋合置□〔候〕事、

東照宮百五十回忌ノ事

來年四月　東照宮百五十回忌法事　勅会、願之通□〔被〕　仰出候事、

醫師藤木成棟へ合力米申渡ノ事

藤木佐渡守(成棟)忌明候ハヽ、故駿河守(藤木成適)へ被下候通御合力米三拾石被下候儀、可有御

申渡候事、

東大寺華嚴會ノ事
高野山一件ノ事

東大寺華嚴會之事、　高野山一件之事、

右書付相達、此外ハ雜掌共より葉室（頼要）・飛鳥井（雅香）兩家之雜掌へ申送之、」

六日、

關東へ向ケ發駕ス
（38オ）

一、卯剋進發向東武、在旅中・在府中記別、

關東下向歸洛ノ日程

十八日着府、　十九日登城、勤御使、　廿二日被申御返答、賜暇、今日向三家（徳川宗睦・同宗將・同宗翰）、　廿四日詣□（輪）門、（公啓入道親王）

廿五日能饗應、　廿七日發駕、　五月九日歸京、

（表紙外題）
「明和元
寶暦十四年
御東行之日記」

（原表紙）

明和元
寶暦十四年東行之日記

（兼胤花押、原寸大）

（原寸縦二一・二糎、横十四・七糎）

（1オ）

寶暦十四甲申歳

正月

十六日、戊辰、晴、

年頭勅使等ヲ仰付カル

一、關東江年頭之御祝儀　勅使兼　女院（二條舎子、青綺門院）・　親王（英仁親王）・　准后（一條富子）御使可參向、且　御即位御祝儀

即位御祝儀ノ勅使親王使ヲ兼ヌ

勅使兼　親王御使可相勤被　仰出、予・姉小路前大納言（公文）奉之、

即位御祝儀ノ女院使竝ニ准后使ヲ仰出サル

御即位御祝儀　女院御使石井前宰相行忠、・　准后御使大原三位重度、可參向被　仰出、

四月

（1ウ）

三日、戊『甲』『〻』申、晴、

六日ニ關東下向賜暇

一、來六日依發東武賜御暇、事〻如例、

四日、己『乙』酉『ヽ』、晴、

所司代役宅へ暇乞ニ赴ク

一、爲暇乞姉小路前亞相(公文)同伴向阿部伊豫守(正右)役宅、應對如例、

人馬朱印等ヲ請取ル

一、人馬之朱印・舟川渡證文・増人足證文、伊豫守より招雜掌(濱路)主膳・(柳川)一學、渡之、予依月番預之、朱印
人足三拾四人・馬貳拾八疋、宿次證文箱三棹・人足拾貳人、船川渡證文、都合三通、

五日、庚『丙』戌『ヽ』、雨、入夜加風、

留守中御用ヲ議奏へ申送ル

一、留守中御用、議奏五卿に申送了、

將軍代替御禮ノ爲正親町實連發駕ス

一、正親町前大納言實連、爲關東代替之礼今日進發、」

（2オ）

六日、辛『丁』亥『ヽ』、宿雨不休、辰斜屬霽、

禁裏等ヨリ御見立ノ者ヲ賜ハル

一、今日依發東武、爲御見立自　御所〻〻取次來、
(後櫻町天皇)内より渡邊出雲守(珍亮)、(二條舍子、青綺門院)女院より北大路織部正(季備)、(一條富子)准后より南大路播磨介(存顯)、

伊光ヨリ後刻御禮ヲ申上グ

各召前、奉　御旨、畏申、後刻伊光(廣橋)參　御所〻〻畏申、

一門等ノ見送ヲ受ク

一、四辻中納言(公亨)・久世三位(榮通)・竹屋右中弁(光豫)・柳原左少弁(光房)・裏松左兵衞佐(謙光)・日野侍從(資矩)・日野西兵(兼

興)部大輔・正丸(ノチ光醇)等爲見立來臨、

卯刻過發駕ス
石部泊

一、卯剋過發駕、衣躰如例、進發之儀告姉小路(公文)家、辰半剋過着大津驛家(近江滋賀郡)、暫休、申剋許着石部驛家(近江甲賀郡)、寓、自當駅至品川駅(武藏荏原郡)姉小路寓同驛、

年頭及ビ即位御祝儀ノ品ヲ御用櫃ニ納ム
女院准后ヨリノ品ハ各御所ノ使預カル

今度御用櫃三棒令持之、納年頭　四御所より御祝儀之品〻、　御即位　内(後櫻町天皇)・親王(英仁親王)より御祝儀之品〻、同　女院・　准后より之御祝儀」物者、其　御所之御使被預之、

(2ウ)

女院使准后使進發ス

一、女院使石井前宰相(行忠)・　准后使大原三位(重度)進發、止宿艸津驛家(近江栗太郡)、

今年ハ朝鮮通信使來朝セル爲勅使等ノ參向延引ス
通信使ノ旅程

一、今年朝鮮國信使依來、　勅使已下參向延引、今日進發了、
「(小書)信使正月廿九日經京洛、二月十六日着江府、三月十一日發江府、當月三日入洛、翌四日發京洛到浪華、依之、今日進發了、」

七日、壬子(『戊』『〻』)、晴、

關泊

一、卯剋進發、未半剋前着關驛家(伊勢鈴鹿郡)、寓、石(石井行忠)・大(大原重度)兩卿今夜止宿于坂下驛(伊勢鈴鹿郡)、

八日、癸丑(『己』『〻』)、晴、

桑名泊

一、卯刻進發、未半刻許着桑名（伊勢桑名郡）驛家、寓、石（石井行忠）・大（大原重度）兩卿今夜止宿于□（此）驛、

九日、甲『庚』『〃』寅、晴、

渡海シ熱田ニ着ス　（3オ）

一、卯刻乘船、渉桑名海、巳時着熱田（尾張愛知郡）驛家、休、

尾張藩役人傳馬朱印ヲ改ム

一、尾張家（德川宗睦）僕來、改朱印如例、兩家雜掌立會、

德川宗睦ヨリ見廻ノ使者來ル

一、同家より使來、送二種如例、不召前、以僕示返答、

尾張藩家老ヨリ見廻ノ使者來ル

一、成瀬隼人正（正泰）・同主殿頭（成瀬正典）・志水甲斐（忠如）使來、有送物、

熱田大宮司入來ス

一、千秋出□（羽）守（季豐）來、面謁、

知立泊

一、申斜着知立（三河碧海郡）驛家、寓、石（石井行忠）・大（大原重度）兩卿今夜止宿于鳴海（尾張愛知郡）驛、

書狀ニテ主上女院親王ノ御機嫌ヲ伺フ

一、發書札於京洛、附議奏五卿、候（伺）天氣（後櫻町天皇）・女院（二條舍子、青綺門院）・親王（英仁親王）御氣色如例、不伺准后（一條富子）如例、予執筆、

十日、乙『辛』『〃』卯、陰晴不定、及昏雨灑、自戌刻許起風、至曉暴風、天曙後休、

白須賀泊

一、卯刻進發、酉半時許着白須賀（遠江濱名郡）驛家、寓、石（石井行忠）・大（大原重度）兩卿止宿于吉田（三河渥美郡）驛、

今切及ビ天龍川ヲ渡ル
見附泊

大井川ヲ渡ル
藤枝泊

日坂ニテ老中奉書ヲ受取ル

東照宮百五十回忌法事勅會ノ事ヲ將軍喜悅ニ思召ス

（3ウ）

十一日、丙『壬』辰『〻』、晴、

一、卯剋過進發、渡今切海・天龍川等、未剋過着見付驛家（見附、遠江磐田郡）、寓、石（石井行忠）・大（大原重度）兩卿今夜止宿于濱松驛（遠江敷知郡）、

十二日、丁『癸』巳『〻』、晴、

一、卯剋過進發、渡大井河、水深所到乳下、申剋前着藤枝驛家（駿河志太郡・益津郡）、寓、石（石井行忠）・大（大原重度）兩卿今夜□（止）宿于嶋田驛（駿河志太郡）、

一、於日坂驛（遠江佐野郡）以宿次老中奉書到來、

　一筆致啓達候、來年四月　東照宮百五十回御忌付ゐ、於日光山　勅會之御法事被成御□（執）行度之由、㝡前申入□（候）之趣　奏達之処、則被　仰出候□（旨）、御紙面之通及　台聽、御喜悅不斜候、可然之樣可被達　叡聞之由、被　仰出候、猶期後音之時候、恐惶謹言、」

（4オ）

　四月九日

松平周防守
　康福判

松平□（右）京大夫
　輝高判

松平右近將監

武元判

廣橋大納言殿

姉小路(公文)前大納言殿

老中奉書言上ニツキ老中ヨリノ宿次證文差越サル

三高家より別翰來、奉書之趣京都に可及言上之間、長田越中守(元鋪)・田付筑後守(景林)に自右近將監宿次之證文一紙差越、傳達之由也、

議奏ヘ申達スベシト老中ヘ返簡ヲ遣ハス

藤枝驛着後、老中に、承知之、議奏に可申達之段、返簡遣、宿次、

老中奉書ニ兩傳奏ノ書翰ヲ添ヘ議奏ヘ申遣ハス

禁裏附ヘ送遣ハス

(4ウ)

一、老中奉書ニ兩人より書簡相添議奏に申遣、老中奉書・兩人書簡一封入狀箱、御附長田越中守・田付筑後守充、兩州にも書狀相添、示一封於」可達議奏之由、且返書被差出候者早〻可差越之由、同示之、狀筥・右近將監證文宿次役人に渡遣之、

議奏ヘ申遣ハス書狀

主上(後櫻町天皇)・女院(二條舍子、青綺門院)・親王(英仁親王)益御機嫌能可被爲渡、恐悅存候、抑先達ゐ關東より申來候來年四月　東照宮百五十回忌ニ付、勅會之御法事被　仰出候段申達候ニ付、老中奉書到來候、則入御披見候、以此旨宜被成御沙汰候、恐〻謹言、

四月十二日　公文

兼胤

葉室(頼要)前大納言殿
飛鳥井(雅香)前大納言殿
平松(時行)中納言殿
山科(頼言)前中納言殿
植松(賞雅)前宰相殿

切帋
老中奉書於日坂驛到來、披見、藤枝驛より以書状申入候、被達　叡聞候段御返書可被遣と存候、其段老中に相達候間、爲御心得申入候、尤御返書長田越中守・田付筑後守に可被成御渡候、且去九日池鯉鮒(知立、三河碧海郡)驛より進達候書状可相達存候事、」

切紙

老中ヘノ返書ハ禁裏附ヘ渡サレタシ

（5オ）

十三日、戊午(『甲』『〃』)、陰、

安倍川ヲ渡ル
江尻泊

一、卯剋進發、渡阿部(安倍)川、水淺、未剋許着江尻(駿河庵原郡)驛家、寓、石(石井行忠)・大(大原重度)兩卿今夜止宿于此駅、

十四日、己未(『乙』『〃』)、雨、晩頭屬晴、

富士川ヲ渡ル
三嶋泊

一、寅剋前進發、於倉澤(駿河庵原郡)天曙、渡富士河、中斜着三嶋(伊豆君澤郡)驛家、寓、石(石井行忠)・大(大原重度)兩卿止宿于此驛沼津(駿河駿東郡)

馳走役伊達村賢竝ニ三高家ヨリ書狀到來

一、馳走人伊達和泉守(村賢)以脚力書札到來、如例文、此便三高家より書簡來、如例文、

(5ウ)

十五日、丙申、晴、

箱根山ヲ越ユ
小田原泊

一、卯尅進發、越筥根山、未半尅許着小田原(相模足柄下郡)驛家、寓、石(石井行忠)・大(大原重度)兩卿止宿于此驛、

十六日、丁酉、晴、朝間微雨灑、暫休、

酒匂川竝ニ馬入川ヲ渡ル
神奈川泊

一、寅尅進發、渡酒匂川歩越、・馬入川、申半尅着金川(神奈川、武藏橘樹郡)驛家、寓、石(石井行忠)・大(大原重度)兩卿止宿于戸塚(相模鎌倉郡)驛、

正親町實連着府ス

一、正親町前大納言(實連)今日着府、

十七日、戊戌、晴、

品川泊

一、寅尅過進發、巳尅着品川(武藏荏原郡)驛家、寓、石(石井行忠)・大(大原重度)兩卿止宿于此驛、

品川到着ヲ老中竝ニ三高家へ報ズ

着當驛後、雜掌(濱路)主膳、・用人賴母、・近習靭負・矢栖、先令着馳走所、予到着當驛之由令告老中・
三高家、

馳走役ヨリ家來ヲ差出サル

(6オ)

伊達和泉守(村賢)より家來ヰ差出如例、

明日五半時馳走所ニ着スベシト高家ヨリ案内アリ
江戸ニ向ケ發駕ス
馳走所ニ入リ馳走役等ニ謁ス
公文等モ着府ス
上使松平武元等入來シ諚意ヲ傳達ス
（6ウ）
兩傳奏謹ンデ承ル
上使御所方ノ御機嫌ヲ伺フ
兩傳奏當地ノ靜謐ヲ賀ス
老中入來シ對謁ス
側用人入來ス
三高家入來シ面謁ス

一、未刻許和泉守より以切帋、□（明）十八日五半時可着于御馳走所之由、自三高家案内有之由也、
答承知之由、

十八日、己亥、陰、

一、卯剋進發、直垂如例、先謁後騎侍、乗輿之時氣色于徒士如例、辰斜入辰口之馳走所、和泉守（伊達村賢）縁取迄出迎先立如例、於休所面會、持參之太刀目六用人持出、会釈如例、次彼家之僕等召前如例、次謁當館預、次朝饌、

一、姉小路前大納言（公文）・石井前宰相（行忠）二殿、・大原三位（重度）三殿、相續ゐ着府、各被入馳走所、

一、午半剋許爲上使松平右近將監（武元）・差副由良播磨守（貞整）入來、予・姉小路着直垂、」出迎、衝立內、請上段、兩使・兩人相共昇、右近將監述命旨、遠路大儀思召、近日可□（有）對顔、若君（ノチ德川家基）よりも同様之由、兩人謹承、蒙諚意辱存候、宜沙汰頼存之由述之、予演之、次相共降下段、對座、右近將監伺　禁裏（後櫻町天皇）・御所方御機嫌、兩人賀當地之靜謐、謝結構之馳走忝由、次互賀平安、次兩使退歸、兩人送出、衝立內、

一、老中松平右京大夫（輝高）・松平周防守（康福）入來、酒井（忠寄）依所勞不來、兩人對謁、迎送如例、与右近同事也、
側用人板倉佐渡守（勝清）入來、被申置如例、

一、三高家織田對馬守（信榮）・畠山飛驒守（義紀）・由良播磨守・入來、於予休所兩人面謁、應對如例、了談左之趣、

申談ズル趣
三家へ行向フ日限ノ事

輪王寺宮へ行向フ日限ノ事

（7オ）

伏原宣光等ノ方領書附ヲ渡ス

女院使准后使ノ増上寺寛永寺参詣竝ニ三家へ見廻ノ事

正親町實連ノ御靈屋參詣及ビ獻上物ハ如何スベキヤ所司代へ伺フモ指圖ナシ

昨日書附ヲ受取リ實連へ申達スト三高家答フ

（7ウ）

三家（徳川宗睦・同宗將・同宗翰）に行向可爲何日哉、

答云、追ゟ可示日限之由也、

輪王寺宮（公啓入道親王）當時日光在山也、雖留守中參本坊執當に可申置、日限等如例坊官共に可引合」哉、

答云、可爲右之通、

伏原民部少輔（宣光）・植松大藏權大輔（雅陳）方領之事被仰進、例之通於營中老中に可達之由、名前・俵付之書付爲心得渡之、

答云、可爲例之通、

石井・大原兩寺（増上寺・寛永寺）に參詣幷三家に見廻申置之事、書付渡之、

答云、落手、追ゟ日限可示之由也、」

正親町前大納言（實連）惇信院（徳川家重）殿御靈屋參詣、有徳院（徳川吉宗）殿迄者先年參詣相濟、獻上物伺之書付、於京洛被差出、伊（阿部正右）豫守に雖達置、未無差圖、此儀奈何、

答云、昨日右兩樣之書付受取被沙汰候、御靈屋參詣ハ伺之通相濟、獻上物ハ去年松木宰相（宗濟）通大樹（徳川家治）公に計献上、若君にハ不及献上、其段正親町に被申達相濟之由也、

姉小路家雑掌ノ目見ニツキ書附ヲ渡ス

姉小路家雑掌柳川一學〔湯口圖書跡役〕、今度始而被召連ニ付　御目見之事、前大納言願存之由書付、宜有沙汰之由述、附書付、

答云、令沙汰追而可申、明日其心得ニ而可登城之由也、

忌中ノ爲勾當内侍ヨリノ獻上物ハナシ

（梅溪直子）勾當内侍依故障此度無献上物、追而忌明之後於京都可被窺（伺）、」

（8オ）

答云、承知、

東本願寺ノ取計ハ寶暦七年ノ通リトサレタシ

東本願寺前大僧正（光遍）參府ニ付、萬事宝暦七年之通席等之儀無相違様可有取計、

答云、承知、

兼胤ノ知恩院宮ヘノ參上ハ勝手次第タルベシト示サル

予一分滞府中知恩院宮（尊峯入道親王）江可參之由、對馬守江示之、可爲勝手次第之由被答了、翌十九日、老中江も被申置候、彌勝手次第何日ニ而（モ脱）可參、對州被示了、

女院使准后使ヲ招入ル

右相濟後招石井・大原、四人同席、予休所、

明日登城ノ事ヲ三高家申渡ス

傳奏雑掌ヘモ申渡ス

實連ヘモ申達ス

三高家被示可有　御對顔之間明十九日可登城之由、被渡次第書、四人述忝由、次第書抑留、次雑掌召出、明日可登城被申渡、両人動坐謝之、次於廣間明日登城之事正親町江被申達、両人列坐、次第書入披」見、明日卯半剋迄ニ當館江可被來示了、

（8ウ）

竝高家入來ス

一、竝高家長沢壹岐守（資祐）・前田出羽守（房長）・横瀬駿河守（貞隆）・六角越前守（廣孝）・堀川兵部大輔（廣之）・中條大和（信復）

守・大友近江守(義珍)・大澤相模守(基典)入來、於予休所兩人面謁、應對如例、
前田伊豆守(長敦)ハ東本願寺に上使相勤、今川丹後守(義泰)ハ　日光に　御名代參向ニ付不來、

女院使准后使ノ馳走役入來シ面談ス

一、石井馳走人木下肥後守(利忠)・大原馳走人織田山城守(信舊)持參太刀馬、望面會、和泉守誘引、於休所面談、

馳走役ヨリ鮮鯛ヲ贈ラル

一、和泉守賀上使相濟之儀、贈鮮鯛二尾、

進物ヲ馳走方役人ヘ引渡ス

一、被進物雜掌引渡馳走方役人了、

着府竝ニ城使ノ事ヲ書狀ニテ議奏ヘ報ズ

一、着府城使有之叓、以書簡議奏に注進如例、

（9オ）

十九日、庚子、雨、

辰半刻ニ登城ス

一、辰半剋和泉守(伊達村賢)より有案內、登城、着香狩衣、姉小路(公文)・石井(行忠)・大原(重度)同伴、

女院使准后使正親町實連モ登城ス

正親町前大納言(實連)被來當館、四人ニ引續登城、

東本願寺ハ別ニ登城ス

東本願寺(光遍)ハ不被來當館、直ニ登營、毎度來當館、勅使より先に登營也、今日儀如何、

殿上間ニ着ス

四人着殿上間、高家出迎、誘引如例、正親町被候次間、本願寺被候大廊下ゝ休所、

老中出逢ヒ挨拶ス

一、老中出逢、酒井(忠寄)不參、予述早速登城被仰出忝由、右近(松平武元)有挨拶、石井・大原避座、次間、予示方領

方領ノ書附ヲ渡ス
書附ハ非藏人執筆ス

之儀被仰進之由、渡書付、檀紙竪紙、同紙表包如例、藤嶋(忠韶)石見書、無俵付如例、各披見、了右近述可言上之由、次石井・大原復座、右京(松平輝高)・周防(松平康福)退末席、

上段ニ昇リ御臺所ヘノ即位御祝儀ヲ老中ヘ傳達ス
（9ウ）
女院使御祝儀ヲ傳達ス
親王使御祝儀ヲ傳達ス
准后使御祝儀ヲ傳達ス

一、右近將監氣色、相共予・姉小路昇上段、与右近對座、御臺(閑院宮倫子)に被進御即位御祝儀竪目錄、對馬守(織田信榮)持來、兼ゐ設置上段、予取之、授右近、述御口上、御臺□〔御〕方に御即位之御祝儀被仰入マす」、右近示可申上之由、次兩人降居下段、次石井昇上段、授女院(二條舍子、青綺門院)より御即位御祝儀之目錄、被述御口上、女院より御臺御方に御即位御祝儀被仰入マす、次姉小路・予昇、授目錄、述親王(英仁親王)之御口上、如初、此度姉小路演達、次大原昇上段、授目錄、被述准后(一條富子)之御口上、如初、老中退入、

萩畫間次デ櫻畫間ニ移ル

一、高家誘引、四人移着大廊下上休所、萩画間、正親町被候廊下、蹔四人進居櫻画間、先之、石井・大原有内檢、

將軍白書院上段ニ出座ス

一、大樹(德川家治)公御出、白書院上段、紫御直垂、

上段ニ昇リ禁裏ヨリノ年頭御祝儀ヲ傳達ス
（10オ）
將軍頂戴シ御請ノ詞ヲ申述ブ

年頭御祝儀

禁裏(後櫻町天皇)より御太刀目錄予持參、姉小路同列、昇□〔上〕段、進御太刀目錄、公令取給、予聊逡巡、取出扇、元入懷中、平伏、申述云、年頭之御祝儀□〔被〕仰入マす、「公御頂戴、」畢置前、被仰忝由禁裏御安全目出由、謹奉、平伏、無言、退去、櫻画間、

上段ニ昇リ女院ヨリノ御祝儀ヲ傳達ス
御請ノ詞ナシ
親王ヨリノ御祝儀ヲ傳達ス
准后ヨリノ御祝儀ヲ傳達ス
世子ヘノ御祝儀ヲ傳達ス
將軍頂戴ス
禁裏ヨリノ卽位御祝儀ヲ傳達ス
女院ヨリノ御祝儀ヲ傳達ス
親王ヨリノ御祝儀ヲ傳達ス
准后ヨリノ御祝儀ヲ傳達ス
(10ウ)
世子ヘノ御祝儀ヲ傳達ス
將軍頂戴ス
攝家竝ニ門跡ヨリノ使者進物ヲ獻上ス
勅使女院使准后使自分御禮

女院より黄金一枚載臺、姉小路持參、予同列、昇上段、置御前、女院より年頭之御祝儀被仰入マす、姉小路述之、退去、御頂戴御詞ホ無之、

親王より御太刀目錄予持參、姉小路同列、如　禁裡、被仰忝由、

准后より黄金臺姉小路持參、予同列、如　女院、

次若君(ノチ徳川家基)に之御祝儀　公代ゟ有御頂戴、勤方一如初、若君御方に年頭之御祝儀被仰入マす、

御卽位御祝儀

禁裏より眞御太刀革緒鞘ニ巻付、目錄予持參、姉小路同列、一如初、被仰忝由、

女院より黄金臺石井持參、一如年頭、

親王より御太刀目錄姉小路持參、予同列、一如年頭、

准后より黄金臺大原持參、一如年頭、

次若君に之御祝儀　公代ゟ有御頂戴、勤方等一如初、

一、年頭之使者攝家衆・照高院(忠譽入道親王)・青蓮院(尊眞入道親王)兩門跡・圓滿院(祐常)門跡、知恩院門跡(尊峯入道親王)へ依□□(爲)(在)府正月登城ニゟ相濟、壹人充出、太刀目錄高家披露如例了、

一、予・姉小路・石井・大原一人充於下段一礼、了着右方、右近將監取合、有　台命、事ゝ

武命ヲ承ル

如例、進上之太刀目錄高家披露如例、紗綾ハ如例中奥持出、直候大廣間三間、

東本願寺門跡繼目婚禮大僧正ノ御禮
實連將軍代替ノ御禮

一、東本願寺大僧正繼目・婚礼・大僧正ホ御礼、・正親町前大納言御代替御礼、御對顏、了各被候大廣間三間、本願寺与予對坐、正親町ハ末席ニ被候、

地下官人吉田家使者目見ス

地下・吉田二位(兼雄)使者目見了、

老中へ對顏ヲ謝シ退出ス
西丸ヘ參上シ奏者番ヘ對顏ヲ謝ス
老中及ビ若年寄邸ヲ回禮ス
（11オ）

一、老中見送、予逑御對顏忝由、四人直起座、退出、參西丸、奏者久世出雲守(廣明)・土岐美乃〔濃〕守(定經)、」出會、中御對顏忝由、奏者退入、四人退出、向板倉佐渡守(勝清)・水野壹岐守(忠見)・松平右近將監・鳥居伊賀守(忠意)・小出信濃守(英持)・松平右京大夫等亭、謝御對顏・家來御目見忝由、歸館、

上使ヲ以テ鹽鶴等ヲ賜ハル

一、城使前田出羽守(房長)入來、對顏相濟御滿足思召、依之、賜鹽鶴一筥・樽一荷、兩人迎送、謝詞如例、

老中等ノ邸ヲ回禮ス

一、兩人同伴向松平攝津守(忠恒)・酒井石見守(忠休)・酒井左衞門尉・織田對馬守・畠山飛驒守(義紀)・松平周防守ホ亭、謝詞如初、□〔由〕良(貞整)家ハ以雜掌謝之、

若年寄高家入來ス

一、若老中酒井石見守入來、被賀對顏相濟之儀、被申置、高家各入來、被賀同儀、」

馳走役ヨリ進物ヲ贈ラル
（11ウ）

一、爲今日之賀和泉守贈二種昆布・干鯛、・一荷、

松平忠順邸訪問ヲ願フ

一、逗留中松平伊賀守(忠順)宅ニ見迴度由書付、三高家充、對馬守宅ニ差出了、

忠順ハ奏者番寺社奉行在職中故予メ本人ヨリ面會音信ニツキ伺フ老中評議シ勝手次第トサル

伊賀守當時奏者・寺社奉行ニ付、面會・音信抔之事伊賀守より相伺、無相當之先例、老中及評議之上是迄之通面會往來可爲勝手次第之由相濟之段、伊賀守より告來ニ付、今日右之書付差出了、

御使濟ム事ヲ書狀ニテ議奏竝ニ准后肝煎ヘ申入ル

一、今日登城・御使相務之事、議奏に以書札注進、并准后より年頭之御使相勤之事、以書狀達愛宕前大納言(通貫)御肝煎、了、

廿日、辛丑、晴、

馳走役ヨリ花酒ヲ贈ラル

一、和泉守(伊達村賢)より花一桶芍藥一色、・名酒二陶、

高家入來シ三家へ行向フ日取及ビ松平忠順邸訪問ニツキ示ス

(12オ)

一、織田對馬守(信榮)入來、三家(徳川宗睦・同宗將・同宗翰)に行向可爲廿二日、且松平伊賀守(忠順)宅に行向之伺書」被沙汰之処、可爲勝手次第相濟之由、以用人被示之、兩人面會示合了、

輪王寺宮知恩院宮へ參上ノ日取ヲ噂ス

輪門(公啓入道親王)に廿四日可參、知門(尊峯入道親王)に予明日參之事、任序令噂了、

席畫

一、有席画之興、狩野永徳(高信)書之、兩人於同席見物、

年頭御祝儀

『年頭御祝儀』

禁裏ヨリノ品

禁裏(後櫻町天皇)より

（徳川家治）大樹公に　御太刀一腰　御馬代黄金三枚、一疋

（ノチ徳川家基）若君に　御太刀一腰　御馬代黄金三枚、一疋

女院ヨリノ品

（二條舎子、青綺門院）女院より

大樹公に　黄金一枚

若君に　黄金一枚

親王ヨリノ品

（12ウ）

（英仁親王）親王より

大樹公に　御太刀一腰　御馬代黄金一枚、一疋

若君に　御太刀一腰　御馬代黄金一枚、一疋

准后ヨリノ品

（一條富子）准后より

大樹公に　黄金一枚

若君に　黄金一枚

即位御祝儀

御即位御祝儀

禁裏ヨリノ品

禁裏より

大樹公に　眞御太刀延壽國資、一腰　御馬代黄金二枚、一疋

御臺に　御絹紅白、十疋　二種昆布・干鯛、一荷

（13オ）

若君に　眞御太刀東國俊、一腰　御馬代黄金一枚、一疋

女院ヨリノ品

女院より

大樹公に　黄金一枚

御臺に　紗綾紅白、三巻　干鯛一箱

若君に　黄金一枚

親王ヨリノ品

親王より

大樹公に　御太刀一腰　御馬代黄金一枚、一疋

御臺に　紗綾紅白、三巻　干鯛一箱

若君に　御太刀一腰　御馬代黄金一枚、一疋

准后ヨリノ品

（13ウ）

准后より

大樹公に　黄金一枚

御臺に　紗綾紅白、三巻　干鯛一箱

若君に　黄金一枚

寳暦十四年四月

禁裏親王ヨリノ目録竝ニ方領書附ハ非藏人藤嶋忠韶ノ筆
女院准后ヨリノ目録ハ女房ノ筆

右御目録認方如□(例)、禁裏・親王御目録幷方領書付藤嶋(忠韶)石見書之、
女院・准后ハ女房之筆如例、
眞御太刀認方横目録如恆、
御太刀國資、一腰
御馬　一匹
如右調之、

知恩院宮ヘ參上ス
(14オ)
馳走役ヨリ檜重ヲ贈ラル
高家入來ス
三高家入來シ明日將軍ヨリ返答アル旨ヲ傳達サル
傳奏雜掌ヘモ申渡サル
正親町實連ヘ

廿一日、壬寅、晴、
一、巳剋許參知恩院宮(尊峯入道親王)増上寺内學殿、暫伺候、還舍、
一、和泉守(伊達村賢)より贈檜重、
一、長澤壹岐守(資祐)入來、在府中被問安否、面談、
一、織田對馬守(信榮)・由良播磨守(貞整)・畠山飛驒守(義紀)入來、於予休所四人予・姉小路(公文)・石井(行忠)・大原(重度)同席面謁、明廿二日御返答可被　仰出可登城之由、次第書被渡、辰剋迄用意可待案内之由也、次於緣頰兩家雜掌登城之事被申渡、兩人動座謝之、次於廣間正親町□(へ)明日登城之叓三高家被示、兩

モ示サル

人列坐、次第入披見了、

将軍返答ノ儀ニツキ登城ス
正親町實連モ登城ス
大廊下休所ヘ着シ萩間次デ櫻間ニ移ル
（14ウ）
将軍白書院ニ出座ス
兩傳奏上段ニ昇リ禁裏ヘノ返答ヲ承ル
女院親王准后ノ年頭御祝儀ヘノ返答ヲ承ル
女院親王准后ヘノ即位御祝儀ヘノ返答ヲ承ル

廿二日、癸卯、晴、

一、辰半剋和泉守（伊達村賢）より有案内、予・姉小路（公文）・石井（行忠）・大原（重度）同伴登城、
正親町（實連）被來當館、相續ゐ登城、」
直着大廊下休所、萩間、暫高家誘引、移居櫻間、

一、大樹公（徳川家治）御出、白書院、予・姉小路・石井・大原一人充於下段一礼、予・姉小路二疊目、石井・大原一疊目、高家稱稱号計、出緣頬、執老中氣色、右近將監（松平武元）、在下段口、右之方ニ着座、公依御氣色予・姉小路參進、昇上段、被仰
禁裡（後櫻町天皇）より年頭御祝儀幷御卽位御祝儀被下忝由、竹千代（ノチ徳川家基）にも年頭御祝儀・御卽位御祝儀被下忝由、　女院（二條舍子、青綺門院）・　親王（英仁親王）・　准后（一條富子）より年頭御祝儀被下忝、竹千代にも御祝儀被下忝由、兩人承之、復座、次石井參進、被仰　女院より御卽位御祝儀被下忝由、石井退去、櫻間、次予・姉小路依御氣色參進、被仰　親王より御卽位御祝儀被下忝由、竹千代にも御祝儀被下忝由、兩人退去、次大原參進、被仰　准后より御卽位之御祝儀被下忝由、大原退去、」

賜暇拝領物ノ事ヲ老中ヨリ申渡サル

（15オ）

一、老中出櫻間、示歸洛之暇・拝領物之事、右近述之、若君より拝領物之事、周防（松平康福）述之、四人一同承之、次示正親町、了老中參御前、

歸洛ノ暇ヲ賜ハル

一、予・姉小路・石井・大原一同進下段、予・姉小路二疊目、石井・大原一疊目、可爲一列之処、石井・大原被進兩人後一疊目、平伏、右近取合、有台命、可令無事歸洛之由也、四人退去、萩間、次正親町出座、同前、了　公令入給、

御臺所ヨリノ即位御祝儀ヘノ返答ヲ承ル

一、高家誘引、四人進着白書院下段、北襖迫南面、四人一列、右近將監出席、　御臺（閑院宮倫子）より　御卽位御祝儀被進忝思召由、述御返答、予示歸洛候ゐ可及言上之由、姉小路・石井・大原無詞、退居萩間、老中出席、

方領書附ヲ渡サル

石井・大原避座、右近將監渡方領之書付、予受取之、披見、傳姉小路、披見、了被返、予置前、歸洛候ゐ可令言上之由述之、老中退去、石井・大原復座、

方領ノ書附

「書奉書紙、竪、以同紙爲表包、如例、

（15ウ）

百俵　伏原（宣光）民部少輔

百俵　植松（雅陳）大藏權大輔

右兩人、方領之儀被　仰進候、

書面之通、從當申年

被下之候、以上、」

四月

一、於白書院下段一人充拝領物頂戴如例、

拝領物ヲ賜ハル

将軍ヨリノ品

大樹公より

白銀三百枚・綿二百把　予

同

白銀百枚・時服袷、六領　姉小路

同　石井

（16オ）

同　大原

世子ヨリノ品

若君より

白銀二百枚　予

同　姉小路

白銀五十枚　石井

同　大原

将軍ヨリ正親町實連ヘノ品

大樹公より

白銀百枚・時服袷、十領　正親町若君より無賜物、献上物も無之、此度献上物致度由雖被願、不相濟、不及献上之由也、

老中ニ面謁ス

右畢高家誘引、對馬守(織田信榮)、四人・正親町一同到老中列居前、對馬守取合、了大廣間□□(三)(間)退、

(16ウ)

事々ニツキ御禮ヲ申述ブ

候、老中見送、予述御返□(答)被仰出賜歸洛之御暇拜領物被仰付忝存候由、直起座、退出、

西丸へ參上ス

奏者番へ御禮ヲ申述ブ

參西丸、着殿上間、奏者土岐美乃守(濃)(定經)・加納遠江守(久堅)出逢、申御礼、如初、了退出、還馳走所、巳剋過也、

御臺所ヨリ使者ニテ賜物アリ

一、御臺御使爲井又六(祐安)、入來、兩人出迎、請上段、承口上、述忝由、送出、迎送如上使、

時服袷十領賜之、

女院使准后使へモ賜物アリ

直ニ石井・大原ニ之御使相勤云々、賜物、

老中若年寄側用人邸ヲ回禮ス

一、向老・若・側用人亭、兩人同伴、謝御返答被仰出賜歸洛之御暇拜領物□□(忝)(存)、家來共拜領物是又忝存之由、不向三高家亭、以使謝之、

三家へ年頭御使ヲ勤ム

一、向三家亭、紀州(徳川宗將)在喰違、尾州(徳川宗睦)市買(谷)、水戸(徳川宗翰)駒込之宅、賜　禁裏・親王より年頭之御祝儀御太刀御馬、事々如例、紀伊父子(徳川重倫)共依所勞、家老伊達源左衞門出逢、尾張中納言・水戸宰相面謁、」

三家幷役人亭行向順路了、午剋前出門、申剋還馳□(走)所、

(17オ)

馳走役ヨリ鮮鯛ヲ贈ラル

一、和泉守爲今日之賀送鮮鯛、

若年寄寺社奉行入來ス

一、小出信濃守(英持)・松平攝津守(忠恆)・水野壹岐守(忠見)入來、被賀着府・御對顔相濟之儀、寺社奉行松平和泉守(乘佑)入來、被賀同旨、

高家由良貞整邸へ赴キ對顏等ヲ謝ス

廿三日、甲辰、晴、

一、兩人同伴向由良播磨守(貞整)亭、謝去十九日御對顏・昨日御返答・御暇拜領物・家來拜領物等之儀、

高家老中等入來ス

一、六角越前守(廣孝)・松平近江守(定邦)入來、訪〔尋〕在府中安否、面會、酒井雅樂頭(忠恭)來同役休所、被訪〔尋〕同旨、予出逢對話、

馳走役ヨリ擣栗ヲ贈ラル

一、□〔和〕泉守(伊達村賢)爲見迴送擣栗一箱、」

(17ウ)

廿四日、乙巳、晴、

明日能見物ノ爲登城ヲ申渡サル

女院使准后使ヘモ申渡サル

一、爲城使堀川兵部大輔(廣之)入來、兩人出逢、明日能見物可登城之由也、畏申、雜掌共登城之事被申渡、兩人謝之、送迎如例、兵部大輔被向石井(行忠)・大原(重度)馳走所云々、

三高家入來シ明日ノ事ヲ示合ハス

一、三高家入來、示合明日登城剋限ホ如例、正親町(實連)明日登城之事、招寄于此亭、三高家被示、每度兩人に上使被申渡例也、正親町依不合期、三高家被示渡也、

馳走役ヨリ桑酒等ヲ贈ラル

一、和泉守(伊達村賢)贈桑酒二瓶・砂糖漬一壺、

輪王寺宮へ年頭勅使ヲ勤ム

一、兩人同伴參輪王寺宮(公啓入道親王)、依日光在山給、勅旨・賜物御末廣二本、執當覺王院(慈秀)に申渡、早々日光山に可申入之由也、

松平忠順邸へ赴ク
一、松平伊賀守(忠順)亭江行向、有饗、亥半剋許還馳走所、於彼亭板倉伊勢守(勝曉)參會、」

女院使准后使上野東照宮御靈屋ヲ詣ズ
(18オ)
一、石井前宰相・大原三位今日被詣上野御宮・御靈屋、卯半剋出門、」

廿五日、丙午、晴、

能見物ノ爲登城ス
對顔諚意アリ能始マル
用脚廣蓋ノ儀饗應
能ノ後對顔諚意立還ノ禮退出ス
一、辰剋過依案内予・姉小路(公文)・石井(行忠)・大原(重度)同伴登營、正親町(實連)引續而登營、各着殿上間、東本願寺(光遍)先達而登城、在上段、立隔間之襖如例、高家依誘引出見物所、東本願寺見物所如例下座之方也、立隔衝立、開襖、有御對顔・台命、右近將監(松平武元)取合、次能始、傳達水野壹岐守(忠見)、翁了以右近將監有寛々可見物之由命、先四人・正親町、次本願寺、玉井了羞茶如例、西行櫻了有用脚廣蓋之儀、奏者久世出雲守(廣明)存知之、終中入、於白書院饗應如例、上使・老中挨拶ホ事々如例、畢又出見物所、能了又開襖、有對顔・命・□(立)還礼ホ、事々如例、申半剋歸馳走所、」

能ノ番組
(18ウ)
翁　玉井観世大夫(元章カ)、　秀句傘鷺仁右衞門、　敦盛観世三十郎(元長)、　縄なひ□(大)藏彌大夫、
西行櫻宝生大夫(友精)、　三井寺十大夫(喜多親能)、　祝言養老喜多七大夫、

議奏ヨリノ返書到來ス
一、議奏より返書至(到)來、對馬守(織田信榮)江自御附(長田元鋪・田付景林)相達之由、對馬守被傳之、
去十二日從藤枝驛(駿河志太郡・益津郡)之御狀十五日晩頭到來、令拜見候、(平出)主上(後櫻町天皇)・(平出)女院(二條舍子、青綺門院)・親王(英仁親王)倍御機嫌宜被爲渡候、可有御安慮候、御兩卿御堅固珍重存候、抑先達而關東より申來候

（19オ）

來年四月（平出）東照宮百五十回忌ニ付、（平出）勅會之御法事被　仰出候旨被仰達候ニ付、從」老中奉書御到來御差登、令落掌候、即達叡聞候、老中に返翰遣候、仍申入候、恐々謹言、

四月十八日

（植松）賞雅
（山科）頼言
（平松）時行
（飛鳥井）雅香
（葉室）頼要

廣橋（兼胤）大納言殿
姉小路（公文）前大納言殿

御切帋之趣、委細令承知候、去九日池鯉鮒（知立、三河碧海郡）駅ゟ之御状相達候、返翰令進上候事、」

（19ウ）

老中若年寄暇乞等ニ入來ス

一、□（松）□（平）右京大夫（輝高）・松平周防守（康福）爲暇乞入來、鳥居伊賀守（忠意）爲賀入來、

馳走役ヨリ干鯛等ヲ贈ラル

一、和泉守（伊達村賢）、賀萬事無滯相濟之儀、贈干鯛一箱・樽代金五百疋、等、

歸洛ノ豫定等ヲ書狀ニテ議

一、議奏に發書狀、去廿二日被申御請、賜歸洛之暇、拜領物有之、今日能被爲觀饗應有之ニ

付、明(後脱)廿七日發足、來月九日可令歸洛之由、申入、予執筆、姉小路加名、

奏へ報ズ

廿六日、丁未、晴、

女院使准后使等增上寺御靈屋ヲ詣ズ

一、石井(行忠)・大原(重度)被詣增上寺(靈屋、)正親町(實連)被詣增上寺　惇信院(德川家重)殿靈屋、此已前之靈屋ハ先年參詣相濟了、

老中側用人暇乞ニ入來ス

一、松平右近將監(武元)・板倉佐渡守(勝清)爲暇乞入來、被申置、

三高家竝高家暇乞ニ入來ス

一、三高家幷並衆各爲暇乞入來、於休所面謁、

馳走役ヨリ枝柹等ヲ贈ラル

一、和泉守(伊達村賢)贈枝柹一筥、又干鯛・白銀百兩・臘燭二百挺、又末(抹)茶・乾菓等、」

(20オ)

馳走役主從ヲ慰勞ス

一、入夜謁和泉守、令(爲カ)滯留中挨拶有盃酌之儀如例、次彼家之僕等召出、會釋、今日當表雖精進日、盃酌之時用魚肉、

木下利忠織田信榮入來ス

一、木下肥後守(利忠)・織田對馬守(信榮)望面會、謁見了、

松平忠順長澤資祐暇乞ニ入來ス

一、松平伊賀守(忠順)・長澤壹岐守(資祐)爲暇乞入來、面談、

廿七日、戊申、晴、

江戸ヲ發駕ス

一、卯刻過發駕、着直垂、和泉守(伊達村賢)緣取迄送出、令會釈、家老已下地上ニ平伏、令目、乗輿、着

品川ニテ後騎ノ侍ニ古歌色紙ヲ遣ハス

品川(武蔵荏原郡)之驛家、出輿之時目案内之徒士、後騎侍召前、挨拶、手親賜詞(書脱)之古哥三枚、自是改」

戸塚泊

旅装、發駕、未半剋□(過)着戸塚(相模鎌倉郡)驛家、寓、石井(行忠)・大原(重度)兩卿止宿于金川(神奈川、武蔵橘樹郡)驛、

馳走役ヨリ菓肴ヲ贈ラル

(20ウ)

一、□(和)□(泉)守以脚力送乾菓・漬蚫如例、遣返簡、

廿八日、己酉、晴、

小田原泊

一、卯剋進發、未半剋許着小田原(相模足柄下郡)驛家、寓、石(石井行忠)・大(大原重度)兩卿止宿于此驛、

小田原城主ヨリ石決明ヲ贈ラル

大久保大藏少輔(忠興)以使送石決明、

正親町實連江戸ヲ發駕ス

一、正親町前大納言(實連)今日被發江府、

廿九日、庚戌、晴、

箱根山ヲ越ユ
沼津泊

一、卯剋進發、越筥根山、申剋過着沼津(駿河駿東郡)驛家、寓、石(石井行忠)・大(大原重度)兩卿止宿于三嶌(伊豆君澤郡)驛、

卅日、辛亥、晴、

府中泊

一、寅剋進發、中半剋過着府中(駿河安倍郡)驛家、寓、石(石井行忠)・大(大原重度)兩卿止宿于江尻(駿河庵原郡)驛、

明日ヨリ公文月番故人馬朱印等ヲ渡ス

一、今夕朱印・證文渡姉小路前大納言（公文）了、自明日月番也、

（21オ）

五月

朔日、壬子、雨、晩頭雷響六七聲、

安倍川竝ニ大井川ヲ渡ル金谷泊

一、卯刻進發、自丸子邊（駿河有渡郡・庵原郡）降雨、渡阿部（安倍）川・大井川、未半刻過着金谷驛家（遠江榛原郡）、寓、石（石井行忠）・大（大原重度）兩卿今夜止宿于此驛、

二日、癸丑、晴、

濱松泊

一、卯刻進發、申刻許着濱松驛家（遠江敷知郡）、寓、石（石井行忠）・大（大原重度）兩卿止宿于此驛、

五社竝ニ諏訪神主ヨリ贈物

五社神主森（爲壽）備前守持來草花一筒、諏訪神主杉浦（國滿）阿波守持來相樂（良）和布如例、

三日、甲寅、晴、

今切ヲ渡ル赤坂泊

一、丑刻進發、天明後渡今切海、未半刻過着赤坂驛家（三河寶飯郡）、寓、石（石井行忠）・大（大原重度）兩卿止宿于五井駅（三河寶飯郡）、

熱田泊

薩摩土佐越前ノ参勤行列勅使ヲ避ク

福山蓮池ノ行列トハ行逢フ

下向ノ道中ハ行逢フ大名ナシ

(22オ)

徳川宗睦ヨリ見廻ノ品ヲ贈ラル

尾張藩家老並ニ熱田大宮司ヨリ見廻ノ品ヲ贈ラル

佐屋河ヲ渡ル
桑名泊

(21ウ)

四日、□□〔乙卯〕、陰、巳時許雨灑、晩頭屬晴、

一、卯剋進發、中半剋過着熱田(尾張愛知郡)驛家、寓、石(石井行忠)・大(大原重度)兩卿止宿于此驛、

松平薩摩守(嶋津重豪)參府、扣居于岡崎(三河額田郡)驛家、松平土佐守(山内豐敷)參府、扣居于烏頭坂(宇頭坂、三河碧海郡)民家藪牆内、土州依爲道傍以使令會釈、松平越前守(重富)歸國、止宿于鳴海(尾張愛知郡)驛家、過彼門前之時以使令會釈、依有所縁也、

去月廿七日過程ケ谷(保土ヶ谷、武藏橘樹郡)驛遇阿部伊豫守(正右)、依召參府也、行過之前互以使令會釋、互行通了、廿八日過梅澤(相模東郡)、於途中遇鍋嶋攝津守(直寛)、兼不知通行之支、扣居道傍、通過之後以使令會釈、

下向之道中一人も無行遇、四月十二日水野和泉守(忠任)前夜止宿于」袋井(遠江山名郡)驛家、未出立之前過其家前、仍不及會釈、

一、尾張中納言(徳川宗睦)以使被訪〔尋〕旅中、被贈二種、枝柹・粕鮑、不召前、以僕示返報、

成瀬隼人正(正泰)父子(成瀬正典)・志水甲斐(忠如)以使有贈物、千秋出羽守(季豐)依明日祭礼潔齋不來、以配下社人送鱸魚、

五日、丙辰、晴、

一、卯剋進發、渡佐谷〔屋〕河、未剋前着桑名(伊勢桑名郡)驛家、寓、石(石井行忠)・大(大原重度)兩卿止宿于此驛、

春日社社司入來ス

春日社社司來、贈看如例、

關泊

六日、丁巳、雨、巳斜屬晴、

一、□(卯)□(剋)進發、未半剋許着關(伊勢鈴鹿郡)驛家、寓、石(石井行忠)・大(大原重度)兩卿止宿于龜山(伊勢鈴鹿郡)驛、

四日市ニテ公文ト面會シ歸京後ノ事ヲ示合ハス

(22ウ)

於四日(×市)市(伊勢三重郡)驛諏訪社内逢姉小路前亞相(公文)、發關東之後始會、並與暫言談、示合九日歸京」後之儀了、

雜掌ヲ遣ハシ八日ノ歸京ヲ報ズ

着當驛後、雜掌(小泉)主水、歸京、依令八日京着也、如例、

石部泊

七日、戊午、晴、

一、卯剋進發、未半剋着石部(近江甲賀郡)驛家、寓、石(石井行忠)・大(大原重度)兩卿止宿于水口(近江甲賀郡)驛、

大津泊

八日、己未、晴、晩□(頭)雨、

一、寅剋進發、巳剋許着大津(近江滋賀郡)驛家、寓、石(石井行忠)・大(大原重度)兩卿止宿于此驛、

家族等出迎フ

光豫(竹屋)朝臣・伊光(廣橋)・昌丸(ノチ東坊城益良)等爲迎來、家司・常覺(土佐光芳)等數輩來、

九日、庚申、晴、

入洛シ歸家ス

一、子剋進發、卯剋過入洛、歸家、於三條橋邊天明、

（23オ）

參内シ將軍等ノ御請ヲ奏上

一、巳半剋參　内、奏大樹（徳川家治）・御臺（閑院宮倫子）・若君（ノチ徳川家基）幷輪門（公啓入道親王）・三家（徳川宗睦・同宗將・同宗翰）輩御請、參　御前申上之、

女院親王准后へ參リ御請ヲ言上ス

一、女院（二條舎子、青綺門院）・親王（英仁親王）・准后（一條富子）に之御請、參其御所申上了、

阿部正右西丸老中トナリ所司代不在故人馬朱印等ハ町奉行へ返納ス

阿部（正右）伊豫守事去朔日被加連判之列ニ付、所司代役闕ニ付、朱印・證文返町奉行小林阿波守（春鄉）、

下向ノ謝詞竝ニ方領書附ノ披見ナシ

無爲謝礼行向之儀・方領之書付入披見之儀等、

女院使准后使正親町實連入洛ス

一、石井前宰相（行忠）・大原三位（重度）等入洛、正親町前大納言（實連）入洛、自艸津驛（近江栗太郡）上着云々、

（23ウ）

十一日、壬戌、晴、

老中以下へ書狀ヲ遣ハス

一、老中以下に書狀、今日之日付也、

老中　酒井左衞門尉（忠寄）　松平右近將監（武元）　松平右京大夫（輝高）　」松平周防守（康福）

同西丸附　阿部［伊］豫守（正右）

側用人　板倉佐渡守（勝清）

若老中　小出信濃守（英持）　松平攝津守（忠恆）　水野壹岐守（忠見）　酒井石見守（忠休）
同西丸附　鳥居伊賀守（忠意）
寺社奉行　松平和泉守（乘佑）　土井大炊頭（利里）　松平伊賀守（忠順）　酒井飛驒守（忠香）
高家
肝煎　織田對馬守（信榮）　由良播磨守（貞整）　畠山飛驒守（義紀）
並　長澤壹岐守（資祐）　前田出羽守（房長）　前田伊豆守（長敦）　横瀨駿河守（貞隆）　伊豫守事六角越前守（廣孝）
堀川兵部大輔（廣之）　中條大和守（信復）　大友近江守（義珍）　今川丹後守（義泰）　大澤相模守（基典）
馳走人　伊達和泉守（村賢）
石井馳走人（行忠）木下肥後守（利忠）　大原馳走人（重度）織田山城守（信舊）」

（24オ）

十三日、甲子、晴、

土産ヲ獻上ス

一、御土產献上之、
內に（後櫻町天皇）　大高檀紙十□（帖）　鹽鴈一筥
院に（二條舍子、青綺門院）　擣栗一筥　鹽鴨二簀」

（24ウ）

自分土産ヲ献上ス

王（英仁親王）に　作鳥鳩二羽、一笥　鹽鴨一笥

后（一條富子）に　枝柹一笥　鹽鴨二簀

内ゝ献上

府中細工桑ノ中簞笥　一笥

二宮（伏見宮貞建親王）に　伏見殿

作花柹實付、下草アリ、

（約一行分空白）

（空白）

（25オ～30ウ）

「（表紙外題）
八槐御記　公武御用部
寶暦十四（爲明和元）自正至十二　十八」

○本册一八二頁ヨリ續ク、

五月

九日、

入洛シ歸家ス

一、卯剋過入洛、歸家、

參内シ將軍ノ御請等ヲ言上ス

一、巳半剋參　内、以表使伺　御機嫌、於御學問所拜　天顏、更召御小座敷、奏大樹（徳川家治）已下御請并三家（徳川宗睦・同宗將・同宗翰）御請、輪門（公啓入道親王）依日光在山執當學王院（覺）（慈秀）へ申含之旨言上、攝政（近衞内前）殿御伺候、

議奏ヨリ留守中御用向ヲ引渡サル

一、議奏衆留守中御用向被引渡、

當月中旬ニ内内仕舞等仰出サレ差支ナシト議奏へ申入ル

一、植松前宰相（賞雅）被申、當月中旬内〻仕舞・囃子・能　御覽可被　仰付、無□（差）支哉可申上之由也、談長田越中守（元鋪）、田付筑後守（景林）當時依母（長谷川長貴女）之喪中不參、御臺所無差支由也、何時ニ而も可被　仰出候由、植松へ申入了、」

（38ウ）

所司代關東へ出立前ニ書附

一、阿部伊豫守（正右）關東へ出立已前殘置二封之由、越中守渡之、一封予一名、一封兩名、□（落）□（手）了、

二封ヲ殘置ク兩傳奏宛ノ書附

慈光寺澄仲堂上取立ノ事ニツキ關東ヨリノ返答

關東ニテハ思召ナシ表立御內慮仰進サルル様老中ヨリ申來ル

（39オ）

切かミ

慈光寺極﨟（澄仲）可被加堂上列儀ニ付、右之御答者御歸京之上可得御意旨先達ゟ被仰聞置候処、私儀被爲　召候ゟ致參府候付、封之儘御附之者江相渡、御歸洛之上御達申候様申談置候事、

切かミ

慈光寺極﨟源澄仲事、庭田家庶流ニゟ同家・綾小路・五辻・大原等者各別堂上候、別ゟ五辻・大原等より者慈光寺者家も旧く候得共、是迄堂上不被　仰付候、尤慈光寺家ニも先祖之中一代列堂上、其後又代□〔ミ〕六位藏人を相勤候、堂上ニ被　仰付候程之勤勞之者無之故ニ候、當極﨟儀者御□〔奉〕公之勞も至今年及四十年、且又年齢も五十二才ニ候間、御取立、被加堂上之列、敍爵被　仰付、　禁裏御藏より三拾石三人扶持被下候様被遊□〔度〕御沙汰ニ候、尤子孫永ゝ先六位藏人相勤、其上敍爵候様可有御沙汰候、右之通被　仰出、□〔於〕關東　思召不□〔被〕爲在候□〔者〕、表立　御內慮可被　」仰進候、先私迄可被及御內談候□〔旨〕、攝政殿被□〔命〕候由、先達ゟ被仰聞候趣、關東江申遣候処、右之趣於關東者　思召も不被爲在候間表立　（平出）御內慮被　仰進候様御兩卿迄御達可申旨、年寄共より申越候□〔事〕、

右一封兩人充、

寶暦十四年五月

兼胤宛ノ書附公文ノ八十宮舊地拝領ハ差障ナカラバ表立願フベシ

予壹人ニ之一封ハ、姉小路(公文)願八十宮(吉子内親王)之旧地拝領□(之)事、御所地□(被)□(下)□(無)差障候ハ□(ゝ)、表立相願候様ニ可相達旨也、

両通トモ攝政ノ披見ニ入ル

所司代闕役故追テ沙汰スベシト攝政仰ス

右両様共攝政殿へ入御披見了、當時所司代闕〔×自〕、いつれも不急事故、追ゐ可有御沙汰之由也、

女院親王准后へ關東ノ御請ヲ申上グ

一、両人同伴參　女院(二條舎子、青綺門院)・親王(英仁親王)・准后(一條富子)、申御請了、攝政殿へも參入了、

十日、

伏原宣光植松雅陳ノ方領ノ事ハ十三日ニ仰出サル

禁裏御藏ヨリ下サル者ヘモ同日仰出サル

一、巳半剋過參　内、

一、伏原民部(宣光)少輔・植松大□(藏)(雅陳)權少輔方領之事相濟書付、攝政殿(近衛内前)へ申入、以大御乳人(鴨脚茂子)□(言)上、來十□(三)日例之通於長橋可被仰出候□(哉)、其節自禁裏御藏被下候北小路(光教)・澤(宣維)・入江(爲逸)も可被」(39ウ)仰出哉伺之、十三日可被　仰出之由也、

十一日、

一、巳半剋參　内、

末廣拜領ヲ輪王寺宮謝ス旨ヲ言上ス

「一、(補書)輪門(公啓入道親王)於關東兩人參向之節御末廣□(拜)領被畏存之由、兩人宅迄以使房(坊)官、被申聞候段、以大御(鴨脚茂)乳人(子)言上了、」

十二日、

一、巳半剋參 內、

入江爲逸北小路光教澤宣維へ明日方領仰出サルル事ヲ禁裏附へ示ス

一、入江左馬頭(爲逸)・北小路刑部少輔(光教)・澤式ア權少輔(宣維)明日方領之儀願之通可被 仰出候、仍爲心得達置之由越中守(長田元鋪)へ示了、右三家自御所御藏拜領之也、

十三日、

一、巳半剋參 內、

方領ノ事ヲ仰出サル

一、植松(幸雅・雅陳)・伏原(宣條・宣光)・入江(相永・爲逸)・北小路(光香・光教)・沢(宣成・宣維)各父子、參集、參奏者所、方領之事願之通被 仰出、還來被屆了、所司代闕ニ付爲礼不及行向、關東ニ伏原・植松礼狀可爲十五日之日付示了、

所司代闕役故禮ニ行向カハズ

前所司代ヨリ差越サル書附ヘノ返書ヲ禁裏附ヘ渡ス

一、阿部伊豫守(正右)より附御附(長田元鋪・田付景林)差越兩名之返書・予一名之返書、御附へ相渡了、

右兩樣共令承知攝政殿(近衞內前)ニ申入候由答□(遣)了、極﨟(慈光寺澄仲)□(御)取□(立)(公文)・姉小路屋敷地之事也、」

所司代闕役等ノ節ノ御所廻警固ニツキ定メタシト禁裏附ヨリ申越ス

（40オ）

一、所司代闕或故障等之節　御所廻警固出否、先例區〻、仍此度定置度由越中守（長田元鋪）申、尤之由示了、右書付攝政殿へも申入置了、十五日、書付之通可然由越中守へ申了、

十四日、

一、卯剋過參　內、

内々能御覽

一、內〻能御覽也、卯半剋過被始、亥剋事終、

番組

御囃子　東方朔善十郎（山本）、　芭蕉權之進（川勝）、

能　賀茂九郎右衞門（片山豐慶）、　筑紫奥勘五郎（原）、　實盛龜岡十次郎、　舟渡聟惣三郎（三宅）、　松風善十郎、

鈍太郎貞五郎（梶）、　現在鵺十次郎、　布施無經惣三郎、　遊行柳九郎右衞門、　鬮罪人貞五郎、

自然居士權之進、　名取川安田吉三郎、　鉢木（×躰）九郎右衞門、　隨方面勘五郎、　玉葛權之進、

祢宜山伏山川正九郎、　熊坂善十郎、　米市吉三郎、　海人權之進、

臨期御好

御囃子壺折、　湯谷九郎右衞門、　宗輪貞五郎・惣三郎、　葵上善十郎・脇長村兵藏、　二千石惣□□（三）（郎）・十次郎、　春日龍神權之進、

十五日、

醫師藤木成棟へ合力米ノ事ヲ申渡ス（40ウ）

今月廿五日ハ差支アル故改元定ヲ來月二日トスル様老中ヨリ申來ル攝政へ申入ル

條事定及ビ改元定ハ來月二日ト治定サル

一、巳□〔刻〕参　內、

一、藤木佐渡守（成棟）忌明ニ付、故駿河守（藤木成適）江被下候御合力米卅石無相違被下之段、今日可申渡御附（長田元鋪・田付景林）へ示置了、

一、改元定日限、來廿五日差支有之、來月二日御治定可然之由、老中□〔よ〕り申來書狀隨持參內、攝政殿（近衛内前）江申入了、今夜御内之者共ニ而有囃子、可見物被　仰出、丑半剋比退出了、

十六日、

一、巳半剋参　內、

十七日、

一、巳半剋参　內、

一、來月二日條事定未剋、・改元定申剋、御治定被　仰□〔出〕候由、攝政殿（近衛内前）被仰聞了、

十八日、

修學院任僧正ノ老中奉書ヲ攝政ヘ申入レ言上ス

東照宮百五十回忌法事ヘ參向ノ人數等ハ百回忌ノ通リト老中ヨリ申來ル

英彦山座主等天顔ヲ拝ス

七月ニ桃園院一回聖忌ヲ宮中ニテ行フ

新所司代決ス後申達スベシ

一條道香息女ト徳川治保ト縁組願ヲ關東ヘ沙汰セル様仰出サル

東照宮法會ヘ參向セル堂上

一、巳半剋參　內、

一、修學院惠山、事正僧正被申付候由老中奉書、日付三月廿日、攝政殿(近衞内前)へ申入、附飛鳥井前大納言(雅香)言上、□(如)例□(可)沙汰哉之由伺之、例之通□(可)沙汰被　仰出了、」

一、來年四月日光山法事參向之人數其外諸□(事)、百回忌之節之通と老中より申來書狀、攝政殿へ申入、附飛鳥井言上了、聞召候由、書狀返賜了、

(41オ)

□(十)九日、

一、巳半剋參　內、

一、英彦山座主僧正(孝有)・太秦十輪院權僧正・普應院大僧都於淸涼殿拝　天顔、

一、來七月　桃園院一回　聖忌於　宮中可被行懺法講(×如)、如例關東へ可申達、攝政殿(近衞内前)被命、未所司代役替申付無之候、近ミニハ可被申付候哉、其上可申達申入了、

一、一條前關白(道香)息女八代君(一條)水戸少將(徳川治保)に被縁組度由、前關白殿▨書付、攝政殿へ申入、附植松前宰相(賞雅)言上、如例關東に可令沙汰被　仰出了、

一、來年四月　東照宮百五十回忌於日光山被修法會、參向之堂上・地下被　仰出、攝政殿書

及ビ地下ノ者ヲ仰出サル

付賜之、今日奉行職事申渡、右大臣（鷹司輔平）已下御内慮申達并三門跡ヘ御内意申達□（才）可令沙汰被
命、各左之通　取計之了、

(41ウ)

來年四月

東照宮百五十回忌

着座公卿

着座公卿

鷹司 右大臣　廣橋 權大納言（兼胤）　姉小路前大納言（公文）　万里小路（マヽ、實ハ三條季晴） 新大納言　平松 平中納言（時行）

四辻 別當（公亨）　滋野井中納言（公麗）　風早宰相（公雄）　樋口前宰相（基康）　園池前宰相（房季）

樂行事

樂行事

千種中將 有政朝臣　園中將 基村朝臣

布施取殿上人

布施取殿上人

正親町中將 公明朝臣　清水谷中將 公美朝臣　正親町三條中將 實同朝臣　堤勘解由次官 榮長朝臣

鷲尾中將 隆建朝臣　藤井右京權大夫 兼矩朝臣　三室戸中務大輔 光村朝臣　梅園中將 成季朝臣

池尻兵部少輔 定治　櫻井右馬頭 兼文　錦小路差次藏人 丹波賴尚　北小路新藏人 大江俊興

臨時幣使竝ニ同次官

(42オ)

臨時幣使　同次官

寶暦十四年五月

風早宰相　成季朝臣

禁裡贈經使（後櫻町天皇）　女院贈經使（二條舎子、青綺門院）

公明朝臣　公美朝臣

親王贈經使（英仁親王）　准后贈經使（一條富子）

實同朝臣　隆建朝臣

堂童子

十八日左 兼矩朝臣　定治　同日右 成季朝臣　兼文

十九日左 榮長朝臣　兼文　同日右 光村朝臣　定治

執綱

十八日 榮長朝臣　光村朝臣　十九日 兼矩朝臣　成季朝臣」

執蓋

十八日 丹波頼尚　十九日 大江俊興

奉行職事

（柳原）光房

禁裏贈經使
女院贈經使
親王贈經使
准后贈經使
堂童子
執綱
執蓋
（42ウ）
奉行職事

(43オ)

大外記　師資(押小路)　左大史　知音宿祢(壬生)　少外記　秀昌(山口)
少史　高橋春敷　少内記　永清(平田)　出納代　遠江守康昆(高屋)・治部少丞康博(中原)、
御藏　若狭守親弘(眞繼)・右兵衛大尉中原清胤(粟津)・刑部大丞紀生氏(山科)・和泉守紀正中(山科)、史生　淡路□(守)紀春昌(山口)
左官掌　紀氏富(小野)　右官掌　紀氏章(座田)　召使　一人
副使　二人　圖書寮　大允藤原廣教・少允藤原祐恭(蒔田)、式部省　少丞安倍盛明(山口)
治部省　大丞中原康俊(山口)・少丞和氣正茂(神原)、雅樂寮　大允紀氏方(岩崎)・少允小□□弘(野)(史)、玄蕃寮　權助秀品(山中)・大允宗岡行親、
大藏省　近江守弘允宿祢(堀川)、木工寮　左衛門尉弘澄　主殿寮　助重威朝□(小野)(臣)・權助職秀(佐伯)、」
掃部寮　權助藤原利尹(清水)　主水司　佑原井信益　彈正臺　少□直和(忠)(立入)
左馬寮　大允源友慶(大嶋)　右馬寮　大允立野興武
仕人三人　衞士四人　使部四人　駕輿丁五人　鎰取二人　□(所)衆一人
承仕二人　大佛師一人　繪所一人　樂人五十七人　威□(儀)師　經儀師
寺家綱掌

鷹司輔平ヘ御内意ヲ申入ル
三條季晴已下ヘモヲ申渡ス

右府諸大夫小林筑前守(光祐)、召非藏人□(口脱)、御内意申入、尚表向奉行職事柳原辨(光房)より□□(可)(申)入之段申入、御請也、三條大納言(季晴)已下到(至)新藏人召寄、御内意申渡、各御請也、攝政殿へ申入了、

寶暦十四年五月

三催へ御内意ヲ申渡ス

宮門跡へ御内意ヲ申渡ス

參向セル堂上ノ書附ヲ議奏へ渡ス

參向セル地下ノ書附ヲ奉行職事へ渡ス

名前ナキ分ハ官務及ビ外記へ書出サス

地下ノ參向ハ官務及ビ外記ヨリ申渡ス

願文呪願文諷誦文ノ作進ヲ東坊城輝長へ仰出サル

東照宮法會參向ノ堂上等ノ事ヲ奉行觸ル

妙法院宮持病

官務（壬生知音）・大外記・出納代高屋治（平田職方）刀丞召非藏人（康昆）、〔口脱〕〔御脱〕内意申渡、當時出納依故障也、尙自奉行職事可被申渡、諸事正德五年之通可相心得、申渡、

妙門（堯恭入道親王）菅谷民（慶雄カ）刀卿、・靑門（尊眞入道親王）隱岐大夫（堯公）、・梨門（常仁入道親王）寺家宰相（養氣）、御内意申渡、御請明日可申來〔示〕〔之〕□□、依爲遠方也、

一、堂上參向之書付植松前宰相（賞雅）へ相渡、奉行職事柳原弁へ被　仰出、被申渡參向之書付可

（43ウ）

被」相渡示了、正德例也、地下ハ爲心得入披見了、

一、柳原辨奉行被仰出候由被申届、地下之書付相渡、名前無之分官・外記へ被申渡、分配〔相〕□加差出候ハヽ、全躰被書付可被越、且又三方之催其外之者參向も、此度ハ官・外記より可申渡、攝政殿被命候由示了、

一、攝政殿被仰、御願文・呪願文・ゝ〔諷誦文〕作進東坊城少納言（輝長）被仰出候由也、柳原辨へ申渡了、

廿日、

一、巳半剋參　内、

一、來年日光山參向之堂上・地下・門跡、奉行柳原辨（光房）〔被〕〔觸〕□□了、所役ホも被觸了、但〔御〕□贈經使ハ奉行よりハ不相觸、正德例也、

一、妙法院宮（堯恭入道親王）來年日光山參向之事、年來遠路、數日之往來一向難被成持病〔有〕□之、近年關東代

ノ為東照宮法會參向ノ斷ヲ攝政へ申入ル

替下向も無據被斷候、此度之儀格別之御沙汰ニ候へ共、何分不被任心底、御斷被仰入之由口上書、使菅谷民刀(慶雄カ)卿、攝政殿(近衞内前)へ申入了、青門(尊眞入道親王)・梨門(常仁入道親王)御内意御請申來、是又攝政殿ニ申入了、

柳原よりハ表向青門・梨門計へ被申入了、」

(44オ)

廿一日、

一、巳半剋參　内、

東照宮法會贈經使ノ事ヲ申渡ス

一、來年四月御□〔贈〕經使内(後櫻町天皇)公明朝臣(正親町)院(二條舍子、青綺門院)公美朝臣(清水谷)王(英仁親王)實同朝臣(正親町三條)后(一條富子)隆建朝臣(鷲尾)可被存知之事、各召寄申渡了、

廿二日、

一、巳半剋參　内、

廿三日、

一、巳半剋參　内、

酒井忠寄老中退役ノ事ヲ禁

一、越中守(長田元鋪)申、酒井左衛門尉(忠寄)事依病氣願之通去十六日老中役被免□〔候〕、□〔仍〕申聞之由也、兩人承

裏附ヨリ申越ス

所司代不在故老中ヨリノ申越有ルヤ否ヤ尋ヌ

諾、右退役之儀ハ、所司代在役之節ハ所司代より被申聞及言上候、此度無所司代候間、老中より可被申越候哉、越中守より今日之達ニ而相濟候哉、尋□(之)、越中守難申左右候、老中へ尋遣追而可及挨拶之由也、

廿四日、

一、巳半剋参　内

上州赤城神社正一位ヲ願フ願書等ヲ攝政へ申入ル

(44ウ)

一、上野國勢多郡赤城神社正一位神階之事神主・神官願之由吉田二位(兼雄)被差出書付、宝暦十二年正月同國同郡赤城神社正一位被授神階例書、赤城神社神徳書□(付)、幷宝暦十二年被授神階赤城神社ハ東宮、此度相願赤城神□(社)□(ハ)西宮、東西同等之社、無甲乙、尤於東宮無違乱、領主松平大和守(朝矩)より添状も有之被執奏之由書付ホ、合四通、攝政殿(近衛内前)に申入置了、

關東法會ノ呪願文願文諷誦文ハ代々五條家作進ス今度モ五條家へ仰出サルル様東坊城輝長等願フ

一、柳原弁(光房)被示、此度日光法會ニ付呪願文・御願文・諷誦文、東坊城少納言(輝長)に作進被　仰出、御請も申上候、然ル処、關東代々法會右之文、毎度五條家より作進候例ニ候間、何とそ例之通五條少納言(為璞)へ被　仰出候様ニ致度候由、東坊城被申、五條少納言も被申請候、〔一〕前

慶安ノ例ニヨリ呪願文ハ東坊城家ヘ願文諷誦文ハ五條家ヘ仰出サレタシ

正徳五年ノ例ニヨリ三文トモ五條家ヘ仰出サルベシト攝政命ズ

(45オ)

東照宮法會諷誦文ノ作進ヲ山科敬言ヘ申渡ス

關白條道香)よりも柳原被招、宜致沙汰候由被命、五條・東坊城依爲前關白門流也、攝政殿へ可被申入示了、兩人よりも申入了、

尤慶安度、呪願文ハ東坊城より作進、御願文・諷誦文ハ五條より作進候、右之例之通ニ此度被仰(出)□候様願(存)□之旨也、

攝政殿被仰、正徳五年之通ニ此度被行之間、東坊城を被止、三文共五條少納言に被　仰出、柳原」可申渡被命、柳原に申渡了、翌廿五日、五條御請(之)□由被示了、

廿五日、

一、巳半剋參　内、

一、山科内藏頭(敬言)來年日光法會諷誦文作進、如正徳例可申渡、攝政殿(近衛内前)被命、柳原辨(光房)へ申渡了、帥卿(山科頼言)へも爲心得申入了、

廿六日、

一、巳半剋參　内、

廿七日、

一、巳半剋參　內、

廿八日、

一、巳半剋參　內、

廿九日、

一、巳半剋參　內、

月番兼胤

（45ウ）

六月　月番兼胤

朔日、

朔日祝

一、巳半剋參　內、賀申當日、於御學問所拜　天顏、

條事定
改元定

寶暦ヲ明和ト改ム

關東へ仰進ラス新年號ノ書附

老中宛ノ兩傳奏書狀ヲ添フ箱ニ入レ禁裏附へ渡ス

（46オ）

所司代在役ノ時ハ新年號書附ヲ直ニ渡ス
今度ハ所司代闕役故老中へ直達ス

二日、

一、午剋參　內、

一、條事定・改元定也、條事定申剋被始、酉剋前終、改元定戌剋被始、亥半剋過終、

一、右頭中將定興（今城）朝臣仰　詔書之前、左之書付被渡之、

改寶暦十四年、爲明和元年、

一、關□（東）江被　仰進改元之年号兼胤書之、表包ニ年号之字同書之、

備中製大高檀紙三横折
明和

表包同紙折かけ
年號

以檀紙包之、加封字、

老中江松平右近將監（武元）・松平右京大夫（輝高）・松平周防守（康福）、宛兩人より書狀相添、折かけ包、文言在二條往來、」入筥、梧之筥、釘打、木口張、筥之上ニ老中三人之名宛、書兩人稱号・官名、渡長田越中守（元鋪）、年号之儀被仰進、急便ニ可相達之由示之、越中守落手、早〻關東江可差越之由也、

所司代在役之時ハ、所司代爲改元之陣儀拜見參居候所、新年号之書付直ニ相渡事也、

今度闕ニ付、老中江直達、右之通取計了、

三日、

一、巳半剋參　內、

四日、

一、巳半剋參　內、

五日、

一、巳半剋參　內、

御茶庫修復ノ為敷石等運送セル車ニ御用ノ札ヲ差ス事ヲ教學院願フ

（46ウ）

御臺所ニモ差支ナキ故差免ス

一、愛宕山教學院御茶庫修復ニ付、敷石ホ車ニ而運送候、御茶壺庫御用と申立札を車ニ差度由願出、無子細存之間可指免候、於御臺所も差□□（支）（有）」之間敷哉、然ハ右之段町奉行（松前順廣・小林春鄉）江可被噂置之由、越中守（長田元鋪）へ示談了、於御臺所無差支由申、仍彌願之通可指免示了、

六日、

一、巳半刻參　內、

東照宮法會參向ノ樂人ニ東

一、攝政殿（近衞内前）被命、來年日光山參向之樂人之中東儀佐渡守（康賢）無之候、是ハ近年薗（佐）土左守（廣泰）相手取依

儀康賢ナキハ薗廣泰ト爭論アル故カト攝政仰ス
廣泰モ省クベキナレドモ格別ノ勅會故雙方和融シ參向スベシ
爭論ノ故ニテハナク康賢所勞ニテ參向ヲ辭退スト四辻公亨申ス

爭論省之候哉、佐渡守省候ハヽ土佐守も省可申事ニ候、併來年之法會ハ格別之　勅会之儀ニ候間、左右方致和融參向可仕候、此段四辻(公亨)ニ可申渡被命、四辻中納言伺候之間右之段申渡了、尙樂人共へ可申渡被示了、且被示云、此度も佐渡守參向仲个間より相觸候へ共、依所勞斷、悴宮內丞(東儀康秋)爲名代參向候、爭論ニ付省候訳ニゐハ無之由被示、其段攝政殿へ申入了、

和歌當座御會
兼胤詠進ス

七日、
一、巳半剋參　內、於小御所有御當座興、列吟場詠進了、」

(47オ)

八日、
一、巳半剋參　內、
九日、
一、巳半剋參　內、

東儀康賢竝ニ薗廣泰等ヘ和融セル様四辻公亭申渡ス

康賢ト廣泰等争論ニツキ攝政ノ命

公亭ノ申渡ニ康賢承伏セザルハ心得違

廣泰ノ取計モ不神妙

自今争論ナキ様心得ルベシ

四辻家ハ累代樂所支配故違背アルベカラズ

四辻家雜掌三方樂人惣代ヲ召寄セ申渡ス

（47ウ）

一、四辻□(中)□(納)言(公亭)被示、東儀佐渡守(康賢)・薗土左(佐)守(廣泰)・年番ホ和融之事被申渡、各承伏請書差出候由、三通東儀一通・薗一通・年番一通、受取之、攝政殿(近衛内前)ニ入御披見了、

一、攝政殿被命、佐渡守儀、土佐守幷年番相手取及爭論、自四辻家申渡候儀不致承伏、剰過言失禮有之心得違候儀、四辻家ハ累代樂所支配候儀、自□(今)何事も不可致違背事、土佐守儀も一方之﨟として取計不神妙故及爭論候、自今爭論ケ間敷事不致出來様急度可取計事、三方樂人、土佐守・佐渡守ニ申渡候趣承知いたし、一統ニ申合、自今爭論ケ間敷事無之様可相心得、四辻家累代樂所支配之儀、何事も申渡ホ不可致違背事、右之趣攝政殿御命之□(由)□(可)申渡被命、十日、於兼胤宅召寄四辻家雜掌山路郡司・三方樂人惣代安倍信濃守(季純)依所勞、悴左兵衛尉(安倍季緒)・東儀伊□(勢)守(兼玄)・辻下野守(則長)依所勞、名代辻右京亮(則安)・薗土佐守・東儀佐渡守等、兩家雜掌參會申渡了、

老中奉書二通到來ス

酒井忠寄老中退役ノ奉書ヲ攝政ニ申入レ言上ス

一條道香息女

十日、

一、巳半剋參　內、

一、越中守(長田元鋪)相渡老中奉書二通、落手了、一通、一條殿(道香)姫君(一條八代)水戸家(德川治保)ヘ縁組相濟來事、一通、酒井左衛門尉(忠寄)退役之事、

一、酒井左衛門尉退役之儀申來老中奉書、攝政殿(近衛内前)ニ申入、附帥卿(山科頼言)言上了、

一、一條前關白息女八代姫水戸少將ニ縁組相濟來老中奉書、攝政殿ニ申入、例之通及言上、

ト徳川治保トノ縁組ノ奉書ヲ攝政ニ申入レ言上ス

今日關東日柄ニ候間、明日一條殿へ可被　仰出可沙汰被命、附帥卿言上□〔了〕、明日可申達
被　仰出了、

女院御所ニテ螢火ノ興アリ

一、兩人參　女院御所（二條舍子、青綺門院）、攝政殿・左府殿（九條尚實）・右府殿（鷹司輔平）・內府殿（九條道前）被參、被爲觀御庭、螢火興也、亥半剋
退出、

十一日、

一、巳半剋參　內、
」

一條家諸大夫ヲ召シ縁組ノ事ヲ申渡ス

（48オ）

一、一條（道香）家諸大夫召非藏人口、保田大膳權亮（敬忠）來、八代君（一條）水戸少將（德川治保）へ縁組、御願之通被　仰出
之段申渡了、

十二日、

「（補書）一、巳半剋參　內、」

樂人ヨリ四辻公亨へ差出ス請書ヲ攝政ノ披見ニ入ル

一、攝政殿（近衞內前）御命之趣樂所之輩ニ申渡四辻（公亨）迄差出請書三通、薗（廣泰）土佐守一通、東儀（康賢）佐渡守一通、安倍（季純）信濃守・東儀（兼玄）伊勢守・辻□〔下〕□〔野〕守（則長）一通、攝政
殿ニ入御覽、返賜了、十三日、四辻へ返遣、四辻家ニ可被留置之由示了、

御香水役人竝ニ駕輿丁諸役免除札ノ頂戴ヲ願フ

十三日、
一、巳半剋參　內、
一、御香水役人高田主税・左近府駕輿丁森川吉右衛門諸役免除札頂戴之願、取次參河守(小佐治光保)江如例可沙汰願書相渡了、

山井氏榮ノ水無瀬參詣御暇伺書ヲ攝政へ申入レ披露ス

十四日、
一、巳半剋參　內、
一、山井大藏卿(氏榮)自來十九日至廿三日　水無瀬宮へ參詣御暇御內意伺書、攝政殿(近衛内前)へ申入、附飛鳥井前大納言(雅香)伺之、勝手次第御暇可願之由被　仰出了、

神尾春由諸大夫成ノ老中奉書等ヲ攝政へ申入レ披露ス

十五日、」
(48ウ)
一、巳半剋參　內、
一、神尾若狹守藤原春由、從五位下諸大夫被申付之由老中奉書六月朔日、・姓名書ホ、攝政殿(近衛内前)江申入、附帥卿(山科頼言)言上、如例可沙汰被　仰出了、

嘉祥祝儀

十六日、
一、巳半剋参　内、嘉祥御祝、出座、
十七日、
一、巳半剋参　内、
十八日、
一、巳半□〔剋〕参　内、

伽藍等修理勧請ノ為綸旨頂戴ヲ東寺願フ願書ニ惣本寺トアルヲ書改ムル様摂政命ズ

（49オ）

十九日、
一、巳半剋参　内、
一、東寺定額僧ホ相願、西院鎮守幷諸伽藍及大破□□〔修理〕相加度□〔ニ〕付、一派門徒中勧奘〔請〕致度ニ付、旧例有之ニ付　綸旨頂戴之願書・　綸旨之寫・□〔宣旨〕之寫□〔ホ〕、摂政殿〔近衛内前〕へ申入之処、」願書ニ惣本寺と有之、惣ノ字可除、　宣旨之寫ハ可差返、被命、

非藏人吉見永敍ノ番代ニツキ非藏人番頭願フ

一、吉見駿河(永敍)番代相勤ニ付見習輩之中別番之儀非藏人番頭願書、飛□(鳥)井(雅香)前大納言に申談、出雲(松室重記)悴下總(松室重成)抔ニゐも可有之歟、出雲悴之儀言上、見習第一ニ候間下總可然哉と存之由、示了、

廿日、

關東ヨリ進獻ノ人參ヲ拜領ス

(補書)「一、關東進獻之人參配給、三兩拜領之、大御乳人(鴨脚茂子)被渡之、」

一、巳半剋參 内、

將軍竝ニ世子ヨリノ改元御悦ノ老中奉書ヲ攝政へ申入レ披露ス御挨拶アル様仰出サル

一、改元之儀關東より御悦老中奉書・自若君(ノチ德川家基)御悦阿部伊豫守(正右)奉書ホ二通、攝政殿(近衞内前)へ申入、附帥卿(山科頼言)言上、今明日 公武御日柄故廿二日可令沙汰之処、昨十九日披露之分ニ攝政殿御取計可被成、今日可披露依御命、令沙汰了、宜及御挨拶被仰出了、

廿一日、

一、巳半剋參 内、

廿二日、
一、巳半剋参　内、
廿三日、　姉小路前大納言(公文)依▨▨正忌不参、
正忌ニヨリ公文不出仕

(49ウ)
一、巳半剋参　内、
廿四日、
一、巳半剋参　内、
一、東寺定額僧願、惣本寺之惣之字於東寺従往古連綿仕、且又官符・綸旨文言㝡頂ト被成下事之間、惣之字除候ゐハ甚後難迷惑、何とそ書來候通相願之由書付、文保元年院聽文・正中三年官符・天文廿年綸旨ホ㝡頂之文之例ホ抜萃幷法務大覺寺門跡(寛深)惣之字不除儀東寺同意と申儀ニゐハ無之、如何様共被　仰出次第と被存之由書付ホ、攝政殿(近衞内前)へ申入之処、東寺より申立候趣皆㝡頂之儀、是迄惣本寺と或被仰出之書付ニ有之欤、□(或)願書ホニ有之欤、いつれニも惣本寺と書付候例有之候ハヽ可書出可申渡、被命、書付共返賜了、

願書ニ惣本寺ト記シタシト東寺願フ

院聽文等ニ最頂ト記サル例ノ抜書等ヲ攝政ヘ申入ル

法務大覺寺門跡ハ仰出次第ト存ズ

惣本寺ト書付ケラルル例ヲ書出サス様攝政命ズ

東照宮法會ノ贈經ハ百回忌ノ通リ紺紙金字ニテ仰出サレタシト輪王寺宮願フ
料紙手配ノ事モ願フ
（50オ）
先格ノ通リタルベシト仰出サル
來月ノ桃園院三回聖忌ニツキ老中ヨリノ返答未ダ來ズ

一、輪門（公啓入道親王）之令旨、來年四月　東照宮百五十回忌之節、百回忌之通、紺紙金字法華經開結・心經・阿彌陀經書寫贈經被　仰出候樣被成度候由、幷別紙、御經料紙先格關東之御沙汰ニ候旨門主より武邊ニ被仰立被置、於當表宜取計候樣ニと之事、」攝政殿ニ申入、附飛鳥井前大納言（雅香）申上、被　聞召、先格之通可被仰出候由可申達、被　仰出、

一、來月　桃園院三回　聖忌ニ付、御用之儀老中ニ先達而申□（達）□（候）儀、未返答無之、相待候段宜被申達之由、御附（長田元鋪・田付景林）へ示含了、

廿五日、

一、巳半剋參　內、

廿六日、

一、巳半□（剋）參　內、

冷泉爲村拜借地ヲ植松賞雅ヘ貸置クトノ兩家書附ヲ禁裏附ヘ渡ス

一、寺町通異惣門前冷泉民部卿（爲村）拜借地、當時入用ニ無之ニ付植松前宰相（賞雅）へ被借置候由、自兩家被屆之段書付、例之通御附（長田元鋪・田付景林）へ相渡了、

武邊へ預クル臨時御神事料米ノ高ヲ禁裏附ニ尋ヌ

一、延享元年より臨時御神事料米（五百俵、）武邊預有之候、右之高如何程ニ相成有之哉、被吟味可被申聞之由、御附へ申談了、

廿七日、

一、巳半剋參　内、

東寺差出ス惣本寺ト記サル書附ノ寫ヲ攝政へ申入ル

一、東寺より差出宝永年中惣本寺と書付差出書付之寫、依之、惣本寺と書付度由願、攝政殿（近衞内前）へ申入了、

（50ウ）

女院御幸

一、申半剋　女院（二條舎子、青綺門院）御幸、子剋過還幸、

阿部正允所司代ニ任ゼラル老中奉書ヲ攝政ノ披見ニ入レ披露ス

一、去廿一日阿部飛驒守（正允）所司代被申付、任侍從、此旨宜達　叡聞之由老中奉書、攝政殿に以書狀奉書入御披見、（御幸ニ付相詰之間、以書狀申入、）可令披露之由有命、附平松中納言（時行）言上了、

所勞ニヨリ不出仕

廿八日、　兼胤依所勞不參、

非藏人ノ別番願ニツキ議奏へ申談ジ長橋局へ申入ル

一、非藏人相願別番之事、先達而議奏衆へ申談、松室出雲（重記）悴下總（松室重成）可然欤之由申入置、各同意ニ付、長橋局（梅溪直子）へ被申入、下總別番被　仰付候由、昨夜平松中納言（時行）被示、御附（長田元鋪・田付景林）相詰之間、此

禁裏附へモ申談ズ

旨申談、兩士無御差支無（衍）之由申、仍今日下總別番被　仰付之事、同役（姉小路公文）橋本（實理）宰相中將へ被
申渡了、

廿九日、
一、巳半剋參　內、

卅日、

晒布ヲ賜ハル

一、巳半剋參　內、於　御前賜晒布一疋、」

(51オ)

月番公文

七月　御用番姉小路（公文）前大納言

朔日、

朔日祝御對面ナシ

一、巳半剋參　內、當日賀申、無　御對面、

植松賞雅屋敷地ヲ九條尚實へ貸置ク
兩家ノ屆書ヲ禁裏附へ渡ス

二日、
一、巳半□〔剋〕參　內、
一、九條殿(尚實)西鄰植松前宰相(賞雅)屋敷地、九條家に被借置候由、兩家より被居之段書付、以出雲守(渡邊珍亮)
御附(長田元鋪・田付景林)へ相渡、落手、承知之由示了、

三日
一、巳半剋參　內、

四日、
一、巳半剋參　內、

關東ヨリ新茶竝ニ土用御機嫌伺ノ氷砂糖進獻ノ老中奉書ヲ內覽ニ入レ披露ス

一、關東より新御茶一壺・土用中御機嫌窺〔伺〕氷砂糖進獻老中奉書兩人充、二通、攝政殿(近衛內前)へ入御覽、
附植松前宰相(賞雅)言上、女房奉書來六日可被出哉伺之、宜申達、女房奉書六日可被出之由
也、」

女院ヨリ中元御祝儀ヲ賜フ

(51ウ)「(補書)一、兩人召　女院御所(二條舍子、青綺門院)、賜中元之御祝儀白銀三枚、」

五日、
一、巳剋參　内、
一、當月廿一日　桃園院三回　聖忌ニ付、於　宮中懺法講可被行儀可爲　思召之通、下行米・賄料等可爲近例之通旨老中奉書、(兩人充、當月一日之日付、)攝政殿(近衛内前)江申入、附植松前宰相(賞雅)言上、宜可申達之由被　仰出了、
一、當月廿一日　桃園院三回　聖忌ニ付、廿日・廿一日於兩寺(般舟院・泉涌寺)御法事、來八月六日　靈元院廿三回　聖忌ニ付、五日・六日於兩寺御法事、同廿日　敬法門院(松木宗子)廿三回　御忌ニ付、當日計於般舟院御法事、去宝暦六年廿五回御忌之通右御法事被　仰出無差支候哉、令吟味可申上攝政殿被命、御附(長田元鋪・田付景林)江申談、□□(右)(い)つれも於御臺所無指支之由申之、攝政殿へ申入、議奏江可申之由被命、帥卿(山科頼言)へ申入了、
一、攝政殿被仰、當年十一月大嘗會被行度被　思召候、關東江　御内慮可申達、尤　女帝之御事故、月之御障難計之間、先初之卯八日ニ可被行、若御障出來候ハヽ、後之卯廿日ニ可被行候、此段分而可申達、且又午日豊明節会ニ大哥御再興被遊度候、」此段も宜　御内慮可申達之由也、

桃園院三回聖忌ノ懺法講ハ思召ノ通タルベシトノ老中奉書ヲ攝政ニ申入レ披露ス

下行米等ハ近例ノ通リタルベシ

桃園院三回聖忌等ニツキ御法事ヲ仰出サレ差支ナキヤ吟味セル樣攝政命ズ

御臺所ニ差支ナシト禁裏附申ス

大嘗祭十一月擧行ニツキ關東ヘ御内慮ヲ申達ス

先ズハ初ノ卯ノ日トシ女帝故月ノ障アラバ後ノ卯ノ日トスベシ

(52オ)

節會ノ大歌再興モ思召ス

桃園院聖忌懺法講ノ導師傳奏奉行ヲ仰出サル

一、攝政殿被仰兩人・議奏五卿、今月廿一日　桃園院□(三)回　聖忌ニ付、自十七日到廿一□(日)五个日、於　宮中可被行懺法講、導師梶井宮(常仁入道親王)・傳奏油小路中納言(隆前)・奉行頭中將(今城定興)被　仰出之由、則於八景画間攝政殿傳奏・奉行被仰渡、各被申御請、兩人・議奏列坐、

六日、

一、巳半剋參　内、

中元ノ御祝儀ヲ拜領ス

一、中元御祝儀白銀貳枚拜領、大御乳人(鴨脚茂子)被渡之、

關東ヨリ新茶等進獻ヘノ女房奉書出サル

一、御茶・氷砂糖ホ進獻ニ付女房奉書二通被出之、平松中納言(時行)被渡之、

大嘗祭ニツキ御内慮ヲ所司代ヘ申遣ハス

十一月ニ擧行トセルモ女帝故月ノ障計リガタシ

先ズハ初卯ノ八日トシ障アラバ後ノ卯ノ廿日トス

(52ウ)

日取變更セル際ハ仰進ラサザル故予メ内密ニ仰置ク

一、大嘗會之事　御内慮、以書狀阿部飛驒守(正允)ニ申遣、以雜掌一封田付筑後守(景林)役宅ヘ爲持遣了、

來十一月大嘗會御日取之儀、　女帝ニ被爲在候間、月之御障難計候、依之、攝政殿(近衞内前)始攝家中ニ御尋有之、旧例も多有之候間、先初之卯八日可被行候、若差懸月之御障も被爲在候者、後之卯廿日ニ可被行候、此段到其節差懸御沙汰御事故、更　御内慮不被　仰進可有御沙汰候間、兼而内密ニ被　仰進置候、此趣宜有御取計候事、

七月

大歌再興ノ御内慮書譯書モ遣ハス

右一通、公文（姉小路）卿被書之、此外大嘗会御内慮書幷大哥御内慮書・訳書、且當月中返答有之候様ニとの事ホ之書付、祐筆書之、

七夕祝御對面ナシ

飛鳥井難波兩家蹴鞠ノ會忌月ナレドモ例アル故催ス雜人見物ス

七日、

一、巳半剋參　内、賀中當日、無御對面、

（補書）「一、今日飛鳥井（雅香）・難波（宗城）兩家蹴鞠之會、雖爲忌月、　櫻町院御宇、正月雖忌月有蹴（鞠）始之會、此准例も有之ニ付相催、見物之雜人も如例可入之由、兼ゐ兩家より□〔被〕□〔示〕□〔届〕、攝政殿（近衛内前）へも申入置了、」

八日、

一、巳半剋參　内、

生御靈

九日、

一、巳半剋參　内、今夜目出御盃也、依所勞不參、

老年ニテモ病身ニテモナキ故非藏人松室重福ノ番代願ハ差留メラル

松平乗佑四品成ノ老中奉書等ヲ攝政ヘ申入レ披露ス

廿一日ハ御忌日故位記口宣ノ日付ハ廿二日トス

懺法講中ナレドモ下御靈ノ御輿迎神事ハ差構ナシト攝政命ズ

十日、

(53オ)

一、巳半剋参　内、

一、松室信濃(重福)近年病身ニ付倅江番代之願、帥卿(山科頼言)へ申談、信濃儀未老年にも無之、格別病身とも不存候間、先加保養相勤候様可召留哉と存之由、尚相役中江被談可被□(申)聞、申入置了、」

十一日、

一、巳半剋参　内、

一、松平和泉守源乗佑、爲従五位下之処、此度従四位下被申付之由老中奉書六月廿一日、・姓名書等、攝政殿(近衛内前)へ申入、廿一日御忌日ニ候間、翌廿二日之日付位記・口　宣可爲哉之由申入、可爲其通被命、平松中納言(時行)を以言上、日之事も申入了、伺之通被　仰出了、

一、下御靈神主出雲路攝津守(定直)申、來十八日　御輿迎神事、懺法講中ニ候間如何可致哉伺之、攝政殿へ同役(姉小路公文)参入、被伺之処、無御差構可執行可申付、被命了、

十二日、

一、巳半剋參　內、

上御靈社ノ神事モ差支ナシト申渡ス

一、上御靈よりも十八日之事伺出、下御靈同樣ニ申渡了、勸修寺侍從（經逸）被示了、

（53ウ）

十三日、

一、巳半剋參　內、

生御靈
兩傳奏不出仕

十四日、　双親有之輩參勤、兩人如例不參、

十五日、

中元參賀
御對面ナシ

一、巳半剋參　內、賀申中元、無　御對面、

十六日、

一、巳半剋參　內、

十七日、

一、卯剋過參　內、

今日ヨリ桃園院三回忌懺法講行ハル導師梶井宮

一、來廿一日奉爲　桃園院三回　聖忌、自今日五个日於淸涼殿被行御懺法講、導師梶井宮、(常仁入道親王)

巳剋過被始、申半剋夕座了、不卷御簾、

葩ヲ獻ズ

一、葩卅枚附長橋局(梅溪直子)献之、表包ニ葩ノ字、名字假名・眞名交、上ノ〔字〕〔書〕□□之如例、

十八日、

(54オ)

一、辰剋參　內、

懺法講第二日

一、御懺法講第二日也、巳剋被始、未半剋過事終、

十九日、

一、辰剋參　內、

懺法講中日

一、御懺法講中日也、巳剋被始、申剋過事終、

般舟院泉涌寺ノ法事ニ詰メ公文不出仕

般舟院泉涌寺ノ法事ニ詰メ不出仕

懺法講結日

桃園院三回聖忌ニツキ輕罪ノ者赦免ノ事町奉行ヨリ申來リ言上ス

懺法講滯リナク行ハレ叡感ノ旨ヲ關東へ仰遣ハス

導師ノ梶井宮へ御褒美ヲ下サル

(54ウ)

一、辰剋參　內、

廿日、　同役(姉小路公文)兩寺(般舟院・泉涌寺)ニ依被詰不參、

廿一日、　兼胤兩寺(般舟院・泉涌寺)之御法事依相詰不參、

一、御講結日也、

一、三回　聖忌ニ付▨輕罪之者九人赦被申付之由、町奉行(小林春郷・松前順廣)共ゟ御附(長田元鋪・田付景林)ニ申來候由、筑後守(田付景林)於　□(御)所同役(姉小路公文)へ申之、則被及言上、御挨拶如例可申達被　仰出了、

一、御懺法講五个日無滯被遂行　叡感之旨、關東へ御挨拶如例可申遣哉、同役被伺之、如例可申達被　仰出了、」

一、梶井宮(常仁入道親王)ニ御講無滯相濟ニ付如例黃金三枚賜候由、大御乳人(鴨脚茂子)同役へ□(被)申、則於非藏人口坊官寺家宰相(養氣)ニ被申渡了、

廿二日、

一、巳半剋參　內、

懺法講ノ葩ヲ賜ハル

一、御懺法講ニ被用御葩一包賜之、葉室前大納言(頼要)被渡之了、

御精進解

一、今日御精進解ニ付所〻より献上之御肴、鮮鯛二尾充、兩人賜之、

阿部正允侍従成ノ老中奉書等ヲ攝政へ申入レ言上ス

廿一日ハ御日柄故口宣宣旨ノ日付ハ廿二日トス

一、阿部飛驒守(安倍)阿部正允、此度侍従被申付候由老中奉書六月廿一日、・姓名書等、攝政殿(近衞内前)に申入、且廿一日御日柄ニ候、口　宣・〻旨日付可爲廿二日哉之段申入、可爲其通被命、附葉室前大納言言上、伺之通可令沙汰被　仰出了、

八朔關東使御殿鳳輦ノ拜見ヲ願フ

一、御附中、(長田元鋪・田付景林)八朔御馬献上之使上田能登守(義當)被申付、依之、如例御殿・御鳳輦相願(拝見脱カ)之由、自飛驒守申越之由也、攝政殿へ申入、附葉室申入之、　御殿・御鳳輦拜見例之通可取計之由也、御殿・御鳳輦拜見被仰付之事、翌廿三日筑後守(田付景林)に(同)(役)□□(姉小路公文)被申渡了、

上乗院等參内シ轉任等ノ御禮

(補書)「一、上乗院(亮運)大僧都・山門正觀院(智導)大僧正・毘門院家尊量院權僧正御礼參　内、於清涼殿御對面如例、」

廿三日、

(55オ)

一、巳剋過參　内、

廿四日、

一、巳剋參　內、

鳳輦ノ飾付ヲ申付ク

一、八朔御鳳輦可餝之事、高屋遠江守(康昆)に申付了、

關東使參內ニツキ掃除等ノ事ヲ申付ク

一、八朔諸大夫間掃除・出迎之非藏人兩人之事、藤嶌遠江(成允)に申付了、

今日ヨリ藤木成敬ヘ准后ノ拜診ヲ仰付ケラル

一、大御乳人(鴨脚茂子)被申、藤木土佐守(成敬)儀、是迄　准后(一條富子)御方診不被　仰付候、今日始ゟ診被仰付、中村靜安(和恆)致同伴候由被示了、

廿五日、

一、巳半剋參　內、

大嘗祭ノ事等ハ御內慮ノ通リタルベシトノ所司代書狀等ヲ攝政ノ披見ニ入ル

一、當年十一月大嘗會可被行、□(并)大哥御再興之事可爲　御內慮之通、且　女帝ニ付初卯八日被定、若御差支有之候ハヽ次ノ卯廿日可被行之事、是又及言上候由飛驒守(阿部正允)書狀等、攝政(近衞內前)殿に入御披見了、

本堂親房諸大夫成ノ老中奉

一、本堂伊豆守《源親房》事從五位下諸大夫被申付之由老中奉書七月朔日、・姓名□(書)ホ、攝政殿へ申入、

書等ヲ攝政ヘ申入レ披露ス

附平松中納言(時行)言上、如例可令沙汰被　仰出了、

肥前天華院申權僧正ノ輪王寺宮令旨ヲ攝政ヘ申入ル

(55ウ)

一、輪門令旨(公啓入道親王)、肥前州(マヽ)妙見山天華院舜道、事權僧正望申御内意窺(伺)執當□(之)狀、攝政殿に申入、明日可令沙汰、返賜了、

所司代ヨリノ書狀

來十一月□(大)嘗會御日取之儀、女帝ニ被爲在候間、月之御障難計候、依之、攝政殿初攝家中に御尋有之、旧例も多有之候間、先初之卯八日可被行候、若差懸り月之御障も被爲有之候者、後之卯廿日可被行候、此段至其節差掛り御沙汰候事故、御内慮不被　仰進可有御沙汰候間、兼而内密ニ被　仰進置候由、致承知候、右之趣及言上候処、其趣を以可申進旨年寄共申聞候事、

七月

廿六日、

一、巳半剋參　内、

天華院申權僧正ノ輪王寺宮令旨ヲ披露シ御内意ヲ伺フ

一、天華院(舜道)權僧正之事輪門令旨(公啓入道親王)、附葉室前大納言(頼要)御内意伺之、小折帋可差出可申渡被　仰出了、

東照宮法會曼荼羅供次第書ハ先例ノ通リ輪王寺宮作進アルベシト所司代申ス

舞樂目錄ヲ前以テ知リタシト所司代申ス　攝政ヘ申入ル

所司代參府中ノ八朔關東使老中奉書渡方ノ先例ヲ禁裏附ヨリ尋越ス

八朔關東使老中奉書渡方ノ先例

關東使持參シ兩傳奏ヘ渡ス

返簡竝ニ御祝儀ハ所司代留守邸ヘ傳奏雜掌持參シ町奉行ヘ渡ス

（56オ）

一、飛驒守（阿部正允）より申越、來年日光法会御經供養曼荼羅供次第書、勅□（會）之事故自京都作進可□（有）之哉之旨、日門（公啓入道親王）より被申候、五十回・百回之節も從京都作進無之間、此度も先例之通日光門跡定有之方と存候由之事、舞樂目錄、道具ホ用意之ため前以相知候樣致度候由之事、攝政殿（近衞内前）に申入、次第書可爲先例之通可答遣、樂目六四辻（公亨）より被書出候樣ニ可申達、被命了、

一、御附（長田元鋪・田付景林）申、八朔使所司代（阿部正允）參府中老中奉書到來、上田能登守（義當）預居候、寛保二年奉書渡方之儀不相知候、如何可致哉之由也、尚令吟味可申達之由、答了、

（56ウ）

廿七日、

一、巳半剋參　内、

一、八朔使老中奉書兩人に達方之儀、寛保二年八月土岐丹後守（頼稔）老中轉役、牧野備後守（貞通）所司代役被申付未上京間ニ而、此度相當候、右之節相考候処、使持參、口上演達之後兩人に被渡、受取候、右返簡ハ、自御所御祝儀被進物所司代留守屋敷に雜掌共持參、例之通錺置、町奉行へ相渡候、其節右之返書幷御所より被進物之事、□（兩）□（人）よ□（り）老中充之書狀、且所

所司代ヘノ書状モ渡ス
進獻ノ馬ノ口付ハ前所司代家來竝ニ組與力ガ勤ム
八朔關東使進獻ノ馬御覽ノ事等ハ伺ノ通リ仰出サル
役送ノ六位參勤ノ事ヲ極﨟ヘ觸遣ハス

司代江も爲心得申達之書状、町奉行江相渡候趣ニ候、此度も可爲右之通候、尤御進獻之御馬口付も、壹人ハ丹後守家來、壹人ハ組与力と相見候間、此度も口付壹人ハ右□(之)例ニ准シ伊豫守(阿部正右)家來ニ而可有之哉之由、御附(長田元鋪・田付景林)へ示含了、

廿八日、

一、巳半剋參　内、

廿九日、

一、巳半剋參　内、

一、明日進獻之御馬於臺盤所可有　御覽哉、其後筑後守(田付景林)へ可被下哉、攝政殿(近衞内前)へ申入、附帥(山科頼言)伺之、伺之通被　仰出了、田付へ心得ニ可申置、三河守(小佐治光保)へ同役(姉小路公文)被含了、

一、明日役送之六位一人參勤之事、極﨟(慈光寺澄仲)へ觸遣了、

（約三行分空白）

月番　兼胤

（57オ）

八月

朔日、

一、巳剋參　內、

一、平松中納言（時行）被示、當月中旬表向能　御覽可被　仰出候、無指支（哉）□可申上之由也、謁御附（長田元鋪・田付景林）（申）□談、無差支由、兩士示之、所司代（阿部正允）上京前ニても無指支由、談合置了、無指支段、附平松申上了、

一、攝政殿（近衛内前）被仰、廣幡大納言（輔忠）・油小路中納言（隆前）被加近習之由也、其後林和靖間ニて、兩人・議奏列坐、平松被申渡、兩卿被申御請了、

一、當日之御祝儀、於御學問所御對面如例、了更召右大臣（鷹司輔平）・內大臣（九條道前）・右大將（二條重良）、左大臣（九條尚實）・前關白（一條道香）・二位中將（一條輝良）不參、攝政殿被候　御前、兩人・議奏衆伺（候）□于雁間、當年十一月八日可被行大嘗會被　仰出候由、攝政殿御（演）□達、各申恐悅、退去、次召帥宮（閑院宮典仁親王）・上總宮（有栖川宮織仁親王）・兵刀卿宮（京極宮公仁親王）、一品宮（有栖川宮職仁親王）・式刀卿宮（京極宮家仁親王）不參、同上、次兩役奉之、次入　御、次於攝政殿直廬帝鑑間、花山院前右府（常雅）へ殿下御演達、可被（傳）□一列之大臣、次於八景画間左之通申渡、攝政殿・兩役列坐、

「傳奏庭田前大納言（重熈）、奉行職事今城頭中將（定興）、

月番兼胤

當月中旬ノ表向能御覽ハ新所司代上京前ナレドモ差支ナシ

廣幡輔忠油小路隆前ヲ近習ニ加ヘラル

八朔祝儀

十一月八日ニ大嘗祭行ハルル事ヲ攝家ヘ攝政演達ス

親王家ヘ演達ス

清華大臣家ヘ演達ス

傳奏及ビ奉行職事ノ事ヲ攝

（57ウ）

政仰渡サル

右攝政殿被仰渡、被申御請了、

諸臣ヘハ兼胤申渡ス

三卿□(宗)(難波)城卿同列并番衆に傳達、未勤親族にも傳達、　近習輔忠卿　小番御免頼胤(葉室)卿
內々隆熈(鷲尾)卿　外樣賞季(西園寺)卿　職事定興朝臣頭中將、五位・六位藏人に傳達、　氏榮(山井)卿水無瀬(友信)へ傳達、　非藏
人公亨(四辻)卿、

右兼胤演達申渡、當年十一月八日可被行大嘗会被　仰出、其同列・未勤之親族へ可有傳達、示之、

八朔關東使ヲ召遣ハス

一、上田能登守源義當、可召遣哉御附尋之、施藥院(宗眞)有差障、贊者諏訪主殿允(信當カ)宅ニ扣居云々、此旨平松へ申入、可召遣
旨被示、以取次示御附了、

進獻ノ太刀目錄等差越サル

先之、御進獻之御太刀目錄雜掌共受取、以非藏人差越之、極﨟(慈光寺澄仲)□(に)□(渡)□(之)、毛付・使之
姓名是又差越、議奏へ遣之了、

關東使參內ス
關東使口上ヲ申述べ老中奉書ヲ渡ス
寛保二年所司代未上京ノ時ノ例ニヨル
車寄ニテ進獻ノ馬ヲ見ル
關東使參內ノ事ヲ言上ス

(58オ)

能登守參櫻間、兩御附誘引伺候、兩人出逢、能登守申述八朔之御祝儀御太刀御馬御進獻被遊
候由、老中奉書渡之、所司代不在京之時▨▨寛保□(二)年土岐丹後守(頼稔)轉老中、」牧野備後守(貞通)所司代役被申付未上京、此年之例也、此度相當也、示
可申上之由、兩人退入、於車寄見御馬、田代、鴾毛、五□(才)、謁口付之侍如例、寛保度ハ丹後守家來口付相勤、此度ハ役屋敷
今朝受取相濟之間、飛驒守(阿部正允)家來口付を相勤了、
能登守參之段附平松言上、馬御覽之後田付筑後守(景林)へ拜領被仰付之段可申渡哉、關東に之

御祝儀如例可相達哉、伺之、事々伺之通被　仰出、

禁裏附へ馬拜領ノ事等ヲ仰出サル

臺盤所へ出御太刀目錄ヲ簾中ヨリ女房ニ附ス

一、臺盤所ニ　出御、兼胤取御太刀目錄、役送極﨟、自簾中附女房如例、次左右馬允(大嶋友慶・立野興武)牽廻御馬三疋、如例、了退、兩人出櫻間、告御馬御覽相濟之由、退入、此後御附誘引、南殿・御鳳輦拜見、了退去、

馬御覽

南殿鳳輦ヲ關東使拜見ス

禁裏附へ馬拜領ノ事ヲ申渡ス

一、兩人出候所、御馬被下之事筑後守に申渡了、

大嘗祭拔穗ノ郡ヲ吟味セル樣攝政命ズ

一、攝政殿被仰、大嘗会拔穗之郡左之通可令吟味被命、

近江國滋賀郡、野洲郡、　丹波國桑田郡、船井郡、

御料內ヨリ吟味セル樣京都代官へ申付ク

一、右、於小□(堀)數馬(邦直)方御料之內令吟味可書出可申付候由、土山淡路守(武貞)へ申付、

女院等へ八朔祝儀ト大嘗祭御悅ヲ申入ル

(58ウ)

一、當日御祝儀・大嘗会御悅、兩人同伴參　女院(二條舍子、青綺門院)・親王(英仁親王)・准后(一條富子)・攝政殿了、

關東へノ八朔御祝儀ヲ所司代役宅ニテ町奉行へ渡ス

一、關東に八朔之御祝儀、品々如例、雜掌共如例所司代(阿部正允)役宅へ持參、兩町奉行(小林春郷・松前順廣)受取之、寛保二年之例之通也、

二日、

一、巳半剋參　內、

抜穂ノ郡ハ吟味シ一兩日中ニ書出サル

一、淡路守（土山武眞）中、抜穂之郡村小堀（邦直）江申付候、遂吟味一兩日中可書出由也、

三日、

一、巳半□（剋）參　內、

能大夫ノ交名ヲ能奉行差出ス

一、能奉行衆被附大夫交名、

片山九郎右衛門（豐慶）　野村八郎兵衛　野村三治郎　竹內平七

四日、

一、巳半剋參　內、

寛文正德ノ日光山法事ノ節舞樂目錄ヲ京都ニテ治定セシヤ四辻家ニテハ知レズ

樂所留書ニハ日光ニテ輪門決メルト見ユ

兩度ノ樂目錄ヲ差出ス

所司代ヘ申遣ハス様攝政命ズ

（59オ）

一、四辻中納言（公亨）被示、寛文五年・正德五年於日光山法事之節、舞樂目錄於當地」御治定候哉否之事、被吟味候、於四辻家不相知、樂所江被尋候処、是又□（分）明ニハ不相知候へ共、兩度□（共）樂人參向之上、於輪門相極候樣ニ留書相見江候、於當地之貪着ハ不相見候、裝束も關東・日光兩所ニ常々有之候を用候趣ニ是又相見候由、兩度之樂目錄被差▨（出）了、攝政殿（近衛內前）へ此旨申入、飛驒守（阿部正允）へ此段可申遣被命了、

（約一行分空白）

女院御內證金貸付ノ事ヲ禁裏附へ申談ズ

一、女院(二條舍子、青綺門院)御所御內證金內ミ御借付之儀、茂寄(藤木竹顯女)去月廿八日被申聞候趣、御附(長田元鋪・田付景林)へ申談、兩士可相成儀ニ存之由申、尚得と勘弁之上可被申聞示了、

東寺ヲ一宗ノ惣本寺ト稱スル事ニツキ書附ヲ差出ス樣眞言ノ各門跡へ申達ス

一、攝政殿被命、東寺を古來稱一宗之惣本寺候哉、其證文ホも有之哉、且又東寺を稱惣本寺於一宗無差支哉之事、仁和寺宮(守典親王)・勸修寺宮(寛寶入道親王)・大覺寺門跡(寛深)・三宝院門跡(齋君、ノチ二條治孝)・隨心院門跡へ申達、書付被差出候樣可申達之由也、

般舟院泉涌寺へ詰ムル爲不出仕

五日、兼胤依兩寺(般舟院・泉涌寺)相詰、不參、

兩寺ニテ靈元院廿三回聖忌

一、靈元院廿三回　聖忌ニ付、今明日於兩寺有御法事、

般舟院泉涌寺へ詰ムル爲公文不出仕

（六）□日、　同役(姉小路公文)依兩寺(般舟院・泉涌寺)詰、不參、」

（59ウ）

（七）□巳半剋參　內、

蟄居中ノ東久世通積病勝レザル故息通武見舞ヲ願フ

一、昨日久世三位(榮通)同役へ被談之由、東久世入道(通積)病氣不相勝、今一段も及大切候ハヽ何とそ息通武(東久世)被見舞度由被願之由ニ付、今日攝政殿(近衞内前)ニ申入之処、今一段及大切候ハヽ見舞之儀可

今一段大切トナラバ勝手次第見舞フベシト攝政命ズ

為勝手次第被命、久世少將(通根)伺候之間、右之趣申渡、父卿(久世榮通)へ可被傳示了、平松中納言(時行)へ為心得令物語了、

父所勞ノ為三室戸光村來年ノ東照宮法會參向ヲ辭退ス替ヲ富小路與直ヘ仰出サル

女院御幸

院承仕關東下向ヲ願フ

七日、

一、巳半剋參　內、

一、三室□(戸)(光村)中務大輔來年日光山ニ參向之儀、父(三室戸資方)朝臣病氣及大切ニ付御斷、替富小路左兵衞權佐(與直)ニ被仰出之由、柳原辨(光房)被示了、

一、申剋前　女院(二條舍子、青綺門院)御幸、亥剋過還幸、

(補書)「一、院承仕關東へ下向之御暇願書、攝政殿(近衞內前)へ申入、願之通可申付被命了、葉室(賴要)へも為心得申了、」

支配外ノ地モアル故大嘗祭稻春ノ村ハ所司代ニテ吟味アル様京都代官申ス

八日、

一、巳半剋參　內、

一、高屋遠江守(康昆)を以土山淡路守(武眞)申、依所勞、先達而尋置大祀稻舂之村々吟味書付」(60オ)差出候儀、兩國小堀(邦直)支配而已ニ而も無之、寬延度も所司代より夫々之代官へ申渡有之、遂吟味書付差

出候、此度も其通ニ致度由、數馬（小堀邦直）申之旨也、

新所司代未ダ上京ナキ故禁裏附へ申遣ハス
禁裏附承知シ京都町奉行へ申達ス

一、大嘗会稲春之村々、近江國滋賀郡、野洲郡、之内、丹波國桑田郡、舟井郡、之内ニ而致吟味書付可差出、代官（小堀邦直）へ可被申渡候、當時所司代（阿部正允）未上京候間申達候、只今飛驒守（阿部正允）ニ懸合候而ハ御用之間ニ合不申之間、早速可有取計之由、御附（長田元鋪・田付景林）退出故、高屋遠江守ニ申含、月番越中守（長田元鋪）亭ニ申遣、越中守承知候、早速町奉行（小林春卿・松前順廣）共へ相達、遂吟味書付差越候様ニ可申遣由也、尚又飛驒守上京候ハヽ此趣可申達之由も申遣了、

九日、

一、巳半剋參　□（内）、

十日、

一、巳半剋參　内、

姉小路公聴ノ放生會參詣御暇願ヲ攝政へ申入レ披露ス

（60ウ）

□（二）姉小□（路）（公聴）少將就放生會自十四日至十六日御暇申受參詣之御内意伺書、攝□（政）□（殿）□（ニ）申入、附帥卿（山科頼言）伺之、可相願御沙汰候由被示、姉小路少將ニ申渡了、

引渡老中阿部正右ヘノ拝領物ニツキ伺フ

一、阿部伊豫守(正右)爲城引渡上京候由ニ候、被下物宝暦十一年二月九日井上河内守(利容)上京御暇之節拝領物之通書付、附帥卿伺之、

禁裏(後櫻町天皇)より　十二月花鳥御手鑑一帖　御絹十疋

女院(二條舎子、青綺門院)より　詩哥御巻物　綿十把

親王(英仁親王)より　八景御巻物　縮緬三巻

准后(一條富子)より　八代集秀逸　紗綾紅白、三巻

勘使ヘ用意ヲ申付ク

右之通御治定了、書付津田左兵衞尉へ相渡、可用意申付了、

蹴鞠

(補書)「一、於御學問所御鞠場有蹴鞠、兩家(難波宗建・飛鳥井雅香)門弟十三人、各着鞠装束、」

十一日、

一、巳半剋参　內、

十二日、

一、巳半剋参　內、

十三日、

一、巳半剋參　內、

(61オ)

一、關東より初鮭御進獻老中奉書兩人充、附帥卿(山科頼言)披露之、女房奉書來十六日可被出哉伺之、可爲其通被仰出了、

一、東寺惣本寺之事、仁和寺(守典親王)・勸修寺(寛寶入道親王)・大覺寺(寛深)・三宝院(爲君、ノチ二條治孝)・随心院へ相尋、各返答書五通、攝政殿(近衞内前)へ申入了、惣本寺と申儀、各不承知也、

一、庭田前大納言(重煕)・頭中將(今城定興)被示、大嘗会辰巳日節會臣下挿頭臺、今度內藏寮調進攝政殿被命、出納(平田職方)代高屋(康昆)、被申付候、午日大哥舞臺、被用舞　御覽之節御高舞臺設候様ニ、是又被命、修理職奉行(園池房季)へ被申渡候、仍兩條被申届之由也、

十四日、

一、巳半剋參　內、

一、來年日光山□(法)會、妙法院宮(堯恭入道親王)斷ニゐも、靑蓮院(尊眞入道親王)・梶井(常仁入道親王)兩宮參向ニ候間無差支候段、老中より申來書狀、攝政殿(近衞内前)に申入了、

關東ヨリ初鮭進獻ノ老中奉書ヲ披露ス

東寺ヲ惣本寺ト稱スル事ハ承知セズト眞言宗諸門跡返答ス

大嘗祭辰巳日節會ニ用フル臣下挿頭臺ノ調進ヲ內藏寮ヘ攝政命ズ

午日大歌ノ舞臺ハ舞御覽ノ高舞臺ヲ用フ

東照宮法會參向ヲ妙法院宮辭退セルモ差支ナシト老中ヨリ申來ル

十五日、

一、巳半□（剋）参　内、

（61ウ）

十六日、

一、巳半剋参　内、

初鮭進獻ヘノ女房奉書出サル

一、初鮭進獻ニ付女房奉書被出、平（平松時行）中納言被渡之、

大嘗宮造立等御用竹木ノ寄帳ヲ修理職差出ス

一、伏原三位（宣條）被示、大嘗宮造立之御用竹木、其外品々寄帳一冊、修理職差出ニ付、如先格被附之、并此度も雨儀之御用意假廊下仕組置候ニ付、竹木增寄帳一冊被附之、受取了、

大歌舞臺ハ木工寮組建ツル様攝政命ズ

一、庭田前大納言（重熙）被示、大哥舞臺木工寮調進之振合ニ致度、官務（壬生知音）申望ニ付、攝政殿（近衞内前）へ被申入候処、修理職運置、木工寮取組建可致、被命候、仍其段兩方へ被申渡由、被届了、

新所司代ヘ遣ハス官位次第ヲ書調フル様頭中將ヘ示ス

一、阿部飛驒守（正允）へ差遣官位次第地、頭中將（今城定興）へ相渡、來廿日迄ニ可被差越示之、八月一日之次第ニ可被書調示了、

十七日、

一、巳半剋參　内、

大嘗宮造立御用竹木等ノ寄帳ヲ禁裏附ヘ渡ス

廊下ノ仕組ハ御手沙汰ニテ取計フ

（62オ）

一、大嘗宮造立之御用竹木其外品〻寄帳、御附（長田元鋪・田付景林）へ相渡、所司代（阿部正允）未上京候間、町」（小林春郷・松前順廣）奉行に被達無滯様可被取計候、廊下之儀ハ町奉行へ難達候、是ハ御手沙汰ニ而出來可然候、御附宜被取計、示之、兩士承伏了、

引渡老中所司代近日上京ス

施藥院宗眞忌中故參内ノ待合所ハ如何スベキヤト禁裏附尋ヌ

地穢濟ム故苦シカラザレドモ念ノ爲攝政ヘ申入ル

一、御附申、近〻兩阿部（正右・正允）可致上京候、參　内之節待合所施藥院（宗眞）地穢ハ相濟候へ共、弟養子（施藥院宗隆）之願差出候間、定法之通五旬之忌中ニ候、先例も有之哉致吟味候処、宝暦五年四月亞相（徳川家治）婚礼之御礼使前田出羽守（房長）參　内之節、施藥院忌中ニ候へ共、例之通ニ待合候、此度如何内〻可心得居候哉、尋之由也、穢了之上ハ不苦候、併家内明渡しニ致候ハヽ、尚以子細有間敷候、併爲念一往其段攝政殿（近衛内前）へも申入候而可及挨拶、示了、

女房奉書ノ文箱等ヲ返納ス

一、昨日被出女房奉書相達候由、御文匣・封返納了、

東久世通積所勞大切トナル故息通武見舞ヲ願フ

勝手次第タルベシト攝政命ズ

一、久世少將（通根）被示、東久世（通積）入道所勞甚及大切ニ付、息通武少將（東久世）之小折帋を申下候、仍見舞申度由也、攝政殿御正忌御不參故、以書狀尋申、見舞可爲勝手次第被命、久世に申渡了、葉室前大納言（頼要）にも令噂了、

御靈會ニツキ兩傳奏不出仕

十〔八〕日、今〔日〕依　御靈會、兩人如例不參、

(62ウ)

十九日、

能御覧

一、卯剋參　內、

一、能　御覧也、卯半剋被始、戌剋過終、

番組

翁　放生川竹内平七、　煎物梶貞五郎、　巴野村八郎兵衛、　萩大名三宅惣三郎、　吉野天人片山九郎〔豊慶〕右衛門、　通圓森川榮介、　黑塚松田嘉藏、　靱猿三宅藤九郎、　卷絹野村三治郎、　哥仙惣三郎、　三井寺八郎兵衛、　茸貞五郎、　正尊八郎兵衛、　琴の庵高井門治、　元服曾我平七、　蜘盗人藤九郎、　中入より船弁慶三治郎、　素襖落榮介、　中入より融九郎右衛門、　祝言呉服嘉藏、

廿日、

一、巳半剋參　內、

圖書寮昨年勅書ヲ調進セルモ無祿ニテ迷惑セル故相應ノ拝領ヲ願フ

一、圖書寮願、去年攝政殿〔近衛内前〕賜内舎人　勅書黄紙、無祿之調進致迷惑之間、相應之祿拝領致度由書付、飯室右兵衛尉〔義矩〕へ相渡、田村へ聞合新嘗祭殘米之内ニて可相渡、申付了、

大嘗祭抜穂ノ村々吟味ノ書附ヲ町奉行差出ス

(63オ)

一、御附申（長田元鋪・田付景林）、抜穂村々自町奉行（小林春郷・松前順廣）共遂吟味書付差出候、此分いつれに而も差支無之由也、」

近江國

滋賀郡　石原清左衛門（正顯）□（御）□（代）官所　松本村

野洲郡　多羅尾四郎左衛門（光豐）御代官所　北櫻村

丹波國

桑田郡　御除料小堀數馬（邦直）預　並河村

船井郡　小堀數馬御代官所　西田村

攝政へ進上ス

右書改、無代官付、攝政殿へ進上了、

明日引渡老中明後日新所司代上京ス

一、御附申、明廿一日阿部伊豫守（正右）上京、明後廿二日阿部飛驒守（正允）上京之由也、攝政殿へ申入了、

大坂ノ畫工大岡春川へ御用ヲ仰付ケ差支ナキヤ御内儀ヨリ申出サル

一、大和（松波資邑女）被示、大坂住画工大橋（岡）春川（有元甫政）御用相勤度由、兼而相願候、依之、此度少々御用被仰付候、取次へ被申出候、差支有之間敷哉之由、長橋局（梅溪直子）被申由也、法橋も致拝叙候者に候間、差支有間敷由申入了、

廿一日、

一、巳□(午)剋參　內、

(63ウ)

廿二日、

一、巳半剋參　內、

引渡老中昨日上京ス

一、阿部伊豫守(正右)昨日上京候、自大樹(徳川家治)・竹千代(徳川家基)口上も有之候、如先格來廿五日巳剋參　內被仰出、於小御所　御對面、於候所可賜菓酒哉、同日　親王(英仁親王)御方にも參上可被　仰出哉、攝政殿(近衞内前)へ申入、附葉室前大納言(頼要)伺之、事〻伺之通被　仰出、

參內等ノ事ハ伺ノ通リ仰出サル

一、准后(一條富子)取次南大路播磨介(存顯)、召寄、廿五日伊豫守參上、賜菓酒之事、上﨟(坊城俊子)に可申入示之、頃之還來、伺之通被　仰出由也、

准后ヘ參上ノ事等モ伺ノ通リ仰出サル

一、女院(二條舍子、青綺門院)御所に兼胤參上、以茂寄(藤木竹顯女)、廿五日伊豫守參上、賜菓酒之事、相伺、伺之通被仰出了、

女院ヘ參上ノ事等モ伺ノ通リ仰出サル

一、兩人同伴狩衣・指貫、向伊豫守旅宅、河原町松平土州(山内豊敷)屋敷、未半剋可向之処、城引渡遅〻、案内申半剋過也、面謁、兩人賀關東之靜謐、豫州伺　禁裏(後櫻町天皇)・　御所方、次兩人述轉役之賀儀、起座、歸家、議奏被行向、三卿(石山基名・綾小路有美・難波宗城)依御用・所勞無行向、

引渡老中ノ旅宅ヘ赴ク

關東ノ靜謐並ニ轉役ヲ賀ス

廿三日、

一、巳半剋參　內、」

參内ノ次第書ヲ引渡老中へ達ス

一、廿五日次第書、御附（長田元鋪・田付景林）へ相渡、示可達豫州（阿部正右）示（衍）了、

（64オ）

女院准后へ引渡老中參上ノ事ヲ申入ル

（補書）「一、廿五日伊豫守　女院（二條舍子、青綺門院）・准后（一條富子）參上之段、其御肝煎（綾小路俊宗・石井行忠、愛宕通貫・大原重度）に申入了、」

廿四日、

一、巳剋參　內、

大嘗祭國郡卜定

一、大嘗会國郡卜定也、如例、

明日ノ引渡老中參內刻限變更ニツキ攝政へ申入レ言上ス

一、明日伊豫守（阿部正右）巳剋參　內と▨▨相伺候処、差支之儀有之、兩人・議奏・三卿（石山基名・綾小路有美・難波宗城）依行向阿部飛驒守（正允）役宅也、午剋參　內被仰出候樣ニ致度段、攝政殿（近衛内前）へ申入、附植松前宰相（賞雅）言上、伺之通被（平出）仰出了、石井（行忠）・大原（重度）伺候間、爲心得申入了、

卜合ノ國郡ヲ頭中將示ス

一、頭中將（今城定興）卜合之國郡被示之、

悠紀

悠紀　近江國　滋賀郡

主基

主基　丹波國　船井郡

所司代役宅へ赴ク
關東ノ靜謐竝ニ就役ヲ賀ス
太刀折紙ヲ渡ス
傳奏雜掌目見ス

（64ウ）

議奏竝ニ親王三卿モ赴ク

所司代參内等ノ事ハ伺ノ通リ仰出サル

親王ヘノ參上等モ伺ノ通リ仰出サル

准后ヘノ參上等モ伺ノ通リ仰出サル

廿五日、

一、兩人同伴狩衣・差貫、向阿部飛驒守（正允）役宅、田付筑後守（景林）爲取持向、出向玄關上板敷、〔迎〕飛驒守出迎、直參次間ノ掾□〔頰〕、請書院、兩人賀關東靜謐、飛驒守伺　禁裏（後櫻町天皇）・御所方御機嫌、次述役之賀□〔儀〕、」兩人持參之太刀折紙用人持出、飛驒守戴、会釈、次兩家雜掌面謁、兩人□□〔挨〕〔拶〕、了請小書院、引渡出、次茶・多葉粉盆、暫言談、了兩人起座、飛驒守送出迎所迄、筑後守敷臺迄送出、

辰半剋議奏、（石山基名・綾小路有美・難波宗城）巳剋三卿被行向了、

一、巳剋參　內、

一、阿部飛驒守去廿二日上京候、依之、明後廿七日巳剋伊豫守同伴參　內可被　仰出哉、御對面可賜　天盃哉、同日　親王（英仁親王）御方にも參上可被　仰出哉、廿八日又兩人參　內被仰出、御對面、伊豫守に御返答被仰出、歸府之御暇拜領物、可賜酒饌哉、同日　親王にも參上被　仰出、御返答被　仰出、拜領物可被　仰付哉、攝政殿（近衞内前）へ申入、附帥（山科賴言）伺之、伺之□〔通〕被仰出了、

一、准后（一條富子）取次西市正、（村田春明）召寄、廿七日兩阿部（正右・正允）參上、賜菓酒、廿八日御返答被　仰出、拜領物之事、上﨟（坊城俊子）迄伺之由、可申入之段、示含、伺之通被　仰出了、御肝煎（愛宕通貫・大原重度）へ申達了、

女院ヘノ參上等モ伺ノ通リ仰出サル

一、女院（二條舎子、靑綺門院）に參上、廿七日・廿八日兩阿部參上之事、准后之通、以茂寄（藤木竹顯女）相伺、伺之通被　仰出了、御（綾小路俊宗・石井行忠）肝煎に申達了、

施藥院宗眞忌中ニツキ禁裏附役宅ヘ引渡老中參居ス

今日ハ女房ノ出會ナキ事ヲ達ス

（65オ）

一、阿部伊豫守（正右）儀、長田越中守（元鋪）役宅迄參居之由、施藥院（宗眞）忌中ニ付、長田役宅ニ而待合、筑後（田付景林）□〔守〕示之、」兩人面謁、今日於候所、大御乳人（鴨脚茂子）勢州ヘ下向故、御差（松波資邑女）大和一人可有出會次第書ニも有之候、然處、今日大和正忌ニ付無出會候、此旨伊豫守ヘ可被達示了、

大嘗祭拔穗村ノ書附ヲ禁裏附ヘ渡ス

悠紀ハ近江國滋賀郡松本村

主基ハ丹波國船井郡西田村

一、稻舂拔穗之村〻書付、越中守に相渡、如例宜沙汰示了、飛驒守ヘ可達之由答了、

悠紀

近江國滋賀郡

松本村

主基

丹波國船井郡

西田村

引渡老中所司代參內ニツキ申次出迎等ノ事ヲ申渡ス

一、廿七日兩阿部參　內ニ付申次頭中將（今城定興）、廿八日同頭弁（日野資枝）、役送六位三人觸遣了、兩日出向〔迎〕之非藏人、廿八日陪膳ホ、藤嶌遠江（成允）に申渡了、

一、伊豫守可召遣哉、帥(山科頼言)に申入、可召之由被示、以雜掌申遣、

引渡老中參內ス
將軍竝ニ世子ヨリノ口上ヲ申述ブ
言上ス
小御所ニ出御
引渡老中天顔ヲ拜ス
攝政面會ス
菓酒ヲ賜フ

(65ウ)

一、未斜伊豫守參　內、着鶴間、兩人出逢、伊豫守述口上、御安全被爲渡、目□(出)思召候、此度伊豫守儀爲引渡上」京候ニ付、御口上被仰進候、若君様(ノチ徳川家基)よりも御同様ニ被仰進候、可申上之由示之、退入、議奏被出會、口上之趣附□□(帥)(卿)言上、追付可有御對面被　仰出、兩人還出、示此旨、誘引張良之杉戸外迄、待　出御、出御之後帥案內、小御所ニ誘引、兼胤申次、伊豫守昇下段、拜　天顔、退、次兩人列座杉戸前、伊豫守於庇拜　天顔、退、於休息所攝政殿御面會、次候所に誘引、賜菓酒、各盃、三献、伊豫守申御礼、兩人退入、參(英仁親王)親王御方、伊豫守自御臺所門退出、

親王准后へ引渡老中參上ス
親王ヘノ口上ヲ申述ブ
准后ヘノ口上ヲ申述ブ
菓酒ヲ賜フ

一、伊豫守參　親王・准后御方、兩人出迎、請御客間、兩人承　親王に之口□(上)、如　內、退入、御返答追ゐ可被　仰出之由、還出示之、對座、次おとハ(坊城俊子)被出會、有口祝、御乳人(永見)・年寄(梅田)相添、伊豫守述　准后御方に之口上、おとハ退入、賜菓酒、各盃、三献、了おとハ還出、示御返答追ゐ可被　仰入之由、退入、兩人退出、先參　女院御所、

女院へ引渡老中參上ス
女院ヘノ口上ヲ申述ブ
菓酒ヲ賜フ

(66オ)

一、伊豫守參上、兩人出迎、請御客間、對坐、兩局(小督局・石井局、西洞院範子・綾小路有子)被出會、有口祝、伊豫守述口上、兩局退入、賜菓酒、了兩局還出、御返答追ゐ可被　仰出之由申述、退入、伊豫守退出、」兩人廊下迄送出如例、

廿六日、

一、巳半剋參　內、

八朔御祝儀御禮ノ老中奉書ヲ披露ス

一、八朔之御祝儀被遣御礼老中奉書、附葉室前大納言（頼要）言上、

參內ノ次第書ヲ引渡老中へ達ス

一、廿七日兩阿部（正右・正允）參　內次第書、御附（長田元鋪・田付景林）へ相渡、伊豫守（阿部正右）に可達之由示了、

廿七日、

一、巳剋參　內、

禁裏附役宅へ引渡老中所司代參居ス

一、伊豫守（阿部正右）・飛驒守（阿部正允）ホ越中守（長田元鋪）宅迄參居候由、筑後守（田付景林）示之、平松（時行）に相尋、以雜掌を（衍）以只今同件可有參入伊豫守へ申遣、御附（長田元鋪・田付景林）へも召遣之段、心得ニ示了、

引渡老中所司代參內ス

將軍ノ口上ヲ所司代述ブ

兩傳奏へノ淀意ヲ述ブ

一、兩阿部參　內、候鶴間、兩人出逢、兩阿部申參　內之御礼、飛驒守述大樹（德川家治）之口上、御安全被成御座、目出被思召候、此度飛驒守被差登ニ付、口上被申上候由也、若君（ノチ德川家基）・御臺（閑院宮倫子）無口上、兩人示可申上候由、次飛驒守兩人に之述淀意、無障被勤一段之儀ニ思召候、此度飛驒守被差登候、尚萬端可申合之由也、兩人退座、承之、申忝由、向伊豫守又申忝由、退入、次議奏・昵近被出逢、」

將軍ノ口上ヲ披露ス

（66ウ）

一、兩阿刀參上之段、平松に申入、大樹之口上附同卿申上、追付可有御對面之由被　仰出、

出御
所司代天顔ヲ拝ス
引渡老中所司代天顔ヲ拝ス
入御
引渡老中所司代天盃ヲ頂戴ス
攝政ニ引渡老中所司代謁ス
親王准后へ引渡老中所司代参上ス
親王へノ口上ヲ所司代述ブ
准后へノ口上ヲ所司代述ブ
菓酒ヲ賜フ
女院へ引渡老中所司代参上ス
女院へノ口上ヲ所司代述ブ
菓酒ヲ賜フ
所司代引渡老中ヲ訪フ
(67オ)

還出鶴間、告可有御對面之由、兩人候清涼殿下段、　出御之後兩人出鶴間、誘引兩阿部令候布障子前、兼胤申次、飛騨守昇下段、拝　天顔、退、次頭中將(今城定興)申次、先伊豫守、次飛騨守、於庇拝　天顔、各持参太刀折紙、置下段長押内、退去、次入　御、此後更兩阿部誘引令候布障子前、壹人充於下段　天盃頂戴、手長光祖(烏丸)取酌、次於議定所被謁攝政殿(近衛内前)、次於鶴間申御礼、次兩人先参親王(英仁親王)・准后(一條富子)御方、

一、兩阿部　親王・准后御方に参上、兩人出迎、請御客間、兩人進出、承　親王に之口上、飛騨守述之、示申上之由、兩人退入、附三卿言上、御返事追ゐ可被仰出之段可申由をも申上、(石山基名・綾小路有美・難波宗城)三卿出會、次兩人還出、御口上之趣及言上、御返答追ゐ可被　仰出之由申述、對坐、次おとヽ(坊城俊子)出會、有口祝、御乳人(永見)・梅田相添、飛騨守述　准后御方に之口上、おとヽ退入、賜菓酒、各盃三献、了おとヽ還出、示御返事追ゐ可被仰入之由、退入、兩人先参　女院(二條舎子、青綺門院)御所、

一、兩阿部参　女院御所、兩人出迎、請御客間、對坐、兩局(小督局・石井局、西洞院範子・綾小路有子)被出逢、有口祝、飛□□(騨)(守)述口上、兩局退入、賜菓酒、了兩局還出、示御返事追ゐ可被　仰出之由、退入、兩阿刀退出、兩人送出、」

一、黄昏兩人同伴向飛騨守役宅・伊豫守旅宅、述諚意忝由、申置了、

廿八日、

一、巳剋參　内、

三寶院衞君習學ノ爲來月引越ス

一、三宝院衞君（ノチ二條治孝）未得度ハ不被致候へ共、爲習學來九月四日可被引越之由居書、攝政殿（近衞内前）へ申入、飛鳥井前大納言（雅香）にも申入了、

禁裏附役宅へ引渡老中所司代參居ス

一、兩阿部（正右・正允）長田宅迄參候由、筑後守（田付景林）示之、飛鳥井に申此旨、以雜掌召寄、田付（景林）にも心得ニ申了、頃之

引渡老中所司代參内ス

兩阿部參　内、兩人出逢、述忝由、兩人退入、議奏・昵近被出逢、兩阿部參上候段言上、追付可有

出御

御對面被　仰出、兩人還出鶴間、示右之旨、候下段、　出御之後誘引令候布障子前、姉

引渡老中所司代天顏ヲ拜ス

小路前大納言（公文）申次、伊豫守（阿部正右）昇下段、拜　天顏、次頭弁（日野資枝）申次、伊豫守・飛驒守（阿部正允）一人充於庇

入御

引渡老中へ御返答ヲ演達ス

拜　天顏、退、次入　御、次兩人述御返答、先兩阿部令候虎間、述御返答、兼胤演達、

彌御安全被成御座、目出被　思召候、此度伊豫守被差登ニ付、御口上被　仰進、

御滿悅被　思召候、宜被申入候、若君御方（ノチ徳川家基）にも御同樣ニ被　仰進候、宜被申入候、

且又此度飛驒守被差登ニ付、　大樹公（徳川家治）より御口上被　仰進被爲入御念候御儀、御滿」

所司代へハ御返答ナキ先例（67ウ）

悅被　思召候、是又宜被申入候、飛驒守にハ無御返答、是ニて相濟先例也、

引渡老中謹デ奉ズ

伊豫守□（謹）奉、歸府候て可申上之由述之、次伊豫守歸府之御暇・拜領物之事申渡、兼胤述之、六

位藏人拜領物持出置座上、伊豫守進寄頂戴、了非藏人引之、次攝政殿於議定所兩阿部に被謁、兩人誘引、次於虎間賜酒饌、次於鶴間申御礼、兩人先參親王(英仁親王)・准后(一條富子)御方、

（御暇拜領物ノ事ヲ申渡ス／攝政ニ引渡老中所司代謁ス／酒餞ヲ賜フ）

一、兩阿部參上、兩人出迎、請御客間、示參上之段可申上之由、兩人退入、三卿(石山基名・綾小路有美・難波宗城)被出會、還出、述親王より之御返答、如禁裏、兼胤演述、

（親王准后ヘ引渡老中所司代參上ス／親王ヨリノ御返答ヲ兼胤演述ス）

次おとへ(坊城俊子)出會、有口祝、御乳人(永見)・年寄(梅田)出逢、おとへ被述御返答、如内、次拜領物女房持出、置伊豫守前、拜領物之事申渡、六位藏人持出、置座上、伊豫守進出頂戴、了非藏人引之、おとへ拜領物之事被申渡、伊豫守頂戴、了女房引之、おとへ退入、次兩人先參女院、(二條舍子、青綺門院)

（准后ヨリノ御返答ヲ上﨟申述ブ／拜領物ノ事ヲ申渡ス）

一、兩阿部參　女院御所、兩人出迎、請御客間、對坐、兩局(小督局・石井局、西洞院範子・綾小路有子)被出會、有口祝、被申述〔御〕返答、如内、拜領物女房持出、置伊豫守座前、兩局拜領物之事被申渡、伊豫守頂戴、了女房引之、兩局退入、兩阿部申御礼、退出、兩人廊下迄送出如例、

（女院ヘ引渡老中所司代參上ス／御返答ヲ上﨟申述ブ／拜領物ノ事ヲ申渡ス）

御所ゝゝ伊豫守に賜物

（各御所ヨリ引渡老中ヘノ賜物）

禁裏(後櫻町天皇)より　十二月花鳥手鑑　御絹十匹

（禁裏ヨリノ品）（68オ）

女院より　詩哥御卷物　綿十把」

（女院ヨリノ品）

親王ヨリノ品

親王より　八景御巻物　縮緬白、三巻

准后ヨリノ品

准后より　八代集秀逸一冊　紗綾紅白、三巻

引渡老中旅宅へ赴キ暇乞ス

一、兩人同伴向伊豫守旅宅、暇乞申置了、

父兼頼ノ正忌ニヨリ不出仕

廿九日、兼胤依正忌不參、

准后へ御代初ノ出御

一、准后（一條富子）盧に今日　御代始ゟ有　出御、

所司代役宅へ招カル
大嘗祭悅ノ使者等ニツキ內談ス

一、申剋兩人同伴向飛驒守（阿部正允）役宅、依招也、面謁、大嘗会ニ付御悦使高家被差登時節之事、御祝儀御進献品之事、內談、追ゟ相考可示之由約了、翌廿日、書付以雜掌爲持遣了、

卅日、

一、巳半剋參　內、

大嘗祭祝儀關東使上京ノ時節ハ元文寛延度ノ通リト攝政命ズ

一、大嘗会御祝儀使高家被差登比之事、元文・寛延共ニ十二月十五日上着候、此度□〔も〕□〔其〕□〔比〕上京候様ニ可達哉、攝政殿（近衛内前）に伺申、可爲其通被命了、」

因幡慶安寺住持香衣ノ御禮
（68ウ）

一、□〔知〕恩院末寺因幡國鳥取慶安寺香衣之御礼參　內、本寺大僧正誘引（曹譽澤眞）參　內、於清涼□〔殿〕□〔拜〕

ニ參內ス

天顔、

教學院御茶庫修復ノ見分ヲ禁裏附ヘ達ス

一、愛宕山教學院御茶庫▨修復出來ニ付乞檢分、御附(長田元鋪・田付景林)ヘ申達置了、

月番公文

九月　　月番公文(姉小路)卿

朔日、

朔日祝御對面ナシ

一、巳剋參　內、賀申當日、無御對面、

二日、

一、巳剋參　內、

三日、

一、巳半剋參　內、

日光臨時奉幣次官ヘノ賄料

一、越中守(長田元鋪)申、日光臨時奉幣次官梅園中將(成季)、重キ役儀ニ候間賄料可被下哉、代官かゝりニ而

ニツキ所司代ヨリ尋越ス

取調べ返答スベシト答フ

可有之哉、一通り殿上人之通ニ下行可被下候哉、老中より相尋之由、飛騨守（阿部正允）申之由也、

尚取しらへ追ゐ可及返答示了、

四日、

一、巳半剋参　内、」

五日、

一、巳半剋参　内、

（69オ）

清水谷公美病氣危急ニツキ東照宮法會參向斷ノ書附ヲ差出ス

公美卒去ス

御神事濟ム後

六日、

一、巳半剋参　内、

一、清水谷中将（公美）病氣危急ニ付、來年日光參向御斷書付昨夜被差出、無程卒去之屆も出候、當時御神事中故御斷難及言上、其上卒去之屆も出□（候）へハ、只今取計甚及難澁候段、攝政殿（近衞内前）へ申入之處、所詮十三日御神事相濟候後替之人躰可被　仰出、其通ニゐ只今左右之取計

取計フベシト攝政命ズ

無之可相濟之由、被命了、

教學院御茶庫ノ見分濟ム

（補書）「一、今日教學院御茶庫出來はへ（映え）檢分、修理職佐藤友之進登山、宜出來之由也、」

七日、

一、巳半剋參　内、

八日、

一、巳半剋參　内、

日光奉幣次官ヘハ贈經使ニ准ジ賄料ヲ下サルベキヤト所司代ヘ達ス

(69ウ)

一、日〔光〕□〔奉〕幣▨次官御賄、代官可被仰付哉、外殿上人並下行ニゐ可有之哉之事、正〔德〕□五年次官壬生（俊平）中將參向節之儀▨聢と不相知候、次官も不輕役儀ニ候、准御贈經使賄料」被下候方ニゐも可有之哉之趣書付、（阿部正允）飛驒守へ可達之由、（長田元鋪）越中守へ示了、

荒見川ノ祓ハ先格ノ通リ取計フ様所司代ヘ達ス

一、來廿八日荒見河祓、紙屋川之場所・川之瀬違ホ先格之通宜有取計、飛驒守へ可達之由、越中守ニ繪圖相渡了、昨日庭田（重熙）被差出、

東照宮法會參向ノ仕人交替

一、來年日光山法會參向之仕人德岡右衞門小野葛隆依故障、替代、蒔田靭負藤原秀厚參向申

ノ事ヲ攝政へ申入ル

渡由、出納代高屋遠江守(康昆)申出、右之旨書付、攝政殿(近衞内前)へ申入、帥卿(山科頼言)へも書付差出了、

奉行ノ職事神事中故東照宮法會ノ事ハ兩傳奏沙汰ス

奉行職事柳原弁(光房)大嘗会行事ニ付神事中、右法会之儀自當役可沙汰、去五日攝政殿有

命令、

九日、

重陽節句

一、巳半剋參　内、於御學問所御對面如例、

十日、

一、巳半剋參　内、

十一日、

(70オ)

一、巳半剋參　内、

例幣使發遣出御ナシ

一、今朝例幣發遣也、無　出御如例、

和歌當座御會兼胤詠進ス

初菱喰進獻ノ老中奉書ヲ披露ス

淸水谷公美ニ替ヘ梅小路定福ヘ東照宮法會參向ヲ仰出サル

御贈經使等ノ事仰出サル

布施取臨時奉幣使次官贈經使

十二日、
一、巳半剋參　内、
十三日、
一、巳半剋參　内、和哥御當座、賜短尺、翌十四日淸書献之了、
一、關東より初菱喰御進獻老中奉書（阿部正允）飛驒守允、附帥卿（山科頼言）言上、女房奉書來十五日可被出哉伺之、
被　聞召候、女房奉書十五日可被出之由也、
一、（近衛内前）攝政殿被仰、淸水谷中將（公美）卒去ニ付、來年日光法事參向梅小路兵𠛬權少輔（定福）替參向被　仰出、
但奉行柳原弁（光房）神事之間、解齋後十二月一日表立（×向）參向可被　仰出、先御内意可申渡、尤次
官ハ表立可申渡、且御贈經使等左之通可申渡、書付賜之、
布□（施）取　臨時奉幣使次官　定福朝臣
（二條舍子、靑綺門院）女院贈經使　（正親町三條）實同朝臣
（英仁親王）親王贈經使　（鷲尾）隆建朝臣」
（70ウ）
（一條富子）准后贈經使　（梅園）成季朝臣

堂童子
執綱

次官竝ニ贈經使ハ表立チ仰出サル

布施取堂童子執綱ハ御内意ヲ仰出サル

各々ヲ召寄セ申渡ス

十八日女院御幸ノ御慰ニ内内仕舞囃子ヲ仰付ラル

十八日右　十九日
堂童子　執綱　定福朝臣

次官・贈經使ハ　表向被　仰出、

布施取・堂童子・執綱ハ　御内意□(被)　仰出、

右之趣、爲心得帥卿へ申入了、

右、各召寄申渡了、正親町三条依所労不參、園池少將(實德)へ申渡、可被傳示了、各御請、攝政殿へ申入了、

十四日、

一、巳半剋參　内、

一、攝政殿(近衛内前)被仰、來十八日　女院(二條舎子、青綺門院)御幸、爲御慰内々仕舞・囃子被　仰付、御内之者・□(役)者相交可被　仰付候、御臺所無差支哉、可申上之由也、明日可申上之由申了、

十五日、

一、巳半剋參　内、

十八日ノ仕舞囃子御覧ハ差支ナシ

(71オ)

一、來十八日仕舞・囃子　御覧之事、御附(長田元鋪・田付景林)に申談、無差支由申、其段□(攝)□(政)(近衞内前)殿へ申入了、

初菱喰進獻ニツキ女房奉書出サル

一、初菱喰進獻ニ付女房奉書被出、飛鳥井(雅香)被渡了、

十六日、

一、巳半剋參　内、

東照宮五十回忌ニ御所方ヨリ贈經ノ品ヲ吟味セル様所司代ニ達ス

老中ヨリ返答ノ書附來ル

一、東照宮寛文五年五十回忌之節　御所方より御贈經、其品不相知、留書ホに無之、輪門(公啓入道親王)へも內ミ尋申候処不相知、仍飛驒守(阿部正允)へ內ミ吟味之事申達、老中より考來候趣飛驒守書付差越、攝政(近衞内前)殿へ申入了、

靈元院ヨリノ品

禁裏(靈元天皇)より　紺紙金泥大乘妙典　廿八卷　無量義經　一卷

觀普賢經　一卷　心經　一卷

阿彌陀經　一卷筆者日六一卷、

後水尾院ヨリノ品

法皇(後水尾天皇)より　心經　一卷

明正院ヨリノ品

本院(明正天皇)よ□(り)　心經　一卷

後西院ヨリノ品

新院(後西天皇)より　心經　一卷

明和元年九月

女院ヨリノ品
女御ヨリノ品

女院（徳川和子）より　心經　一卷　　女御（高松宮明子女王）より　摺字阿彌陀經　一卷　」

（71ウ）十七日、

一、巳半剋參　內、

十八日、

一、巳半剋參　內、

初鶴進獻ノ老中奉書ヲ披露ス

一、關東より初鶴進獻老中奉書才、附帥卿（山科賴言）言上、女房奉書來廿二日可被出哉伺之、後剋伺之
通被　仰出了、

女院御幸

一、午半剋　女院（二條舍子、青綺門院）御幸、子半剋過還幸、

仕舞囃子御覽

一、仕舞・囃子　御覽未剋前被始、亥半剋終、

番組

老松川勝權之進、　孫聟三宅惣三郎、　野宮佐々木藏人、　狐塚入江十次郎、　西行櫻山村粂女、
千鳥村雲右近（近信）將曹、　小督高屋遠江（康昆）守、　靫猿梶貞五郎、　邯鄲片山九郎（豊慶）右衞門、　索絢（繩）津田左兵衞尉、
立田野村八郎兵衞、　薩摩守三宅藤九郎、　海人中大路右近、　伊文字森川榮介、　猩□〔々〕九郎右衞門、

此後仕舞・狂言・小舞等數番被　仰付、」

十九日、

御内ノ者ヘ仕舞囃子ヲ仰付ケラル

(72オ)

一、巳半剋參　內、御内之者仕舞・囃子等被　仰付、見物、子剋退出了、

廿日、

一、巳半剋參　內、

廿一日、

一、巳半剋參　內、

廿二日、

一、巳半剋參　內、

初鶴進獻ニツキ女房奉書出サル

一、初鶴進獻ニ付女房奉書被出、葉室前大納言(頼要)被渡了、翌廿三日、相達之由帥卿(山科頼言)へ申入、封・文匣返進了、

廿三日、
一、巳半刻參　内、
廿四日、
一、巳半刻參　内、
廿五日、
(72ウ)
一、巳半刻參　内、
廿六日、
一、巳半刻參　内、
廿七日、
一、巳半刻參　内、

廿八日、

一、巳半剋參　內、

廿九日、

一、巳半剋參　內、

十月

朔日祝

朔日、

一、巳半剋參　內、當□〔日〕賀中、於御學問所御對面如例、

二日、

（73オ）

一、巳半剋參　內、

由奉幣上卿以下ノ書附ヲ頭中將差越ス
石清水竝ニ賀茂社ヘハ參向ナシ
三千院境內ノ天神宮燒亡ス

三日、
一、巳半剋參　內、
一、大嘗会由三社奉幣上卿以下書付、頭中將(今城定興)被差越、且此度次官神祇官代迄參向、石清水・賀茂ニハ元文度之通不參向之由也、
一、酉半剋梶井宮(常仁入道親王)境內　天神宮燒亡、仍馳參、人〻群參、須臾鎮火、其後退　朝、

池田治政侍從成竝ニ伊勢慶光院住持上人號ノ老中奉書等ヲ攝政ニ申入ル
攝政ハ領地ニ滯在ス

四日、
一、巳半剋參　內、
一、松平內藏頭源治政(池田)備前國守、九月十一日侍從・〻四位下元無位無官、可申付之由老中奉書・姓名書、(平出)伊勢慶光院周億(麗嚴)事今度上人被申付之由九月七日、老中奉書ホ、攝政殿(近衞內前)御暇被申請領山へ御越ニ付、右之品〻持參于里亭、齋藤宮內權少輔(敍昌)へ預置了、
五日、
一、巳半剋參　內、

池田治政侍従成等ノ老中奉書等ヲ披露ス

一、松平内藏頭(池田治政)姓名□(書)・奉書、慶光院(麗嚴周億)奉書返賜、可令披露攝政殿(近衛内前)被命、附帥卿(山科頼言)言上、如例」

可致沙汰被　仰出、

(73ウ)

大嘗祭ノ御祈禱ノ爲御内儀御用金拂底スル様禁裏附ニ五百両差上グ　大御乳人談ズ　元ハ千両ノ取替金ヲ求ム

一、大嘗会□□(ニ)(付)格別ニ所々ニ御祈禱被仰付ニ付、御内儀御用金御拂底之間、○金五百両可差上旨、大御(鴨脚茂子)乳人御附(長田元鋪・田付景林)へ被談、賄頭へ被申付之由也、元、金千両自武邊取替可上、大御乳人御附ニ談、千両ハあまりかさ高にも有之、難調可有之哉、仍御附より兩人ニ申聞、兩人彼是大御乳人ニ申談、五百両ニ相成了、併此數ニてハ不可相濟ニ付、追て□(又)五百両可被仰付哉、其段も御附へ令噂置了、

大嘗祭ニツキ所司代へ下サレ物ノ事ヲ伺フ　寛延度ノ例

一、大嘗会ニ付所司代ニ寛延度被下物書付、附帥卿、此度も可爲此通哉之由申談了、

寛延元年十一月

十八日、辰日節会爲拜見牧野備後守(貞通)參　内之節、拜領物

折櫃　　二合

十二月十三日、關東進獻之御茶口切被　召候節、大嘗会御祝儀拜領物

縮緬　　十巻

御末廣　　一本

寛延ノ例ノ通リタルベシト仰出サル

「(補書)八日、此通可被下由ニ付、飯室右兵衞尉(義矩)へ申付了、」

父所勞ノ爲東照宮法會參向ヲ萬里小路韶房辭退ス

(74オ)

替ハリヲ六條有起へ仰出サル

御内意ヲ申渡ス

日光臨時奉幣次官ヘハ賄料ニテハナク下行渡トセル様老中ヨリ申來ル

御内儀御用金取替ノ事ニツキ禁裏附へ書付ヲ渡ス

德川宗春病氣勝レザル故御用醫師生駒光長ヲ招キタシト願フ

光長等へハ御暇ヲ下サレ難シ

六日、
一、巳半剋參　内、
一、万里小路大納言（韶房）來年四月日光山法会參向被　仰出之処、父卿（萬里小路稙房）所労不勝ニ付安危難計之間、參向御斷被申之由也、附平松中納言（時行）言上了、被　聞召、替六條前大納言（有起）被　仰出、但表向ハ十二□（月）□日可被仰出、先御内意可申渡置之由也、六條召寄申渡、御請被申、其段言上了、柳原（光房）へ爲心得申遣了、
一、越中守（長田元鋪）申、日光臨時奉幣次官賄料之事、正德度壬生中將（俊平）下行渡ニ候、此度同事故、次官下行渡之積りニ候、老中より申來之由、飛驒守（阿部正允）申之由也、承知之段答了、
一、大嘗会ニ付御内儀御用金取替之事ニ付、昨日御附（長田元鋪・田付景林）へ懸合之趣、書付呉候様御附頼ニ付、書付相渡了、但、御内儀之事、両人强可懸合事ニゐ無之間、宜被加了簡之由、書留了、
一、御附申、尾張隱居前中納言（德川宗春）病氣不相勝ニ付、　御用醫師之中招度由相願候、生駒元珉（光長）無御用候ハヽ相招度候、仍兩人迄申聞之由、飛驒守申之由也、元珉儀ハ御匙之儀、決ゐ御暇□（被）下間敷候へ共、猶御内儀承合可及返答示了、攝政殿（近衞内前）にも申入、以大御乳人（鴨脚茂子）申入之処、元珉御暇被下候儀難相成候、當時靜安（中村和恒）も所労ニ候間、玄亭（芥川元泰）・周德（古野）共ニ御暇難相成、其上

中山永貞ヘハ御暇下サルベシ

此節宮方所労ホも有之、外　御所方御用ホも有之候間、御暇難被下由、中山玄亨（永貞）ハ御暇可被下由也、（衍）ㄋ也、御附へ此趣示含、飛驒守に可達之由申了、

（74ウ）

七日、

一、巳半剋参　内、

八日、

一、巳半剋参　内、

九日、

今度ハ大嘗祭ノ心葉日蔭ノ調進ヲ止ム既ニ出來セル故迷惑ト取次申ス

一、大嘗会心葉・日蔭ホ、元文・寛延共調進雖有之、此度調進被止、其段傳奏（庭田重熙）・奉行（今城定興）より高屋遠江守（康昆）に被申渡之処、寂早悉出來候間、只今被止候ゟハ甚迷惑之由申候由、傳奉被示、依之、御附（長田元鋪・田付景林）へ御臺所より金ニゟ右代物被下候様可被取計示了、先飯室右兵衞尉（義矩）ニ申談、銀廿枚被下置候由也、

母桂林院正忌ニヨリ不出仕

取替金五百兩ヲ大嘗祭前ニ差上グベシト所司代示ス

殘ル五百兩ハ關東ヘ所司代懸合フ

池田治政侍従成ノ口宣等ヲ渡ス

和歌當座御會

能舞臺修復ノ心得ノ爲能ヲ仰付ケラルル時節ヲ禁裏附尋ヌ

所勞ニヨリ公文不出仕

日蔭心葉ノ料物銀ヲ取次ヘ下サル

十日、　兼胤依正忌不參、

一、大嘗会御用□(御)内儀に御取替金五百兩之事、飛驒守(阿部正允)に申談候、大祀□(前)□可差上候、殘五百兩ハ一往關東にも可懸合之由申候、依之、大御乳人(鴨脚茂子)に申入由、御附(長田元鋪・田付景林)示了、

十一日、

一、備前侍従(池田治政)口　宣・〻旨・位記、於里亭渡了、同役(姉小路公文)無立合、

(75オ)

一、巳半剋參　内、御當坐御會、侍座、

一、御附(長田元鋪・田付景林)申、御能舞臺修復候ニ付、當年中御能被仰付候ハヽ、其心得ニテ可加修復、來年被仰付候ハヽ、其段承度由、飛驒守(阿部正允)申之由也、攝政殿(近衞内前)へ内〻相伺之処、來年被仰付之由被命、十一日其段御附へ申了、」

十二日、　同役(姉小路公文)依所勞不參、

一、巳半剋參　内、

一、御附(長田元鋪・田付景林)申、高屋(康昆)へ爲日蔭・心葉料物銀廿枚被下候段申渡候由届了、

十三日、

倅相美ノ家督相續ヲ非藏人松尾相在願フ

一、巳半剋參　內、
一、松尾筑後(相在)依病身倅飛驒(松尾相美)に家督被　仰付被下候様願書、飛鳥井(雅香)へ附之、尚相役中被及示談可被示之由申了、

十四日、

伊勢慶光院住持へ上人號ノ綸旨ヲ渡ス

一、伊勢慶光院周億(麗嚴)上人招里亭、渡　綸旨、(姉小路公文)同役無立合、「

御庭ニテ紅葉御見物

(75ウ)

一、巳半剋參　內、御庭之紅葉被爲見、子剋過退出、

諸寺御禮

一、法務理性院・大通寺香衣御礼、於清涼殿御對面、次慶光院尼於小御所　御對面如例、慶光□(院)依寺例、供尼二人鷺間迄相從、唐門內平唐門迄之內不依晴雨擁朱傘、女院(二條舍子、青綺門院)・親王(英仁親王)・准后(一條富子)にも御對面依寺例相願云々、無御對面、女院御盃頂戴之事相願、元祿十五年六月先住(梅峯周香)頂戴例申立、於御輿寄之上間被下　御盃、御手長中﨟(倉橋美子)持出賜之了、

十五日、

輪王寺宮願フ日光山藤本院等中大僧都ノ事ヲ攝政へ申入レ披露ス

一、巳半剋參　內、
一、輪門(公啓入道親王)令旨日光山藤本院榮山、・教城院天朗、中大僧都之事御内意伺、攝政殿(近衛内前)江申入、附帥(山科頼言)伺之、如例可沙汰被　仰出了、

十六日、
一、巳半剋參　內、

十七日、
一、巳半剋參　內、

大嘗祭御用ノ爲ノ取替金ヲ今日御内儀へ上ル

(76オ)

一、御附(長田元鋪・田付景林)以飯室(義矩)右兵衛尉申聞、大嘗会ニ付奥上り之金五百兩今日受取、御内儀江□(上)、仍申届之由也、

十八日、
一、巳半剋參　內、

非藏人松尾相在ノ隱居願ハ差返サル

一、松尾筑後(相在)願之事、議奏衆被申談之処、願も珍敷、類も追〻可出來欤、奉行より被差返可然被存之由、去十五日帥卿(山科頼言)被示、四辻中納言(公亨)に此趣申渡了、

十九日、

一、巳半剋參　內、

上州赤城神社ノ神階願ニ差支ナキヤ關東へ尋合ハス

一、上州勢多郡赤城神社神階願、於關東無差支哉如例可尋合、攝政殿(近衛內前)被命、願書ホ賜之了、

廿日、

一、巳半剋參　內、

廿一日、

一、巳半剋參　內、

所勞ニヨリ東照宮法事ノ奉行職事ヲ柳原光房辭退ス

(76ウ)

一、來年　東照宮百五十回忌法事奉行職事、柳原辨(光房)依所勞御斷之段、被示了、

廿二日、

一、巳半剋參　内、

一、來年日光山法事奉行職事、柳原辨(光房)御斷、替烏丸弁(光祖)被　仰出候由、葉室前大納言(頼要)被示、烏丸辨も被居了、

東照宮法事ノ奉行職事ノ替ハリヲ烏丸光祖ヘ仰出サル

一、大嘗會忌詞議奏被渡了、

佛　稱中子　經　稱染紙　塔　稱阿良々岐　寺　稱瓦葺　僧　稱髪長

尼　稱女髪長　齋　稱片膳　死　稱奈保留　病　稱夜須美

哭　稱鹽垂　血　稱阿世　打　稱撫　宍　稱菌

墓　稱壤　穴　稱薗　堂　稱香燃　優婆塞　稱角筈

大嘗祭忌詞ヲ議奏ヨリ渡サル

一、東坊城三位□(輝)長、所勞危急ニ相聞、夫ニ付大祀御神事中都ゟ築地之内□(に)不□(浄)輩往來差止有之処、築地之内之居宅、屋敷地一方も不出築地之外分ハ穢地ニ□(難)相成之間、輝長卿稱所勞及大切候ハヽ被移築地之外家可加保養、及事候へハ父卿(東坊城綱忠)□(假)□(服)有之間、是又築地之内往來難成之間可爲別宅、於門外不出者、本宅□(住)居不苦、親族・家僕□(も)可准之、一族之中に早可申渡置、且又清水谷大納言(實榮)も輕服日數之内之間、是又往來之儀同様ニ可申渡置、攝(近)

東坊城輝長所勞危急トナル

輝長ノ居宅ハ築地内ニアリ

(77オ)

大嘗祭御神事中ニツキ輝長大切トナラバ築地外ヘ移スベシ

父綱忠並ニ清水谷實榮ハ忌掛トナル

一族ノ高辻家長へ示渡ス趣

輝長大切トナラバ築地外へ移スベシ

父綱忠モ築地外ニ移ルベシ

門外へ出ザレバ本宅ニ居住シ構ヒナシ

穢所ニ居ル者ハ假服ナクトモ築地内ニ立入ルベカラズ

清水谷實榮へ示含ム趣

(77ウ)

大嘗祭御神事中ハ築地外ニ居住スベシ

門外へ出ザレバ本宅ニ居住シ構ヒナシ

輕服ノ者ハ築地内徘徊無用ト申傳フ

卯日板圍外へ詰ムル者ノ交名差出サル

政殿(衞内前)被命、議奏中申談、其趣治定、召高辻前大納言(家長)、左之趣申含、宜有取計之段示渡了、

一、大嘗會御神事中築地之内之宅、屋敷地一方も不〔非〕築地之外分、穢地ニ難相成候間、輝長卿病氣被及大切候者、築地之外家ニ被移可有保養事、

一、輝長卿不叶養生之時者、父卿假服有之候間、築地之外之家ニ可被移事、

但、於門外不出者、本宅住居不苦事、

一、本宅ニ居候假服無之輩ハ、往來可爲尋常之通、穢所ニ居候輩ハ、假令假服無之輩も築地之内往來停止之事、

」

右家長卿承伏了、

召清水谷大納言、左之趣示含、承伏了、

大嘗会御神事中輕服日數之間ニハ有之間、築地之内往來不相成候間、外ニ其間可被移居住候、併於門外不出者、本宅ニ住居不苦候事、

「(補書)築地之内外ニ住居之輕服者、築地之内徘徊無用之段、追〻手寄〻〻ニ兩人・議奏より申傳了、」○此ノ補書、右ノ行ヨリ翌廿三日條首ノ一ツ書迄ノ下部ニ記サル、組版ノ都合上、此處ニ記ス、

一、卯日板圍之外、如先例取次・勘使中詰相詰之由、交名傳奏(庭田重熙)・奉行(今城定興)被差出了、

大嘗祭ニツキ武邊へ達スル趣

御禊日ヨリ十二月朔日ノ朝迄御神事故寺ノ鐘鉦ハ停止タルベシ

停止ノ範圍

法事ノ執行ハ穩便ニスベシ

築地内ノ僧尼法體ノ者往來ハ停止ス

(78オ)

俗體ニ拵ヘ穩便ニ往來セバ苦シカラズ

不浄ノ輩ノ往來モ停止ス

付近ノ町家竝ニ勸進僧等ニモ鐘鉦停止ヲ觸ルル様所司代ニ申渡ス

廿三日、

一、卯半剋參　內、

一、大嘗會ニ付左之趣武邊江可相達、御附(長田元鋪・田付景林)江申渡書付、

一、大嘗会被行候ニ付、　御禊日より到十二月朔日朝御神事之間、寺ミ鐘鉦之音可爲停止之事、

其限

東方　東山邊迄　・南方(×西)　四條通迄　西方　千本通迄　北方　町□□□〔迄〕

右之通ニ□〔候〕、尤諸法事執行候共、穩便可相愼事、

一、御築地之內、僧尼幷法躰之輩往反可爲停止候事、

但、其形俗躰ニこしらへ候ゟ穩便ニ往反之分者不可苦事、

一、同、不浄之輩往反可爲停止事、

且又、寛延元年度、築地之內近所之於町家鐘鉦之音停止幷諸勸進之僧尼才鉦を打候儀停止之事、寺ミ鐘鉦停止之道法、限　御所より貳里計可被止事、此段条ミも先格之通可被觸可被示之由、申渡了、廿四日、飛驒守(阿部正允)申達承知之由、御附示了、

所司代ノ大嘗宮拜見ハ來月三日

廿四日、
一、巳半剋參　内、
一、御附（長田元鋪・田付景林）申、大嘗宮爲拜見如先格飛驒守（阿部正允）可參□（候）、何比可參哉之由尋之、來月三日午剋可然之旨示了、

十二月ノ能御覧迄ニ内々ノ能舞臺ヲ取繕フ様攝政命ズ

廿五日、
一、巳半剋參　内、
一、攝政殿（近衞内前）被命、御内ゝ能舞臺階懸短、其上鏡間甚顯ニ而御覧所より向ニ相見に、」（78ウ）御目障ニも相成候間、十二月御能も可被　仰付候間、夫迄ニ出來候様ニ宜取計、被命了、

内々ノ能舞臺ノ取繕ヲ禁裏附へ申渡ス

廿六日、
一、巳半剋□（參）内、
一、御内ゝ能舞臺取繕之事、御附（長田元鋪・田付景林）へ申渡了、

女院御幸

東殿町ニテ侍ト町人トノ刃傷沙汰アリ吟味セル様禁裏附ヘ申渡ス

由奉幣及ビ大嘗祭宮主參勤ニツキ小番御免ヲ非藏人願フ

大嘗祭ノ參賀祝儀獻上ハ十三日ト觸出ス

昨日ノ刃傷沙汰ニツキ禁裏附ヨリ申越ス

（79オ）

侍刀ヲ拔キ町人ノ足少々傷付キ血流ル

町人侍共ニ行

廿七日、

一、巳半剋參　內、

一、女院（二條舍子、青綺門院）午半剋　御幸、亥剋前還幸、

一、申半剋過東殿町ニおゐて、侍ト町人ト及爭論、侍刀を拔放町人ニ手疵を負せ逃去之由、有巷說、可吟味之旨御附（長田元鋪・田付景林）へ申渡了、

一、鴨脚播磨（能光）由奉幣ニ付來月二日小番、吉田對馬（兼彦）大嘗会宮主參勤ニ付來月七日小番ホ御免之願書・例書、飛鳥井前大納言（雅香）ニ申入、翌廿八日、被免之旨、帥（山科頼言）被示了、

（補書）「一、大嘗会ニ付參賀・御祝儀献上ホ、可爲十三日、諸向へも此通可相觸之由、攝政殿（近衞內前）被命、」

廿八日、

一、巳半剋參　內、」

一、御附（長田元鋪・田付景林）以出雲守（渡邊珍亮）申聞、昨日申渡之儀□〔遂〕吟味、武家町口門番ニ尋候処、東□〔西〕□〔殿〕□〔町〕□堺町通之四辻ニて、侍・町人及爭論、侍刀を拔候処、町人其手を取テ侍を□〔擲〕候、其節刃先町人之足へ當り、少ゝ疵付血流候、町人ハ堺町之惣門を出、東之方ニ行候由、侍ハ東殿町之

方知レズ

築地内ニテアルマジキ事故武家ニ吟味ヲ申渡ス様攝政命ズ

所司代ヘ申達ス

方ニ行候へ共、其行末䟽不相知候由、依之、堺町口門番〔に〕尋候処、同様申之由也、右之趣攝政殿（近衛内前）へ申入之処、築地之内ニおゐて如此儀有間敷事、自今再度出來候ゐハ甚以如何、於武家遂吟味可申之由可申渡、被命、越中守（長田元鋪）召ニ遣、於武邊可遂吟味、飛驒守（阿部正允）ニ可申達之由、示含了、十一月一日、飛驒守ニ申達候、致承知候、得と遂吟味可申之段、越中守申聞了、

廿九日、

一、▨申剋参　内、

大嘗祭御禊

一、今夜大嘗会　御禊、　出御、吉時酉剋、　戌剋許　出御、

（約二行分空白）」

（79ウ）

十一月

朔日、

朔日祝

一、巳剋参　内、賀申、御對面如〔例〕、

辰巳午節會ニ用フル軟障臺ノ新調ヲ仰付ケラル
下行帳ハ既ニ閉ムル故御手沙汰ニテ出來セル様示サル

一、辰巳午節会ニ被用軟障臺新調被　仰付候由、昨夜庭田前大納言(重熙)被示、寂早下行帳〆ト〔メ〕候間、御手沙汰ニ而出來候様、出納代高屋遠江守(康昆)へ可被申渡示候間、遠江守□〔よ〕□〔り〕可申談之間、宜取計飯室右兵衞尉(義矩)へ申渡了、

卯日大嘗宮板園ノ外ニ詰ムル際帯刀スベキヤ否ヤ禁裏附尋越ス
警固ノ爲ノ出仕故帯刀セル様攝政命ズ

一、越中守(長田元鋪)申、卯日嘗殿板圍之外ニ御附相詰候、先年帯小刀候由ニ候、取次・勘使中詰〆無刀ニ而相詰候由ニ候、此度如何可致哉之由也、攝政殿(近衞内前)へ相伺、爲警固出仕候事之間、御附始取次已下各帯刀候而可相詰之由被命、越中守に申渡了、

二日、

一、巳半剋參　內、

大嘗祭由奉幣發遣
御拜出御ナシ
卯辰巳午ノ日ノ次第書ヲ所司代ヘ遣ハス
女院竝ニ攝政ヘノ御祝儀ニツキ伺フ
(80オ)

一、大嘗会由三社奉幣發遣也、無　御拜・出御、未半剋前、上卿以下向神祇官□〔代〕、

一、卯・辰・巳・午四个日之次第四册、小奉書□〔折〕本、渡越中守(長田元鋪)、遣飛驒守(阿部正允)□〔了〕、

一、女院(二條舍子、青綺門院)并攝政殿(近衞内前)に之御祝儀書付伺之、附平松中納言(時行)、

女院に　昆布一折　干鯛一折　鰑一折　御樽二荷　白銀拾枚寛延度□□通伺之、

攝政に　紗綾五卷　鮮鯛一折

三日、

石清水八幡宮ヘノ由奉幣無事濟ム事ヲ攝政ヘ申入レ言上ス

一、巳剋參　內、

先詣攝政殿（近衞内前）御亭、昨夜　石清水宮由奉幣使參向、　神前之儀無事相濟候由申入、次

參　內、附平松中納言（時行）言上、以表使賀申了、

奉幣使　着高坊、登山、神前之儀、　相濟下山、

檢校（善法寺統清）より注進狀辰半剋過到來、

所司代參內ス

所司代ヘ菓酒ヲ賜フ

所司代大嘗宮ヲ拜見ス

（80ウ）

所司代退出ス

一、阿部飛驒守（正允）着麻上下、參候□（所）、兩人出逢、伺　御機嫌、　嘗殿拜見庭上に被廻之時節可案

內示之、兩人退入、賜菓酒、大御乳人（鴨脚茂子）無出逢、先例也、議奏幷傳奏（庭田重熙）・奉行（今城定興）聞合、無指支之由被示之後、可

廻御庭越中守（長田元鋪）示之、越中守誘引、飛驒守嘗殿拜見、終御礼ホ」越中守に申置、庭上より

直ニ退出、御礼之儀附葉室前大納言（頼要）申入了、

女院竝ニ攝政ヘノ御祝儀ノ事ヲ仰出サル

一、女院（二條舍子、青綺門院）御所幷攝政殿に之御祝儀左之通被　仰出之由、葉室前大納言被渡之、

女院に　黄金廿兩　紗綾廿卷　干鯛一折　昆布一折　鯣一折　御樽三荷議奏衆御使、

攝政殿に　黄金廿兩　紗綾十卷　二種一荷殿上人御使、

四日、
一、巳半刻參　內、

主上大嘗祭ノ御習禮

一、大嘗祭　主上（後櫻町天皇）御習礼也、
五日、
一、巳半刻參　內、

大嘗祭參役ノ者大嘗宮竝ニ庭ヲ內見ス

一、大嘗会參役輩殿・庭有內見、
六日、
（81オ）
一、巳半刻參　內、
七日、
一、巳半刻參　內、

別勅小忌ヲ賜ハル

大嘗祭
亥剋ニ悠紀殿へ渡御
卯剋ニ本殿へ還御

八日、卯、

一、未剋參　內、依別勅小忌着單、

一、大嘗祭也、亥剋　御悠紀嘗殿、子半剋還　御廻立殿、丑剋過　御主基嘗殿、天明還　御廻立殿、改帛、還　御本殿、卯剋過也、

節會ニ參仕ス
天顔ヲ拜ス
大嘗宮壞却
辰日節會出御ナシ

九日、辰、

一、卯半剋退　朝、

一、巳半剋參　內、節会、參役、兩人・議奏召御小座敷、拜　天顏、申恐悅了、

一、大嘗宮壞却及未半剋過、節会酉剋過被始、子半剋宴了、中間依降雨及遲々、丑半剋過主基宴被始、天明事了、兩宴共無　出御、

所司代節會ヲ拜見ス
折櫃ヲ賜フ

(81ウ)

一、阿部飛驒守(正允)爲節会拜見參候所、衣冠、同役(姉小路公文)誘引、悠紀宴了退出於候所、賜折櫃二合、一合菓子、一合肴物、葉室前大納言(頼要)被渡之、同役受取、取次ニ令持之、出候所、賜飛驒守、御祝儀共何共なく只被下之由演達之了、是先格也、

降雨
所司代退出ス

參候所、大御乳人(鴨脚茂子)被出逢、有口祝、次同役出逢、挨拶、了退入、悠紀節会被始、庭上に誘引之後▨壽詞奏之間降雨、人々裝束濡之間、改着服、移時剋之間、飛驒守

此間退出了、兼胤依参役不出逢、同役一人被取計了、

巳日節會
神樂
出御ナシ
所司代節會ヲ拝見ス

十日、巳、

一、午剋参　内、

一、悠紀宴申剋被始、酉剋過了、主基宴戌半剋許被始、丑剋前宴了、丑剋過清暑堂神樂被始、翌十一日卯半剋過終、　両宴・御神樂共無　出御、

一、飛騨守〔阿部正允〕午剋過參候所、衣冠、両人出逢、節会被始庭上ゟ誘引、外弁堂上之後南殿へ誘引、悠紀宴了退出、

豊明節會
出御ナシ
所司代高御座竝ニ庭上舞臺ヲ拝見ス

十一日、午、

一、未剋過参　内、」

(82オ)

一、節會酉剋被始、陣了暫有猶豫、丑剋過事終、無　出御、

一、飛騨守〔阿部正允〕申斜候所〔参脱〕、衣冠、両人出逢、其後誘引、高御座幷庭上舞臺令拝見、□□□〔節〕〔會〕〔始〕前也、大哥了於候所申御礼退出、

十二日、

一、巳半剋過參　內、

十三日、

大嘗祭竝ニ節會ノ賀ヲ申上ゲ祝儀ヲ獻ズ

一、巳半剋參　內、賀申大嘗祭・節会無爲被遂行之事、今朝献御祝儀於　御所〻〻、

所司代參內シ恐悅ヲ申ス

一、阿部飛驒守(正允)參候所、熨斗目、半麻上下、兩人出會、申恐悅、兩人□(退)入、大御乳人(鴨脚茂子)出逢、有口祝、賜菓酒、

言上ス

了兩人還出、言上之処目出　思召之由述御挨拶、附葉室前大納言(頼要)言上了、

大嘗祭祝儀關東使差登サル

一、大祀御祝儀關東使六角越前守(廣孝)被指登之段、攝政殿(近衞内前)・葉室前大納言(×兩)に申入了、

世子髮置濟ム事申來ル

一、去四日竹千代君(ノチ德川家基)髮置相濟之段申來候、先格御会釈無之候由、攝政殿・葉室にも申入了、

女院親王准后攝政ヘ恐悅ヲ申ス

一、兩人同件參　女院(二條舍子、青綺門院)・親王(英仁親王)・准后(一條富子)・攝政、申恐悅、

祝儀獻上物ノ御配ヲ拜領ス

(82ウ)

一、所〻より御祝儀献上御肴、鮮鯛二尾充、以大御乳人兩人・議奏衆拜領之了、

十四日、

一、巳半剋參　內、

十五日、

一、巳半剋參　內、

和漢朗詠集寄合書ヲ抄寫シ獻上セル樣仰出サル

（補書）「一、和漢朗詠集寄合書之中令書寫可献被　仰出、色紙奉行被傳之、十六日ニ悉淸書、廿日ニ献之了、」

十六日、

一、巳半剋參　內、

十七日、

一、巳半剋參　內、

十八日、

一、巳半剋參　內、

兩傳奏以下大嘗祭ノ御祝儀ヲ賜ハル

一、大嘗会御祝儀白銀五枚、以大和（松波資邑女）賜之、兩人・議奏・傳奏（庭田重熙）・奉行（今城定興）ホ、各五枚充賜之、

卯日參役ノ者等モ賜ハル

一、同爲御祝儀、卯日參役輩・兩役ホ賜酒饌、

（83オ）

十九日、

一、巳半剋參　內、

一、同役屋敷地（姉小路公文）八十宮（吉子内親王）旧地、願、當月中可被指出可申達、攝政殿（近衞内前）被命、申達了、

八十宮舊地拜領願ヲ當月中ニ差出ス樣公文ヘ申達ス

廿日、

一、巳半剋參　內、

廿一日、

一、巳半剋參　內、

廿二日、

一、巳半剋參　內、

廿三日、

一、巳半剋參　內、

廿四日、

一、巳半剋參　內、

」

廿五日、

一、巳半剋參　內、

(83ウ)

八十宮舊地拜領ノ公文願書ヲ披露ス

關東ヘ御内慮ヲ申達スベシト仰出サル

一、姉小路前大納言(公文)被相願屋敷地(吉子内親王)八十宮旧地、拜領之願書、攝政殿(近衞内前)へ申入、可令披露被命、附植松前宰相(賞雅)言上了、翌廿六日、關東へ御内慮宜申達被仰出、師卿(山科頼言)被傳了、

廿六日、

一、巳半剋參　內、

來月二日ノ御口切ニ所司代ヲ召サル

一、師中納言(山科頼言)被示、來月二日關東より進獻之御口切可被(御茶脱)仰出御沙汰ニ候、阿部飛驒守(正允)被召彼方無差支哉、可尋合之由也、越中守(長田元鋪)へ示含尋合之処、無差支由也、翌廿七日平松(時行)へ申入了、

廿七日、
一、巳半剋參　內、
一、（空白マヽ）

廿八日、
一、巳半剋參　內、」

來月二日ノ御口切ニ兩傳奏所司代ヲ召サル
（84オ）
一、來月二日關東より進獻之御茶口切、兩人・阿部飛驒守（正允）□（被）召之由、午剋可參之由葉室（頼要）前大納言被示了、翌日御請申入了、

御口切ノ節所司代ヘ襪ヲ免ゼラルルト攝政內〻仰ス
一、攝政殿（近衞内前）內〻被仰、飛驒守御口切被召之節襪可被免之間、內〻心得ニ可申達置之由也、右之趣越中守（長田元鋪）へ內〻示含了、

所司代參內ノ出迎等ノ事ヲ申渡ス
一、來月二日飛驒守參ニ付、掃除・出向（迎）之事、出雲（渡邊珍亮）ニ申渡了、役送六位三人極﨟（慈光寺澄仲）へ觸遣了、

所司代ヘ下サルル末廣ヲ議奏ヨリ受取ル
一、飛驒守ニ被下御末廣一本、表、西王母、裏、松ニ鶴、葉室前大納言被渡、受取、箱可用意伊賀守（飯室義矩）へ申付了、

廿九日、

幕府天文方澁川光洪山路主住遠慮ヲ申付ケラル

(84ウ)

申渡ノ書附ヲ所司代差越ス

光洪主住へ申渡ノ趣

去年九月朔日ノ日蝕暦面ニ記載ナシ

三分以下ノ食ハ暦面ニ記サザル様土御門家ヨリ申渡アリトノ書附ヲ去年差出ス

土御門家へ記方ニツキ伺へドモ返答ナシ

返答ナキ譯ヲ確認セズ土御門家了解セルモノト思込ム

日蝕ノ推考モ相違シ不念ノ至リ

(85オ)

一、巳半剋參　內、

一、去年九月朔日日蝕正現之□(処)、暦面ニ無之ニ付、澁川圖書(光洪)・山路彌左衞門(主住)江被相尋候処、三分已下之蝕暦面ニ▨注ニ不及之段申渡有之候と存込、其上去年之日蝕推考も」相違、旁不念ニ付、　御目見遠慮被申付候由申渡之書付、飛驒守(阿部正允)差越、

澁川圖書

山路彌左衞門

去年九月朔日之食暦面ニ不相記ニ付、其節相尋候処、三分以下之食者暦面ニ記間敷旨土御門家(泰邦)より被申渡候ニ付不相記段、書付差出候、依之、土御門家江相尋候処、測量中諸伺ホ往復之儀、土御門家於御用場其方共江も被申聞、日記ニも相記候由、左候得者、去ル亥年食三分已下記方之儀、土御門家被相伺未返答無之段者、其方共も存可罷在儀、左候者、先達而土御門家より三分以下之食記ニ不及旨被申渡候共、未返答無之訳可申達儀、殊ニ去年日食之節者、猶更其しらへも可仕処無其儀、三分以下之食記ニ不及段、土御門家より被申渡候と存込(而已)罷在、其上去□(年)□(之)日食推考も致相違、旁不念之至候、依之、」(平出)御目見遠慮被　仰付之、

卅日、

一、巳半剋參　内、

西丸老中阿部正右本丸兼帯ヲ申付ケラル

一、阿部伊豫守(正右)本丸之用番加判可相勤之旨被申付之由飛驒守(阿部正允)書付、攝政殿(近衛内前)へ申、附植松(賞雅)言上了、

幕府天文方遠慮申付ニツキ所司代書狀等ヲ攝政へ申入レ披露ス

一、圖書(澁川光洪)・彌左衞門(山路主住)目見遠慮之事飛驒守書狀幷兩人に申渡之書付、攝政殿へ入御覽、附植松了、

土御門泰邦へモ急度叱ヲ仰付クルベキカ所司代へ内談セル様攝政命ズ

一、攝政殿被命、圖書・彌左衞門右之通被申付上ハ、土御門(泰邦)も懸合之間、急□(度)叱被仰付可然歟、來月二日飛驒守へ面会之節可及内談之由也、

(三行分空白)」

ロ

六條有榮
寶暦13年8月5日

六條有起
明和元年10月6日

六條有庸（寶暦2年10月5日～文政12年12月15日、六條有榮子）
寶暦13年8月5日・12日

六角廣孝
寶暦13年8月20日、9月13日、10月5日、11月16日・19日・24日・27日、12月朔日・3日・6日、寶暦14年4月*18*日・*23*日、5月*11*日、明和元年11月13日

ワ

若松盛貞女
寶暦13年12月21日

脇坂安親（元文2年～文化7年5月14日、龍野藩主）
寶暦13年12月5日

鷲尾隆熙
寶暦13年8月朔日、9月27日、寶暦14年正月6日、明和元年8月朔日

鷲尾隆建（寛保元年12月29日～文化元年2月13日）
寶暦14年5月19日・21日、明和元年9月13日

鷲尾良子
寶暦13年12月21日

渡邊珍亮
寶暦14年正月17日、2月10日、4月*6*日、明和元年7月2日、10月28日、11月28日

横瀬貞隆
寶暦14年4月*18*日、5月*11*日

吉田兼員（寶暦元年生、非藏人）
寶暦13年8月17日

吉田兼彦
寶暦13年8月17日、寶暦14年2月27日、明和元年10月27日

吉田兼雄
寶暦14年4月*19*日、5月24日

吉田守清
寶暦14年2月5日

吉見永敍
寶暦13年8月2日、寶暦14年2月25日、明和元年6月19日

吉見正名
寶暦13年12月22日、寶暦14年2月25日・27日

依田恆信（寶暦3年～安永元年3月19日、旗本、山田奉行）
寶暦13年8月28日

四辻公亨
寶暦13年8月朔日・17日、9月27日、12月12日・16日・19日・21日・22日、寶暦14年正月20日、2月25日・27日、4月*6*日、5月19日、明和元年6月6日・9日・12日、7月26日、8月朔日・4日、10月18日

リ

理性院
明和元年10月14日

隆遍
寶暦13年10月7日・14日、11月朔日、12月5日、寶暦14年正月18日・19日・24日

亮運
明和元年7月22日

良慈
寶暦13年9月15日

レ

麗巖周億（元文2年～安永9年12月13日、慶光院住持、勸修寺顯道女）
明和元年10月4日・5日・14日

靈元天皇
寶暦13年12月21日、寶暦14年2月3日、3月14日、明和元年7月5日、8月5日、9月16日

冷泉爲久
寶暦14年正月11日

冷泉爲村
明和元年6月26日

冷泉爲泰
寶暦13年9月27日、10月11日

山科賴言
寶暦13年8月5日・9日・17日・19日・22日、10月5日・6日・9日・12日・20日、11月16日、12月12日・13日・18日・19日・22日・27日、寶暦14年正月9日・12日・19日・24日・29日、2月24日・25日、3月14日・24日・28日、4月3日・*12*日・*25*日、5月25日、明和元年6月10日・15日・20日、7月5日・10日・29日、8月10日・13日・25日、9月8日・13日・18日・22日、10月5日・15日・18日・27日、11月25日・26日

山中秀品（正德3年正月7日～安永6年11月晦日、地下官人、近衛府）
寶暦14年5月19日

山井兼仍（寛文11年9月13日～享保4年8月14日）
寶暦14年2月3日

山井兼敦
寶暦14年2月14日

山井氏榮
寶暦13年8月朔日、9月27日、明和元年6月14日、8月朔日

山野邊義胤（安永6年8月29日沒、水戸藩家老）
寶暦13年12月朔日

山村采女（能役者）
明和元年9月18日

山本善十郎
寶暦14年正月10日、2月4日・5日、5月14日

山脇藤左衛門（能役者）
寶暦14年2月5日

ユ

宥證
寶暦14年正月13日、2月27日

祐常
寶暦13年9月13日・19日、12月5日、寶暦14年正月13日・24日、4月*19*日

祐清
寶暦14年正月13日

湯口圖書
寶暦14年4月*18*日

靭負（廣橋家近習）
寶暦14年4月*17*日

由良貞整
寶暦14年正月17日・27日・29日、2月朔日、4月*18*日・*19*日・*21*日・*23*日、5月*11*日

ヨ

養源院
寶暦14年正月19日

矢田陪好銑
寶暦13年11月26日

柳川一學（姉小路家雜掌）
寶暦14年4月4日・*4*日・*18*日

柳澤信鴻（享保9年～寛政4年3月3日、郡山藩主）
寶暦13年12月4日

柳原光房
寶暦13年8月朔日、9月27日、寶暦14年正月29日、4月*6*日、5月19日・20日・24日・25日、明和元年8月7日、9月8日・13日、10月6日・21日・22日

柳原忠子
寶暦13年8月朔日、11月11日・28日、12月4日・24日、寶暦14年3月6日・23日

藪保季
寶暦14年正月29日

山內豐敷（寶永6年～明和4年11月19日、高知藩主）
寶暦13年11月22日、12月4日、寶暦14年5月*4*日、明和元年8月22日

山川正九郎（能役者）
寶暦14年5月14日

山口康俊
寶暦14年5月19日

山口秀昌
寶暦14年5月19日

山口春昌（享保15年12月15日～文化8年2月14日、地下官人、史生）
寶暦14年5月19日

山口盛明
寶暦14年5月19日

山口直倫（元祿2年～明和6年8月2日、旗本、仙洞附）
寶暦13年12月2日・7日

山路郡司（四辻家雜掌）
明和元年6月9日

山路主住（寶永元年～安永元年12月14日、明和元年6月15日幕府天文方）
寶暦13年9月朔日、明和元年11月29日・30日

山科敬言
寶暦14年5月25日

山科正中（寶暦2年12月15日～文政元年9月17日、地下官人、御藏小舍人）
寶暦14年5月19日

山科生民（享保10年12月12日～寛政12年11月15日、地下官人、御藏小舍人）
寶暦14年5月19日